西华师范大学
中华档案文献研究院 编

杨小平 执行主编

洛下阁研究

第一辑

巴蜀书社

目　录

落下闳研究

落下闳文化研究

春节文化研究

天文历法研究

落下闳研究

影响中国历法两千年的落下闳

蔡东洲

（西华师范大学历史文化学院）

农业是中国古代的命脉，而历法则是牵引命脉的绳索。中国最古老的历法，至今已有 4000 多年历史。在漫长的农业社会时代，历法经过无数次大大小小的演变，才不断走向丰富和科学。作为四川历史名人，落下闳，是影响中国古代历法的一个关键人物。落下闳出生在阆中桥楼的落阳山下，此山扼古蜀道咽喉，适宜于天文观测。在这里，落下闳竖竿观日，以竿影长短确定出"夏至""冬至"。又根据一年中昼夜的长短变化确定出"春分""秋分"，对黄赤交角进行较为科学的测量。他创制了天文观测仪，即著名的"落下闳浑仪"，该仪器为中国古代的重要宇宙观——张衡的"浑天说"奠定了科学理论基础。

汉武帝时期，曾下诏召集民间天文学家入宫参与改历。落下闳正是在这一大背景下，参与了改历一事。西华师范大学蔡东洲教授研究落下闳多年，他表示，落下闳对历法最大的贡献是将"二十四节气"引入历法，确立了更加科学的置闰原则，改变了《颛顼历》对农业生产活动测算不利的局面。

二十四节气是中国古代农业学的一项独特创造，被完整地记载于《淮南子·天文训》中。几千年来，二十四节气对农民播种、田间管理和收获等农事活动进行了科学指导。时至今日，二十四节气对我们的生活、文化、农业依然具有实用价值。

落下闳在天文方面颇有天赋，算法惊人，其计算的准确性和精密度，令 2000 年后的研究者都叹为观止。当时的计算精确度能做到那个程度，是非常难得的。

《汉书·律历志》中记载了落下闳的历法算法："律容一龠，积八十一寸，则一日之分也。与长相终。律长九寸，百七十一分而终复。三复而得甲子。"[1]

算法的精确，保证了历法的科学。所以，落下闳和邓平一起制作的《太初历》，能在近 20 种历法中脱颖而出。直到唐代，《太初历》所制定的基本历法框架都没有改变。其二十四节气和置闰原则，影响深远，长达 2000 年。

除了制定《太初历》外，落下闳还有一个美称"春节老人"。汉代以前，历朝历代对每一年第一个月的规定都不相同，致使农业生产活动失序，出现"初一满月，十五上弦"的异象。汉代《太初历》使用以后，一直"以孟春正月为岁首"。这就是说，从公元前

---

① ［东汉］班固：《汉书》卷二十一上《律历志上》，北京：中华书局，1962 年，第 975 页。

104 年汉武帝正式颁布"太初历"至今，全国人民每年过"春节"已有 2100 多年历史。

落下阂是中国第一位在历法上确定"春节"的天文学家。但是，他所创造的关键性贡献，人们却知之甚少。

2004 年 9 月，经国际天文学联合会小天体提名委员会批准，中国科学院国家天文台将一颗国际永久编号为 16757 的小行星命名为"落下阂小行星"。落下阂和他最爱的天文一起，成为永恒。

Q

您第一次知道落下阂这个人物是什么时候？您第一次比较深入研究他是因为什么契机？

A

第一次知道落下阂是在 1998 年，当时我正在研究宋代阆州陈氏家族，在搜集资料时知道了这个汉代天文学家。不过，我至今也谈不上深入研究他，这不是对这位天文学家不感兴趣，而是研究他太难了。研究落下阂首先需要储备古代科技史知识，我对古代天文、历算学知之甚少；其次研究落下阂的资料十分稀少，文献记载不多，实物资料没有，难为无米之炊。还有一个原因，就是查有梁等学者已经对落下阂进行过全面而深入的研究了。我们今后的工作主要是对落下阂相关的学科领域进行延伸和扩展，对落下阂科学精神进行推介和传承。

Q

在您研究过程中，有没有发现落下阂不为大众所知的一面？您觉得他最大的魅力是什么？

A

既然推选我为落下阂研究会会长，就得组织协调相关学者研究他，自己也得多学习一些，在这个过程中对落下阂有了更深入和更细致的了解。谈不上发现什么，但可以肯定的是，落下阂是四川这两批历史名人中最不为人所知的历史名人。这并不是他不伟大，而是他从事的学科在古代属于神秘学科，由朝廷严密管控，造成当时史官知之不多，记载下来就更少；而传统社会推崇的也不是包括天文学在内的自然科学，由此造成其影响的广泛性远不及政治家、文学家。他最大的魅力可以用 16 字来表达：观天制器、创新历法，淡泊名利、功成身退。

Q

落下阂进长安前，在蜀中是否就开始了长时间的天文观察和研究？改变置闰原则，涉及用仪器长时间观察，浑仪应是在落下阂去长安前就发明的？他发明浑仪之前，有没有什么参照的仪器？

A

落下阂进长安以前研究过天文、历法，这是肯定的，并且应该颇有成就和影响。不然，就不会有人举荐他，汉武帝也就不会召他去长安制定新历法了。但落下阂是怎样研究的，是否发明和使用了仪器设备，都无从知晓了。今天有关落下闳著作十多种，对其早年在蜀中的描述，基本都是没有文献和实物依据的推测。

Q

您在 2018 年参与过落下闳学术研讨会并主持工作，那次会议有没有什么值得回忆的人和事？

A

落下闳学术研讨会每年一次，已进行了 13 次。2018 年是第 12 次，值得回忆的人和事很多。首先是惊异：这样专业的主题研讨会竟然有这么多的学者、爱好者参加！当然最值得回忆的还是这次会议体现出来的两个新现象：现代天文学与历史天文学的结合，研究天文学的当代天文学家与研究历史学的古天文学者会聚在一起；外地专家与阆中本地学者会聚在一起。阆中有天文研究的传统，在我们研究会成立以前本地就有落下闳研究会了，而且还产生了不少研究落下闳的成果。

Q

写作《落下闳传》是落下闳研究中心的重点工作之一，您和《落下闳传》的作者查有梁先生关系怎么样？你们对落下闳这个人物有没有一起讨论过？他有什么让您觉得耳目一新的观点？

A

做《落下闳传》当然是我们研究会和研究中心的重点工作之一，我们研究会和研究中心也确实做过一些组织协调工作。现在落下闳传记类著作有 8 种，但在内容上超出查有梁先生《落下闳传》的并不多，而查先生的《落下闳传》又多次修订再版，具有不可替代的学术地位。查先生的大作，我早就见过，但见到他本人则是在四川省落下闳研究会成立后在学校举行的一场"光明论坛"上。他是前辈学者，是我导师胡昭曦先生的好友，我同尊敬导师一样尊敬他。我们研究会每年都邀请他来给大学生做中国古代天文学的专题报告，普及知识、传承文化的效果很好。

Q

您研究落下闳这么多年，觉得他身上有什么东西在影响您吗？

A

近 3 年来，我由才接触相关资料、了解研究状态，到开始研究落下闳，对我个人最有影响的东西还是其协作创新、淡泊名利的精神。

Q

落下闳是浑天说的创始人，中国古代的三家宇宙学说（盖天说、宣夜说、浑天说），浑天说的优越性怎么体现在历法的制定中？

A

相对来说，运行的浑天说和宣夜说比天圆地方的盖天说更科学一些，更接近现代宇宙认识。浑天说的优越性在于认为天体运动，而天体运动会带来天象的变化，把这种变化纳入历法，如节气、置闰等。

Q

将二十四节气引入《太初历》，是落下闳的一大创举，置闰原则更变也很科学，《太初历》对后世历法的影响如何？

A

《太初历》是一项集体合作成果，不宜过度夸大个人功劳。将二十四节气引入历法，指导着社会生产和社会生活 2000 多年，确实是建功在汉代，润泽千秋。置闰原则早有之，落下闳的更科学些。

《太初历》实为中国古代历法范式，后世也在制定新的历法，但都是在《太初历》基础上增损调改，没有发生过一次颠覆性的改变。

Q

有人说："落下闳的一言一行都反映着科学精神：墨家重视实践实验的科学精神，道家主张'道法自然'的科学精神，儒家提倡'仁者爱人'人文精神。"在您看来，落下闳身上有什么精神？

A

如果一定要归类一下，落下闳身上更多体现着道家主张"道法自然"的科学精神。说到底，落下闳就是把天体自然运行规律，体现到国家历法上，落实到人类活动中。

Q

您觉得落下闳为什么会入选四川首批十大历史名人？我们是否低估了落下闳的才能？他的成就很大，但名气似乎并没有和成就相匹配？

A

落下闳入选四川首批十大历史名人是实至名归，不存在低估或高看问题。因为首批十大历史名人都有着世界性影响力，落下闳的不同在于他是 10 位历史名人中唯一的科学家。

Q

您觉得研究落下闳的现实意义是什么？落下闳身上有什么现代人值得学习的品质？

A

研究落下闳的现实意义是崇尚科学、协作创新。落下闳身上具有现代人值得学习的品质：重视实践，注重实验，尊重科学，道法自然，淡泊名利。

（原载《巴蜀史志》2020 年第 5 期"四川历史名人"专刊）

天文学家落下闳

蔡东洲

（西华师范大学历史文化学院）

落下闳，字长公，巴郡阆中（今四川阆中）人，生卒时间不详，主要活动在公元前100年前后。武帝元封年间（前110－前105），应征赴长安，参与编制了影响久远的《太初历》。由此被誉为中国历史上杰出的天文历算学家。

在重人文、轻科技的中国传统社会里，落下闳在汉时并未受到足够的重视，正史不为之立传，学界鲜有专题论述，但这并不影响落下闳在天文学领域的历史地位。2004年9月16日，经国际天文学联合会小天体提名委员会批准，一颗国际永久编号为16757的小行星被正式命名为"落下闳小行星"。2018年12月26日，中国科学院国家天文台公布，把国际SONG一米望远镜命名为"落下闳－SONG望远镜"。

随着落下闳被评选入"四川首批十大历史名人"，海内外涌现出了一股研究和宣推落下闳的热潮。2018年和2019年在阆中两次召开落下闳国际学术讨论会，聚集海内外学者，共同推进落下闳研究的纵深发展。查有梁《落下闳传》一再修订出版[①]，张治平《星耀长河——杰出天文学家落下闳》和《中国古天文圣地阆中》、李文福《天文巨星落下闳》、宋森林等《落下闳传奇》、刘甚甫《算尽天机——西汉历家落下闳》、张万福《落下闳与华夏春节之秘》等出版问世[②]，还有阆中文学艺术界联合会主编的《落下闳文辑》、阆中落下闳研究会主编的《桥楼落下闳》、四川省川北历史文化普及基地编写的《落下闳》等内部资料印行。当然，这些论著还存在着浅表叙述、简单重复、推测虚构等问题，这既是当前落下闳研究存在的不足，也是未来落下闳研究努力的方向。这里仅就落下闳及其天文成就略加论述，以期有助于落下闳研究的深入和拓展。

一、落下闳的事迹

翻阅近年出版的相关论著，落下闳的生平事迹似乎已经相当丰满了，并明显地呈现

[①] 查有梁：《世界杰出天文学家落下闳》，成都：四川辞书出版社，2001年版，2009年修订版。查有梁：《通天彻地落下闳》，成都：四川辞书出版社，2019年。查有梁：《落下闳传》，成都：天地出版社，2020年。

[②] 张治平：《星耀长河——杰出天文学家落下闳》，成都：西安交通大学出版社，2019年。张治平：《中国古天文圣地——阆中》，长春：吉林人民出版社，2018年。李文福：《天文巨星落下闳》，北京：中国文化出版社，2019年。宋森林等：《落下闳传奇》，银川：宁夏人民出版社，2016年。刘甚甫：《算尽天机——西汉历家落下闳》，成都：四川文艺出版社，2019年。张万福：《落下闳与华夏春节之秘》，成都：四川大学出版社，2021年。

为三个阶段：入京之前在家乡观测天文，入京期间在长安修历制仪，回乡之后在家乡教授生徒。但这都是有学者希望这位天文学家生平清楚、事迹饱满，于是落下闳入京之前秉承家学、自励观天的学者形象被描绘出来，回乡之后讲学家乡、培养后学的老者模样被杜撰出来。因为这些说法既无历史文献记载，又无考古发现支撑。可这些说法不仅出现在一些相关著作之中，而且展示于落下闳纪念馆内。

据张存良先生收集和整理，两《唐书》之前史籍中有关落下闳的记载只有十条①，其中司马迁《史记》的记载最为可信，陈寿《益部耆旧传》的记载最为详尽，二者是后世多种文献记录落下闳的原始底本。

《史记》记载："至今上即位，招致方士唐都，分其天部；而巴落下闳运算转历，然后日辰之度与夏正同。"②

《益部耆旧传》曰："闳字长公，巴郡阆中人也。明晓天文地理，隐于落亭。武帝时，友人同县谯隆荐闳，待诏太史，更作《太初历》。拜侍中，辞不受。"③

落下闳与司马迁为同朝士人，共同参与了"太初改历"，可司马迁在《史记》中并未为落下闳立传。这可能只有一种解释，落下闳在朝仅仅参与了编制历法和改进"浑天仪"的工作，并无其他事迹值得记述。追崇司马迁的班固虽然在《公孙弘传赞》中将落下闳列入西汉杰出人才予以赞扬，但在《汉书》中也没有为之立传，由此造成后世无从得知落下闳更多的事迹。

好在陈寿《益部耆旧传》的记载，使落下闳的名字、籍贯、隐居地、专业特长、主修历法、辞官不受等事迹清楚了很多。据此，落下闳为巴郡阆中县（今四川阆中市）人。入京之前确有天文学的专长，隐居在一个叫落亭的地方，得到在朝做官的友人谯隆举荐。至于"落亭"是今天的什么地方，已无从考知了。入京之后，以"待诏太史"的身份主导修订历法的工作，完成了《太初历》的编制。因而在颁行新历后被武帝拜为"侍中"，但落下闳"辞不受"，没有接受这个官职。至于是否归乡，文献没有直接记载，而"教授乡里"更是无从谈起。

二、落下闳与浑天仪

落下闳天文学成就的第一项成果是制造了"浑天仪"。"浑天说"在汉代是一种认识天地宇宙的天体理论，而"浑天仪"则是这种理论的物化，即依据"浑天说"制造的一种观测天地日月星辰的仪器。

根据东汉蔡邕《表志》，秦汉时存在三种观测天体的仪器，即"周髀""宣夜"和"浑天"。但"'宣夜'之学绝无师法。'周髀'数术具存，考验天状，多所违失，故史官

---

① 张存良：《略说〈太初历〉及其历史影响——兼谈落下闳其人其事》，《西华师范大学学报》2018 年第 6 期。
② 《史记》卷 26《历书》，北京：中华书局，2013 年，第 1260 页。
③ 《文选》卷 49《史论上·公孙弘传赞》李善注引《益部耆旧传》。

不用。唯'浑天'者近得其情"①。只有"浑天仪"观测的数据接近天体运行之真实情形，因而大行于世。蔡邕记述的汉代史官使用的"浑天仪"以铜为材料，"立八尺圆体之度，而具天地之象，以正黄道，以察发敛，以行日月，以步五纬。精微深妙，万世不易之道也"。这应该就是落下闳制作的、张衡等完善的"浑天仪"，蔡氏评价此仪"精微深妙"。

落下闳在这件"浑天仪"制作中确实充当着主导角色。时人扬雄在其《法言》中论及"浑天仪"时说："或问'浑天'。曰：'落下闳营之，鲜于妄人度之，耿中丞象之。几乎！几乎！莫之能违也。'"② 被誉为"西道孔子"的扬雄生活时代离"太初改历"不远，对蜀地同乡前贤的记述是可信的。扬雄肯定落下闳是"浑天仪"的制造者，而鲜于妄人是其数据测量者，耿中丞（耿寿昌）是其图像的绘制者，即所谓"以著天体，以布星辰"。不过，鲜于妄人、耿中丞晚出落下闳数十年，只能算作"浑天仪"的验证者或校正者。正因为如此，陈寿在《益部耆旧传》中直接把"浑天仪"制作和操作的功劳都归于落下闳一人名下，称"洛下闳，明晓天文，于地中转浑仪，以定时节"③。这是对落下闳在"浑天仪"制作中所起的主导作用的高度认可。经落下闳制作的赤道式浑仪经过后来张衡等人的改进后运用了两千年，其测定的二十八宿赤道距度（赤经差）也沿用到唐开元十三年（725）。此足见落下闳制造"浑天仪"的影响巨大而久远。

如果我们就此得出落下闳是"浑天说"和"浑天仪"的创始人，那又未免言过其实了。因为落下闳并非"浑天仪"首创者。王蕃在《浑天象说》中记载："浑天仪者，羲和之旧器，积代相传，谓之玑衡。其为用也，以察三光，以分宿度者也。又有浑天象者，以著天体，以布星辰。"④ 羲和是远古时候的天文学家。可见，"浑天仪"早已有之，只不过没有完整地流传下来，所以汪荣宝在《法言义疏》中说："《隋志》所云羲和浑天仪，相传谓之玑衡者，后代久无其器。"⑤ 虽然"无其器"，但相关理论和信息都保存了下来，落下闳正是在此基础之上制造了"浑天仪"。

落下闳也不是"浑天仪"的终结者或集成者。西汉后期和东汉时期的天文学家对"浑天说"进行过反复阐释和完善，对"浑天仪"进行过多次验证和改进，其中张衡的贡献最大，其《浑天仪图注》全面总结和系统论述了"浑天说"，认为"浑天如鸡子，天体圆如弹丸，地如鸡中黄，孤居于内，天大而地小，天表里有水，天之包地，犹壳之里黄，天地各乘气而立，载水而浮"⑥，并据此理论把"浑天仪"改造成了"水运浑天仪"，以水漏为原动力。还有贾逵又给"浑天仪"增加"黄道"等，这才使"浑天仪"趋于完备。

① 《后汉书》第 10《天文志上》，北京：中华书局，2013 年，第 3217 页。
② 扬雄：《法言》卷 10《重黎》，汪荣宝撰、陈仲夫点校《法言义疏》下，北京：中华书局，1987 年，第 320 页。
③ 虞世南：《北堂书钞》卷 130《浑仪》引《益部耆旧传》。
④ 魏徵等：《隋书》卷十九《天文志上》，北京：中华书局，2013 年，第 516 页。
⑤ 《法言义疏》下，北京：中华书局，1987 年，第 323 页。
⑥ 瞿昙悉达：《唐开元占经》卷一，景印文渊阁四库全书本，台北：商务印书馆，1986 年。

三、落下闳与太初历

落下闳天文学成就的另一项成果是主导编制了《太初历》。

汉武帝"太初改历"是其"太初改制"的组成部分。战国以来盛行"五德始终"之说，帝王们都得为自己的政权建构政治文化标识，以昭示天命所在。汉朝前期没有顾及这项工作，而是"袭秦正朔服色"①，但"宜更元，改正朔，易服色"的呼声一直存在。

汉武帝时，国力强盛，天下晏然。一时君臣决计放弃秦朝之旧制，建立"汉家制度"。换纪元，改正朔，易服色，更官号，封泰山，第次开来，用以构建汉朝的政治文化体系。其中，"改朔更历"是一项浩大的系统工程，涉及天文、历法、算数以及地面观测和历史记录等诸多领域，需要多部门和多学科的分工协作才能完成。

落下闳在这场"改朔更历"中担当着重要任务，即"运算转历"。《史记》留下了简明的记载："至今上即位，招致方士唐都，分其天部；而巴落下闳运算转历，然后日辰之度与夏正同。"② 据此，《太初历》主要是落下闳与唐都分工协作完成的，唐都负责对天体进行定位分区，落下闳负责按天体运行规律进行计算推演，最终达成"与夏正同"的目标。元封七年（前104），汉武帝正式颁行《太初历》，改元封七年为太初元年。

与旧行的《颛顼历》相比，《太初历》确实有着巨大的进步。它兼顾太阳运动和月亮圆缺变化规律，采用回归年和朔望月平均值为基本周期。它以寅月为岁首，置二十四节气于其中，与春种、夏忙、秋收、冬闲的农耕节奏合拍，对指导农业生产和生活更具时效性。它以无中气之月为闰月，而冬、腊、正三月不置闰，较之此前历法的年终置闰法更趋合理。《太初历》的这些处理办法对后世的历法影响久远，经后世的调整和改进过的农历沿用至今。落下闳发挥所长，运算转历，处理数据，为这部新历法的诞生做出了重要贡献，并因此而名垂青史。

当然，"太初改历"从启动到颁行经历了一个漫长而复杂的过程。从《汉书》的记载来看，参与这项事关国体的大事的人员众多。兒宽与博士赐等人建议改历，公孙卿、壶遂、司马迁与侍郎尊、大典星射姓等人"议造汉历"，招募邓平及长乐司马可、酒泉侯宜君、侍郎尊与民间治历者二十多人，还有淳于陵渠等人观测校验，一共形成了十多套方案，最终选定了落下闳、唐都的方案，"方士唐都、巴郡落下闳与焉。都分天部，而闳运算转历"③。因而，《太初历》是分工协作的成果，既不能将《太初历》归功于落下闳一人，更不能归功于司马迁或唐都一人，当然落下闳在《太初历》编制中的主导作用是不可否定的。

---

① 《史记》卷26《历书》，北京：中华书局，2013年，第1260页。
② 《史记》卷26《历书》，北京：中华书局，2013年，第1260页。
③ 《汉书》卷21上《律历志上》，北京：中华书局，2013年，第975页。

四、落下闳的精神

落下闳"运算转历",参与编制《太初历》的功劳在当时就得到了充分的肯定。班固在《公孙弘传赞》中将落下闳和唐都作为汉兴以来律历方面的代表人物加以肯定和褒赞:"汉之得人,于兹为盛。儒雅则公孙弘、董仲舒、兒宽,笃行则石建、石庆,质直则汲黯、卜式,推贤则韩安国、郑当时,定令则赵禹、张汤,文章则司马迁、相如,滑稽则东方朔、枚皋,应对则严助、朱买臣,历数则唐都、落下闳,协律则李延年,运筹则桑弘羊,奉使则张骞、苏武,将帅则卫青、霍去病,受遗则霍光、金日磾。"[①] 本为方士的唐都、落下闳因其观星制历而比肩公孙弘、董仲舒、司马迁、司马相如、越禹、张汤、卫青、霍去病等文臣武将。

当今落下闳研究者对他及其《太初历》的评价又超越古人,称颂《太初历》是中国特色天文历法的"楷模",为以后的100多种天文历法提供了"样板",充分肯定《太初历》"以孟春正月为岁首"和"以无中气之月置闰"等创造。

当然也有研究者对落下闳及其历法持否定态度。刘操南在《古代天文历法释证》中说:"就太初历所采的岁实、朔策的数据而论,除三统历沿袭于太初历的数据外,在中国历法史上102种历法中是没有一历采用这样疏阔的岁实、朔策的数据的。这和传统的六历相提并论,也是一种倒退的现象。"[②] 以致有人把《太初历》"贬斥为我国所有历法中最不好的一部"[③]。

由此可见,对落下闳及其天文学成就有着肯定与否定两种截然不同的历史评价,不过还是以肯定为主的。在今天看来,落下闳主导完成的《太初历》和"浑天仪"的科学性都有瑕疵,如"以律起历"就有失其科学性。我们不苛求古人,但要客观公正地评价其天文成就,更要传承发扬其创新、求实、淡泊的精神。

落下闳的创新精神集中体现在《太初历》的编制和"浑天仪"的制作上。汉武帝以前《颛顼历》已采行百年,而"浑天说"和"浑天仪"早在战国时已经出现。到"太初改制"时,虽然聚集二十余人从事改历工作,并形成了多套方案,而汉武帝采纳的是落下闳和唐都主导的方案,并颁行于世,正是由于《太初历》在置闰、正朔、节气等方面具有以往的《颛顼历》和其他现成方案所没有的创新之处。同时,落下闳在原本"无其器"的情况下,依据"浑天仪"的流传信息制作了全新的"浑天仪","精微深妙"的历史评价正是对落下闳创新精神的高度认可。

落下闳的求实精神集中体现在其客观看待《太初历》上。落下闳本人并不觉得自己"运算转历"完美无缺,还十分坦然地指出了这部新历的误差。《艺文类聚》卷五《岁时

---

① 班固此《赞》系于《史记》卷112《平津侯主父列传》,第2964—2965页。
② 刘操南:《古代天文历法释证》,杭州:浙江大学出版社,2009年,第78页。
③ 吕子方:《中国科学技术史论文集》(上册),成都:四川人民出版社,1983年,第238页。

下》引文记载："巴郡落下闳，汉武帝时改颛顼历，更作太初历。曰：后八百岁，此历差一日，当有圣人定之。"《太平御览》卷一六《时序部一》有与此相同的记载。这就是说，落下闳知道《太初历》在 800 年后会误差一天。这反映了一位科学家的谦虚胸怀和求实精神，也给我们今天客观公正地评价落下闳及其《太初历》以启迪。

落下闳的淡泊精神集中体现在其辞官不受上。汉武帝信用方士，众多方士装神弄鬼，迎合皇帝，神化君权，骗取功名利禄。落下闳本来就是方士，又在"太初改历"中立下大功，原本可以名正言顺地得到名利，武帝也确实授予"侍中"之职，而落下闳坚辞不受。这种淡泊名利、功成身退的精神正是传统社会大多数士人所缺少的，也是当今学者值得借鉴和学习的。

（原载《巴蜀史志》2020 年第 5 期"四川历史名人"专刊）

落下闳与汉易卦气说

金生杨

（西华师范大学区域文化研究中心）

　　落下闳生当汉武帝大兴儒学之时，作为《太初历》的主要制定者，亲身参与儒家所崇奉的"改正朔"大事业。《太初历》作为汉王朝认可的天文历数权威，成为后世儒家借以窥探天意的重要依据。在董仲舒天人学说的影响下，《太初历》给儒家经学带来了重大而深刻的变化。依援《太初历》立说，以阴阳论人事，成为经典阐释的核心内容。汉代易学卦气说就是在这样的背景下逐渐形成的。可以说，随着天人感应、阴阳灾异学说的流行，《太初历》对汉代易学产生了深刻的影响，以至于鲜有易学家不谈卦气。今先论《太初历》影响下的十二消息卦说、四正卦说、六日七分说及卦气图，以见天文历法学影响下的汉代易学[1]。

消息卦与物候

　　十二消息卦又称十二辟卦、十二月卦，汉代易学家用以代表一年十二个月。其基本精神源于《太初历》以建寅之月为岁首正月，即以孟春正月为每年的第一月，关照气候的变化。根据《太初历》，将元封七年改为太初元年，规定以十二月底为太初元年终，以后每年均从孟春正月开始，至季冬十二月年终。唐僧一行说："十二月卦出于《孟氏章句》，其说《易》本于气，而后以人事明之。"[2]

　　十二消息卦重视气候的变化，以冬至所在的建子之月即夏历的十一月与《复卦》相配，以建丑之月与《临卦》相配，以建寅之月与《泰卦》相配。十二消息卦所配诸月，皆对应于《太初历》的月份设置，即以建寅之月为岁首正月，而不据周历以建子之月为岁首。

复 ䷗	十一月	子
临 ䷒	十二月	丑

---

① 学术界对汉易卦气说有较多论述，如朱伯崑《易学哲学史》第一卷（北京：华夏出版社，1995 年）、林忠军《象数易学发展史》第一卷（济南：齐鲁书社，1994 年）、刘玉建《两汉象数易学研究》（南宁：广西教育出版社，1996 年）、林忠军《易纬导读》（济南：齐鲁书社，2002 年）、梁韦弦《汉易卦气学研究》（济南：齐鲁书社，2007 年）等，皆结合历法进行讨论，其中惟朱伯崑先生的论述于《太初历》略有论及，未能全面展开，总体上对《太初历》的影响认识不足。

② ［宋］欧阳修，［宋］宋祁：《新唐书》卷 27 上《历志三上》，北京：中华书局，1975 年，第 598 页。

泰	䷊	正月	寅
大壮	䷡	二月	卯
夬	䷪	三月	辰
乾	䷀	四月	巳
姤	䷫	五月	午
遁	䷠	六月	未
否	䷋	七月	申
观	䷓	八月	酉
剥	䷖	九月	戌
坤	䷁	十月	亥

十二消息卦卦象非常特殊，它形象地揭示了阴阳二气的消长变化。孟喜就是根据十二消息卦阴阳的消长变化，将它们有规律地组合在一起，并与十二月相结合，以揭示一年四季十二月阴阳二气消长变化规律及其内含。其中，前面六卦表示阳息阴消，后面六卦则表示阴息阳消。十二消息卦形象鲜明的特征深受后来学者的喜爱，即便如王弼这样以扫象数自居的学者也采用消息卦来解释《周易》。

十二消息卦，每卦主一月，凡十二卦对应十二月；每卦六爻，每爻主一月，凡七十二爻对应七十二候。所以，十二消息卦与七十二候紧密联系，形成了十二卦气说。宋项安世对此解释道：

> 消息十二卦，每卦主一月，每爻主一候。每一卦当《乾》《坤》二卦之一爻，每三卦当四正卦之一卦。《复卦》主鹖鸟不鸣，至水泉动六候。《临卦》主雁北乡至水泽腹坚六候。《泰卦》主东风解冻至草木萌动六候。《大壮》主桃始华至始电六候。《夬》主桐始华至戴胜降于桑六候。《乾》主蝼蝈鸣至小暑至六候。《姤》主螳螂生至半夏生六候。《否》主凉风至至禾乃登六候。《观》主鸿雁来至水始涸六候。《剥》主鸿雁来宾至蛰虫咸俯六候。《坤》主水始冰至闭塞成冬六候。[①]

二、四正卦主二十四节气

二十四气是中国历法的重要部分，也可以说是我国历法的特征。《尚书·尧典》已有二分二至，战国末《吕氏春秋·十二月纪》记有八月八节，《礼记·月令》《淮南子·时则训》均抄录有十二月纪，《淮南子·天文训》更有二十四气名称。《太初历》将一回归年平分为二十四气，二气之间相隔 $15\frac{1010}{4617}$ 日，二十四气名称、顺序与《淮南子·天文

---

① ［宋］项安世：《项氏家说》卷1《十二卦气》，景印文渊阁四库全书本。

训》的记载完全一致①。《太初历》规定从冬至起，奇数次的气，如大寒、雨水等为中气；偶数次的气，如小寒、立春等为气。现在一般总称为二十四节气。气各配属于某月。节气可以在上月的下半月或本月的上半月，而中气必须在指定的月里，没有中气的月定为上月的闰月，所谓"朔不得中，是谓闰月"②，从而把季节与月份的关系调整得十分合理，与春生、夏长、秋收、冬藏的自然变化、农业生产节奏合拍。卦气说充分接受了二十气之说，并将之与易卦相配。

唐僧一行说："当据孟氏……坎、震、离、兑，二十四气，次主一爻，其初则二至、二分也。坎以阴包阳，故自北正，微阳动于下，升而未达，极于二月，凝涸之气消，坎运终焉。春分出于震，始据万物之元，为主于内，则群阴化而从之，极于南正，而丰大之变穷，震功究焉。离以阳包阴，故自南正，微阴生于地下，积而未章，至于八月，文明之质衰，离运终焉。仲秋阴形于兑，始循万物之末，为主于内，群阳降而承之，极于北正，而天泽之施穷，兑功究焉。故阳七之静始于坎，阳九之动始于震，阴八之静始于离，阴六之动始于兑。故四象之变，皆兼六爻，而中、节之应备矣。《易》爻当日，十有二中，直全卦之初；十有二节，直全卦之中。"③

孟喜以居于东、南、西、北四方的震、离、兑、坎四卦称为四正卦，分主一年四季。每卦六爻，共二十四爻，分主一年中的二十四气。震居东方，象征春天，阳气通达，万物生生不息，极于五月。震卦六爻分别表示二月至四月三个月中的春分、清明、谷雨、立夏、小满、芒种六个气。离卦居正南方，象征夏天，显示阳气已极，阴气复生。故离卦六爻分别表示五月至七月三个月中的夏至、小暑、大暑、立秋、处暑、白露六个气。兑卦居西方，象征秋天，此时阳衰阴兴，至十一月而阴极。故兑卦六爻分别代表从八月至十月的秋分、寒露、霜降、立冬、小雪、大雪六个气。坎卦居北方，象征冬天，此时阳气萌动而未通达，故以坎卦六爻分别表示十一月至一月三个月中的冬至、小寒、大寒、立春、雨水、惊蛰六个气。

① ［唐］孔颖达：《春秋左传注疏》卷5，桓公五年秋："汉氏之始，以启蛰为正月中，雨水为二月节。及太初以后，更改气名，以雨水为正月中，惊蛰为二月节，以迄于今，踵而不改。"［唐］孔颖达《礼记注疏》卷14《月令》："汉之时，立春为正月节，惊蛰为正月中气，雨水为二月节，春分为二月中气。至前汉之末，以雨水为正月中，惊蛰为二月节。故《律历志》云正月立春节，雨水中，二月惊蛰节，春分中。是前汉之末，刘歆作《三统历》，改惊蛰为二月节。"景印文渊阁四库全书本。

② ［汉］班固：《汉书》卷21《律历志一上》，北京：中华书局，1962年，第984页。

③ ［宋］欧阳修，［宋］宋祁：《新唐书》卷27上《历志三上》，北京：中华书局，1975年，第599页。

震卦 --上六 芒种　　　　兑卦 --上六 大雪

　　　 --六五 小满　　　　　　　 一九五 小雪

　　　 一九四 立夏　　　　　　　 一九四 立冬

　　　 --六三 谷雨　　　　　　　 --六三 霜降

　　　 --六二 清明　　　　　　　 一九二 寒露

　　　 一初九 春分　　　　　　　 一初九 秋分

离卦 一上九 白露　　　　坎卦 --上六 惊蛰

　　　 --六五 处暑　　　　　　　 一九五 雨水

　　　 一九四 立秋　　　　　　　 --六四 立春

　　　 一九三 大暑　　　　　　　 --六三 大寒

　　　 --六二 小暑　　　　　　　 一九二 小寒

　　　 一初九 夏至　　　　　　　 --初六 冬至

《周易·说卦传》称："帝出乎震，齐乎巽，相见乎离，致役乎坤，说言乎兑，战乎乾，劳乎坎，成言乎艮。万物出乎震，震东方也。齐乎巽，巽东南也。齐也者，言万物之洁齐也。离也者，明也，万物皆相见，南方之卦也。圣人南面而听天下，向明而治，盖取诸此也。坤也者，地也，万物皆致养焉，故曰致役乎坤。兑，正秋也，万物之所说也，故曰说言乎兑。战乎乾，乾西北之卦也，言阴阳相薄也。坎者，水也，正北方之卦也，劳卦也，万物之所归也，故曰劳乎坎。艮，东北之卦也。万物之所成终而所成始也，故曰成言乎艮。"此说将八卦与八方相配，其中，震处正东，离处正南，兑处正西，坎处正北，而又分别与春、夏、秋、冬相配。孟喜显然以此为基础，将四正卦与《太初历》四季、二十四气说相配而加以系统完善，形成了卦气说中的四正卦说。

三、六日七分与卦气图

卦气说接受了《颛顼历》以 $365\frac{1}{4}$ 日为一回归年的长度，没有采纳《太初历》以 $365\frac{385}{1539}$ 日为一回归年的结论。但《颛顼历》以 $29\frac{499}{940}$ 日为一朔望月的长度，以十九年七闰调气，却不为卦气说所接受。《汉书·律历志上》记落下闳之法："太初术，一月之日，二十九日八十一分日之四十三。"卦气说借鉴了《太初历》以 $29\frac{43}{81}$ 日为一朔望月的长度，即所谓的八十一分法，或八十一分律历，而根据《周易》的实际加以改进，形成了卦气说中的六日七分说。

汉代孟喜以《周易》64 卦中的坎、离、震、兑四卦为 4 正卦，分主 4 方、4 时、24 气，其余 60 卦配 1 年 $365\frac{1}{4}$ 日、72 候。唐僧一行说："当据孟氏，自冬至初，《中孚》用事。一月之策，九六、七八，是为三十。而卦以地六，候以天五，五六相乘，消息一变，十有二变而岁复初。"[1] 自《中孚》值冬至初始，1 月 5 卦 6 候相配，30 天而阴阳消息一变，1 年 12 月凡 12 变而复归于初，周而复始。《周易·系辞传》称："天一、地二、天三、地四、天五、地六、天七、地八、天九、地十。"孟氏所言"卦以地六、候以天五"显然是双关语，而主要指每月五卦，每卦六日七分。但其内涵还不限于此，而与《太初历》以律本之黄钟八十一分为据制定密切相关，所谓"黄钟：黄者，中之色，君之服也；钟者，种也。天之中数五，五为声，声上宫，五声莫大焉。地之中数六，六为律，律有形有色，色上黄，五色莫盛焉"[2]。

孔颖达更为详细地指明六日七分说：

> 卦气起《中孚》，故离、坎、震、兑各主一方。其余六十卦，卦有六爻，爻别主一日，凡主三百六十日。余有五日四分日之一者，每日分为八十分，五日分为四百分，四分日之一又有二十分，则四百二十分。六十卦分之，六七四十二，卦别各得七分，是每卦得六日七分也。[3]

也就是说，除去 4 正卦后，所余 60 卦分主一年 $365\frac{1}{4}$ 日，1 卦 6 爻，60 卦共 360 爻，1 爻当 1 日，共 360 日，每卦值 6 日。1 年 $365\frac{1}{4}$ 日除去 360，尚余 $5\frac{1}{4}$ 日，以 64 卦分主，则每卦得 $\frac{7}{80}$ 日。综合而言，是每卦得 $6\frac{7}{80}$ 日，简言之为"六日七分"。用数学式表述即 $365\frac{1}{4} \div 60 = 6\frac{7}{80}$。卦气说的八十分法，与《太初历》的八十一分法相似相通，其源流关系显而易见。

除了将卦与气、日数相配外，卦气说还将七十二候纳入其中。物候是用鸟兽草木的变动来验证季节的变易，而这些鸟兽草木的变动，大概是根据当时都城所在的陕西的气候来确定的。七十二候说最初见于《逸周书·时训解》，后收入吕不韦所编《吕氏春秋》中。《太初历》制定后，人们又自然地将其与之相合。正因为每卦六日七分，故孟喜用以配 1 年 72 候。每月配 5 卦，每卦六日七分，则五六三十，以配 1 月。但 1 年 24 气，每 1 气分为初次末 3 候，每 1 气 15 天，每候 5 天，1 月 6 候。故孟喜又将部分卦以内外卦处理，以弥补 1 月 5 卦与 6 候、60 卦与 72 候之间的差异。具体而言，将 60 卦按辟（君）、公、候、卿、大夫五等爵位，分为 5 组，每组各有 12 卦，又将候卦分为候内卦和候外卦，以补月 5 卦 6 候、60 卦与 72 候之缺。

---

① ［宋］欧阳修、（宋）宋祁：《新唐书》卷 27 上《历志三上》，北京：中华书局，1975 年，第 599 页。
② ［汉］班固：《汉书》卷 21 上《律历志一上》，第 959 页。
③ ［唐］孔颖达：《周易注疏》卷 5《复》，景印文渊阁四库全书本。

爵月	1	2	3	4	5	6	7	8	9	10	11	12
辟卦	复	临	泰	大壮	夬	乾	姤	遁	否	观	剥	坤
公卦	中孚	升	渐	解	革	小畜	咸	履	损	贲	困	大过
侯卦 内	屯	小过	需	豫	旅	大有	鼎	恒	巽	归妹	艮	未济
侯卦 外	屯	小过	需	豫	旅	大有	鼎	恒	巽	归妹	艮	未济
卿卦	睽	益	晋	蛊	比	井	涣	同人	大畜	明夷	噬嗑	颐
大夫卦	谦	蒙	随	讼	师	家人	丰	节	萃	无妄	既济	蹇

将五等爵与 60 卦配 72 候时，以初候为始卦，次候为中卦，末候为终卦。初候 24 配以公卦和侯外卦，次候 24 配以辟卦和大夫卦，末候 24 配以候内卦和卿卦。再配以物候，即可得唐僧一行所制《卦气图》[1]。

常气	月中节四正卦	初候始卦	次候中卦	末候终卦
冬至	十一月中《坎》初六	蚯蚓结 公《中孚》	麋角解 辟《复》	水泉动 侯《屯》内
小寒	十二月节《坎》九二	雁北乡 侯《屯》外	鹊始巢 大夫《谦》	野鸡始鸲 卿《睽》
大寒	十二月中《坎》六三	鸡始乳 公《升》	鸷鸟厉疾 辟《临》	水泽腹坚 侯《小过》内
立春	正月节《坎》六四	东风解冻 侯《小过》外	蛰虫始振 大夫《蒙》	鱼上冰 卿《益》
雨水	正月中《坎》九五	獭祭鱼 公《渐》	鸿雁来 辟《泰》	草木萌动 侯《需》内
惊蛰	二月节《坎》上六	桃始华 侯《需》外	仓庚鸣 大夫《随》	鹰化为鸠 卿《晋》
春分	二月中《震》初九	玄鸟至 公《解》	雷乃发声 辟《大壮》	始电 侯《豫》内
清明	三月节《震》六二	桐始华 侯《豫》外	田鼠化为驾 大夫《讼》	虹始见 卿《蛊》
谷雨	三月中《震》六三	萍始生 公《革》	鸣鸠拂其羽 辟《夬》	戴胜降于桑 侯《旅》内
立夏	四月节《震》九四	蝼蝈鸣 侯《旅》外	蚯蚓出 大夫《师》	王瓜生 卿《比》
小满	四月中《震》六五	苦菜秀 公《小畜》	靡草死 辟《乾》	小暑至 侯《大有》内
芒种	五月节《震》上六	螳螂生 侯《大有》外	鵙始鸣 大夫《家人》	反舌无声 卿《井》
夏至	五月中《离》初九	鹿角解 公《咸》	蜩始鸣 辟《姤》	半夏生 侯《鼎》内

---

[1] ［宋］欧阳修、［宋］宋祁：《新唐书》卷 28 上《历志四上》，北京：中华书局，1975 年，第 640—642 页。

小暑	五月节《离》六二	温风至候《鼎》外	蟋蟀居壁大夫《丰》	鹰乃学习卿《涣》
大暑	六月中《离》九三	腐草为萤公《履》	土润溽暑辟《遁》	大雨时行候《恒》内
立秋	七月节《离》九四	凉风至候《恒》外	白露降大夫《节》	寒蝉鸣卿《同人》
处暑	七月中《离》六五	鹰祭鸟公《损》	天地始肃辟《否》	禾乃登候《巽》内
白露	八月节《离》上九	鸿雁来候《巽》外	玄鸟归大夫《萃》	群鸟养羞卿《大畜》
秋分	八月中《兑》初九	雷乃收声公《贲》	蛰虫培户辟《观》	水始涸候《归妹》内
寒露	九月节《兑》九二	鸿雁来宾候《归妹》外	雀入大水为蛤大夫《无妄》	菊有黄华卿《明夷》
霜降	九月中《兑》六三	豺乃祭兽公《困》	草木黄落辟《剥》	蛰虫咸俯候《艮》内
立冬	十月节《兑》九四	水始冰候《艮》外	地始冻大夫《既济》	野鸡入水为蜃卿《噬嗑》
小雪	十月中《兑》九五	虹藏不见公《大过》	天气上腾，地气下降辟《坤》	闭塞而成冬候《未济》内
大雪	十一月节《兑》上六	鹖鸟不鸣候《未济》外	虎始交大夫《蹇》	荔挺生卿《颐》

宋项安世解释六日七分之卦气说道：

除四正外，六十卦每卦主六日七分，五卦共主一月。每五卦当前十二卦之一卦，故每月各以前十二卦为辟卦也。《未济》《蹇》《颐》《中孚》《复》五卦主大雪、冬至二气，《屯》《谦》《睽》《升》《临》五卦主小寒、大寒二气。《小过》《蒙》《益》《渐》《泰》五卦主立春、雨水二气。《震》《随》《晋》《解》《大壮》五卦主惊蛰、春分二气。《豫》《讼》《蛊》《革》《夬》五卦主清明、谷雨二气。《旅》《师》《比》《小畜》《乾》五卦主立夏、小满二气。《大有》《家人》《井》《咸》《姤》五卦主芒种、夏至二气。《鼎》《丰》《涣》《履》《遁》五卦主小暑、大暑二气。《恒》《节》《同人》《损》《否》五卦主立秋、处暑二气。《巽》《萃》《大畜》《贲》《观》五卦主白露、秋分二气。《归妹》《无妄》《明夷》《困》《剥》五卦主寒露、霜降二气。《艮》《既济》《噬嗑》《大过》《坤》五卦主立冬、小雪二气。五卦之序，一为候，二为大夫，三为卿，四为公，五为辟。候分内外，以朔气前三日为内，朔气后三日为外。五卦之序，其义未闻。[1]

---

[1]　[宋]项安世：《项氏家说》卷1《六十卦气》，景印文渊阁四库全书本。

项安世以为"五卦之序，其义未闻"，反映出孟喜以某卦配某候缺乏理论依据，或者说这种依据随着学术的废兴而佚失了。扬雄《太玄》诸首准此序模拟排列，但也未说明经序由来。

宋代李溉进一步阐发汉代卦气说，并制成《卦气图》一幅，其实就是孟喜卦气说的图形化[1]：

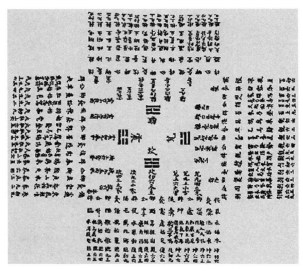

受宋代邵雍先后天易学的影响，宋人又将《卦气图》以十二个月作圆形展开，从而得到《卦气圆图》：

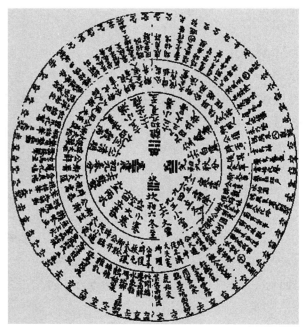

---

① ［宋］朱震：《汉上易传卦图》卷中，景印文渊阁四库全书本。

此图载于元胡一桂《周易启蒙翼传》外篇。清李道平《周易集解纂疏》卷首《凡例》除去物候和爻画，益以十二地支，更为简洁。

事实上，六日七分说也并非孟喜一家的思想。《论衡·寒温》称："《易》京氏布六十四卦于一岁中，六日七分，一卦用事。"此是说，京房易学同样有六日七分说。

由于《太初历》的制定以天文观测记录为依据，同时与生产实践相结合，所以卦气说以《太初历》为基础而论，更为贴近现实的天象、节气、物候，用以讨论自然、人事兴革，更有直观感受，更具说服力。

受落下闳《太初历》影响形成之汉易卦气说，大端首在于四正卦、十二消息卦、六日七分及卦气图诸说上。至于它对京房建候说及积算说、易纬卦气说、扬雄《太玄历》及东汉卦气说等的形成与影响，留待另文再行讨论。

落下闳作为科技学家而被学者所热烈讨论，但长期被忽略的一个事实是，落下闳对人文科学的影响更为重大深远。尽管《太初历》制定颁用后，汉廷官员、学者对采用何历以指导人事存在争论，但"杂候日月晦朔弦望、八节二十四气，钧校诸历用状"，通过验证，最终以《太初历》推算准确度即"疏密"程度为第一，以至于不用而妄言《太初历》的太史令张寿王多次遭劾，终以"下吏"①。可见，《太初历》得到了绝大多数学者、官员的认可，并经过了实践的检验。班固更由此有所谓"历本之验在于天"的说法②。由于董仲舒新儒学充斥着天人说、阴阳灾异思想，援《太初历》而论天象、人事，成为汉代学者乃至政论家的惯常做法。因此，落下闳对人文科学的影响极其重大深远。就易学而论，《太初历》影响了对卦爻象数的分析，形成以节气、物候论析而指向自然、人事兴革的经典阐释新路径，影响可谓重大深远。其中最为集中的反映就是象数易学中的卦气说皆与历法有关，多援《太初历》加以讨论。孟喜、京房及《易纬》的卦气说深受落下闳《太初历》的影响，又有《颛顼历》的影子。其最终归宿，则是通过将阴阳气候与六十四卦相结合，借助《周易》文辞、易学筮占，讨论自然、人事兴革，达到经学"经世致用"的目的。

---

① [汉]班固：《汉书》卷21《律历志一上》，北京：中华书局，1962年，第978页。
② [汉]班固：《汉书》卷21《律历志一上》，北京：中华书局，1962年，第978页。

落下闳与《太初历》

刘甚甫

（阆中市诗词学会）

虽《史记》《汉书》均不为落下闳立传，但我们仍能从林林总总的史料中窥知其人其事。

司马迁《史记·历书第四》、班固《汉书·律历志》，言及《太初历》俱作"落下闳"；桓谭《新论》及《晋书》，则记为"洛下黄闳"。虽俱指一人，然如此一来，有关其人姓氏，不免言之纷纭。

《太平御览·天部》引桓谭之说，称扬雄曾向洛下黄闳讨教天文，洛下黄闳授以浑天。

众所周知，扬雄因赋近司马相如，汉成帝喜爱之余，召入长安为黄门郎，其年已逾不惑；而《太初历》肇于武帝元封年间，毕于太初元年，其间相距近五十载。以此推之，若落下闳三十岁入长安，而扬雄生于汉宣帝甘露元年，彼此相差至少七十余岁。扬雄若求教于落下闳，落下闳其年当在九十岁左右。而桓谭引扬雄所说，称落下闳年逾七十，足见非也。

另据史载，《太初历》成，武帝拜落下闳为侍中，落下闳辞而不受，隐居落亭。足见扬雄入京时，落下闳已去长安四十余载，或已阴阳相隔，岂能讨教。而《汉书·扬雄传》称，扬雄为文学侍从，曾为喜好游猎的成帝作《甘泉》《羽猎》《长杨》等赋，予以讽劝，成帝不听。扬雄大失所望，于是放言，辞赋乃童子雕虫篆刻，壮夫不为。转而作《逐贫赋》《说难》《方言》等，开一代文风，弃绝虚浮病弱之态。再仿《论语》，先作《法言》，又仿《易经》，续作《太玄》等。足见扬雄之思想文化历程，清晰可辨，了无疑惑。

读扬雄著述可知，其为郎之初，尚不知浑天，浑天之说当首闻于长安。亦因此说，扬雄方知大思浑天，而后始作《太玄》。毫无疑问，扬雄受益于落下闳的浑象与浑天说，但绝无机会当面请教。而桓谭作《新论》，不仅称扬雄曾问浑天于落下闳，亦将其人姓名写作洛下黄闳。

后人据上述之说考校，有取其复姓落下名闳者，亦有取其复姓洛下名闳者，更有取其姓黄名闳，而洛下或指洛阳等等，不一而足。但有一点毫无争议，其人出于巴郡阆中，而非他处，更非洛阳。

常璩《华阳国志》称陈寿卒于洛下，后人以为洛下乃阆中某地，而此地当为落下闳出生并隐居处。此说一出，有关其人姓氏，愈发莫衷一是。

至初唐，博通经史的颜师古考之，以为其复姓落下名闳。意在力绝他说，一锤定音，使来人不复为疑。然近世以来，争议渐起，虽言者颇多，然均不脱前人窠臼，不足为道。更有人列出落下闳生卒年，殊不知既有生卒年，当知生平；而古人生卒年，多取自墓志，正所谓盖棺定论、树碑立传。试问落下闳之墓何在，谁人为之铭？此举实在可笑。

各种史料俱称，在《太初历》创制过程中，落下闳遵浑天之说而绘浑象，再制浑仪，又算转历；余者，仅唐都指分天部，长乐司马可、酒泉侯宜君等，均不见作为。由此可知，《太初历》几乎凭落下闳一人之力，他人几可忽略。

然而不知何故，《汉书·律历志》无意中惹出一段不易觉察的公案。班固所引，大多出自《史记》，然其言之更详。其说大致如下：因天人差谬，武帝命御史大夫儿宽、太中大夫公孙卿、中大夫壶遂、太史令司马迁等议改新历。儿宽、公孙卿等虽知此时天象或与夏正同，然俱感才学不足，不能为之，遂请武帝召民间制历者与之。于是方士唐都、巴郡阆中落下闳、长乐司马可、酒泉侯宜君等二十余人应召而来。唐都定天部，而落下闳运算转历，其法以律起历，与邓平所制同。于是皆观新星度、日月行，更以算推，一切皆如落下闳、邓平之法。武帝由此下诏，命司马迁用邓平所造八十一分律历，罢废尤疏远者十七家。此后，又迁邓平为太史丞。

若详味此说，不难知其前后矛盾。邓平为太史令属吏，专事制历，议改新历之初，邓平理当与之，若其制历水准可与落下闳等量齐观，何必召民间制历者参与？此其一也。既落下闳所制与邓平同，且落下闳首以二十四节气入历法，而《太初历》确曾引用节气，岂是邓平所制？此其二也。《益部耆旧传》等俱称，落下闳因改《颛顼历》作《太初历》，拜侍中不受；据《汉书·百官公卿表》载，侍中与左右曹诸史、散骑常侍、中常侍等官阶相同，超过侍郎，因其可出入禁中向天子奏事，百官无不追慕；武帝更引侍中为私臣，其恩信荣宠，过于上卿，直逼三公；而太史令不过太常属官，邓平迁太史丞，仍为司马迁僚属，其位逊于侍中；若邓平制历之功居落下闳之上，或可等量齐观，其恩宠何故远输落下闳？此其三也。以古人记述之惯例，先后之别，或因官阶高低，或因功绩大小；班固既先称"如闳、平法"，主次已分，然随后又称"乃诏迁用邓平所造八十一分律历"云云，岂不自毁前说？此其四也。

四疑俱在，可见班固之说亦妄。所幸后世之说凿凿，并不为司马迁、班固所惑。官修史自《晋书》始，凡言及浑仪及《太初历》，仅称落下闳，不言邓平之流。而南宋洪迈于《容斋续笔》卷十三第十四条《雨水清明》称，历家以雨水为正月中气，惊蛰为二月节，清明为三月节，谷雨为三月中气，俱始于《太初历》。周、秦以来，惊蛰在雨水前，谷雨在清明前。

毫无疑问，雨水等四节气顺序，俱为落下闳改之。

洪迈之说，可证《太初历》首用节气；而用节气者乃落下闳，非邓平。由此可知，

《太初历》为落下闳所造，绝非邓平。

除官修史外，后世论及落下闳、浑象、浑仪或《太初历》者颇多，诸如扬雄、桓谭、刘歆、张衡、邢和璞、段成式、沈括、洪迈等，想必亦知司马迁、班固之非，于是不拘定论，表而出之。足见虽人事茫茫，而天日昭昭，落下闳其人其事岂可隐晦！

落下闳辞官归隐之分析

刘明弟

（阆中市落下闳研究会）

元封五年（前102），汉武帝于全国颁行《求茂材异等诏》："盖有非常之功，必待非常之人，故马或奔踶而致千里，士或有负俗之累而立功名。夫泛驾之马，跅弛之士，亦在御之而已。其令州郡察吏民有茂材异等可为将相及使绝国者。"

汉武帝爱才之心，重才之意，于今读之犹令人感慨嘘唏，而自古及今文人雅士、俊杰豪侠莫不追寻"丈夫处世兮立功名，立功名兮慰平生"的人生境界。可是就在皇帝下专诏求贤之时，就有一人，独具一格，卓尔不群，辞官归隐，他就是西汉时著名天文学家落下闳。

落下闳，姓落下，名闳，字长公，巴郡阆中（今四川阆中）人。汉武帝元丰年间（前110—前105），为了改革立法，向全国征召民间天文制历者，经同乡谯隆推荐，落下闳由故乡阆中奔赴京都长安，参与历法改制。落下闳在长安与唐都等合作研制《太初历》，落下闳殚精竭虑、专心制历。元封七年，汉武帝颁行《太初历》，落下闳居功至伟，当享茅土之荐，受百乘之赏，武帝拜落下闳侍中之职，可入禁中受事，出入宫廷，与闻朝政，可是在显爵面前，厚赏之下，落下闳青青子衿，牛车布衣，一揖而去。

落下闳为何辞官归隐故里呢?

（一）圣人之道为而不争，道家思想的影响

英国自然史科学家李约瑟认为："中国文化就像一棵参天大树，而这棵大树的根在道家。"道家学派创始人东周老子也，老子约出生于公元前571年，逝世于公元前471年。老子曾长期任职周朝国家图书馆馆长。《史记·老子韩非列传》："老子者，楚苦县厉乡曲仁里人也，姓李氏，名耳，字聃，周守藏室之吏也。"《张苍传》亦称"老子为柱下史"，所谓柱下即藏书室的柱下，因以为官名。老子博览群书，思虑非常，为中国古代伟大的哲学家和思想家。世界百位历史名人之一，存世有《道德经》（又称《老子》），主张无为而治，顺应自然，合乎天理。苌弘（前575—前492），字叙，古资中县（今资阳市雁江区）人，博学多才，知天文地理，精星象音律，传孔子曾于周敬王二年（前518）前往周国造访苌弘求教韶乐与武乐之异同和不解之处。《淮南子》说苌弘："天地之气，风雨之变，历律之数，无所不通。"苌弘之晓天地之气与老子"地法天，天法道，道法自然"在思想上有相通相同之处，二人又生于同一时代，又同在周朝为官多年，共同辅佐周景王、敬王，才华上惺惺相惜，思想上互相浸染。在晋国的"六卿之乱"中，由于苌弘站在周王室一边支持范氏而被殃及，周敬王念其辅佐之功，不忍加害，但最终还是把苌弘放逐到千里之外的蛮荒蜀地去了。苌弘后屈死于蜀，《庄子·外物》记载："人主莫不欲其臣之忠，而忠未必信，故伍员流于江，苌弘死于蜀，藏其血三年，而化为碧。"后亦用以借指屈死者的形象。苌弘死后，其天文、历数之学传于蜀，"天数在蜀"，从此之后巴蜀之地天文历算学家层出不绝。落下闳者，蜀之后起之士。"功成身退，天之道也。"落下闳改历已成万世之功，秉承历数之祖的理念，辞官归隐就顺理而然了。

（二）官场之内尔虞我诈，清流思想的影响

自从有了人类就有了官场，从原始社会的部落首领，奴隶社会的城主国王到封建社会的君主专制，官僚体系从简单到复杂，从粗糙到完备，在秦始皇一统六国建立中国历史上第一个封建君主专制政权后就形成了一套完善的官僚制度。在官场里人类演绎了多少两面性、虚荣心、势利眼，那些与生俱来的欲望，恐怖的私心，让官场从来都充满了波澜、诡谲、黑暗、贪腐、庸俗、钻营、勾结、淡薄、虚假。杜甫诗云"在山泉水清，出山泉水浊"，臭气熏天的官场怎一个"浊"字了得。

西汉武帝开疆拓土，北攻匈奴，东击朝鲜，南服百越，西通西域，形成了自秦始皇以来没有完成的大一统局面，采纳董仲舒的建议"罢黜百家，独尊儒术"，巩固了国家统一和中央集权，还大力兴修水利，推行屯垦、屯围，大力发展农业生产，是中国历史上赫赫有名的千古一帝。但是汉武帝也是一位玩弄政治的高手，翻手为云覆手为雨。他在位期间出台"推恩令"，发动巫蛊之祸，为达到政治目的不惜使用冤狱、诱捕、制衡等政治手段，由公元前115年的张汤之死可见一斑。为了打击陈皇后、淮南、衡山二王谋反，武帝启用张汤，张汤执政期间处处以皇帝意旨为治狱准绳，助武帝推行盐铁专卖、告缗算缗、打击富商、剪除豪强，为汉皇室立下了汗马功劳，可武帝却以御史中丞李文及丞相长史朱买臣的一面之词强令张汤自杀。张汤时任御史大夫，颇受武帝宠信，多行丞相事，权势在丞相之上。张汤为官清廉，死后家产不足500金。该事件当时可谓震惊朝野，妇孺皆知。

《汉书·律历志》记载，汉武帝征求御史大夫儿宽和博士们的意见后，诏令司马迁等"议造汉历"，征召全国民间天文学家进京参与制历。当时有侍郎尊、大典星射姓、治历邓平、长乐司马可、酒泉侯宜君、方士唐都、巴郡落下闳等官方和民间专家二十余人应征入京。这二十余人中只有唐都、落下闳是方士。而任何事物皆有其辩证对立的一面。官场有浊流就有清流，《汉书·补乐志》说："郑卫之声兴则淫辟之化流，而欲黎庶敦朴家给，犹浊其源而求其清流，岂不难哉！"落下闳专研学术，测算天文，满身皆是清廉之气，对西汉朝堂之上的浊浑之流自是不屑，对清廉有为的张汤等官员自是心生悲愤之情。在此等情况下，落下闳自是不愿在朝为官了。

（三）阳春白雪般的高尚情操，方士身份的影响

落下闳，西汉武帝时期一民间制历者也。在我国古代除了六书：礼、乐、书、数、射、御而外，其他的一切都叫作百工技艺，包括巫、医、乐、师、百工、天文、历算、

数术等都叫作方术，从事这类研究、职业的人都叫方士。方士基本等同于今天的民间画家、民间书法家、民间工匠或者民间艺术家等等。在种种资源被精英们基本垄断的情况下，哪怕你艺超二王，但你只是个民间书家；即使你能画活万里江山，但你只是个民间画家。从某种意义上说，无论画家也好，书法家也好，或是其他一切诸家也好，只要沾上民间两个字，你就不能在现实社会觅得一席之地。

从西周到西汉的官场，长期运行的是世卿世禄制、门阀氏族制，他们不仅占据了所有的社会资源，也严重阻碍了社会发展。多少寒门子弟报国无门，进身无路，默默无闻，憾恨终身。直到西汉的第二代领导人汉文帝在总结古今之失的基础上，重开天地，始兴察举，希望能尽起天下之才而用之。然而，察举是有范围的，可以包括孝廉、茂才、明经、贤良方正、孝弟力田、武猛知兵等等，但不包括方士。哪怕穷究典籍，也看不到有关方士的察举。

司马迁在《报任安书》中说："文、史、星、历，近乎卜、祝之间，固主上所戏弄，倡优所畜，流俗之所轻也。"司马迁时居太史令，秩俸 600 石，官居六品尚且慨叹如此，何况落下闳区区草根呢？随着西汉初年窦太后和景帝的提倡，黄老之学一时大兴。西汉的显宦和学者们，如曹参、陈平、田叔、黄生、邓章、郑当、司马谈、严君平等都是治黄老之学的人。当时文人也多喜爱黄老而厌恶方仙，著名学者黄宪在《四难》里痛斥方士，说他们不是老庄流裔，不配和浮屠老子相提并论。可见武帝时期方士在朝野的地位太过低下，在士大夫眼里简直就不值一提。对历代皇家而言，无论哪朝哪代，即使贤明如文景，杀伐如武帝，天子的气量都是有限度的，对方士采取实用主义，用时欲尽其所才，不用弃之如敝屣。比如雄才大略的曹孟德，可以不问来历，不问出身，唯才是举，但他招至麾下的依旧是出自儒家显学的士大夫。这才是正统，这才与他们气味相投、气质相近。

所以，落下闳在官场遭受漠视与冷遇，是不可改变的宿命。而落下闳何许人也？其能可谓算尽天机、才华横溢，其人可谓超凡脱俗，清奇俊逸。他自然不会为五斗米折腰了。

（四）阆中得天独厚的观测环境，故乡情结的影响

落下闳故乡现今阆中市地处四川盆地东北部，位于嘉陵江中游，秦巴山南麓。山围四面，水绕三方，介于东经 105°41′～106°24′、北纬 31°22′～31°51′之间。据现今地理、历史学界分析，有一个"北纬 30 度之谜"说，主要是指北纬 30 度上下波动 5 度所覆盖的范围。这一地带被人们称为地球的脐带，该纬度的磁场、电场、重力场等都对地球环境产生了很大的影响。在这一个纬度区发生着许许多多让人捉摸不透的未解之谜和神秘事件，如埃及金字塔、巴比伦空中花园、珠穆朗玛峰、鄱阳湖"魔鬼三角"、长江断流、马里亚纳海沟、美国死亡谷、玛雅文明、百慕大魔鬼三角区。据研究发现，在北纬 30 度附近发生的地震、火山和空难概率以及严重程度也非常之高。阆中古城就明显位于北纬 30 度附近，四周环绕相对独立。站在古城中央，对照四周之山犹如钟表之刻度，日出日

落方位在每个回归年内都会在特定的区间即山头与山头间循环往复变化。

阆中有这些天下无双的观天环境，"悠悠天宇旷，切切故乡情"。落下闳这位远在天涯的游子能不怀想故乡吗？能不留念故乡优越的观测天象环境吗？远离长安这块是非之地，回故乡去继续自己的天文事业，并将天文研究事业传之后人，这已经是落下闳的最大愿望了，自然辞"侍中"而不受了。

落下闳这位世界著名古天文学家，被英国近代生物化学家、科学技术史专家李约瑟赞为世界天文学领域"灿烂的星座"。我们都知道历史上的阆中有任文孙、任文公父子，周舒、周群、周巨祖孙三代天文学家，有慕名前来阆中的袁天罡、李淳风等天文、历算学家。是的，他不去长安，世间无非多了一位农夫，他不回故里，阆中成不了古天文研究中心。没有醉倒在《太初历》的功劳簿里，更没有醉倒在武帝的论功行赏里，落下闳虽然被司马迁、班固、常璩等人隐在历史文献里，可他却一直在天上闪耀，不信，你看天上那颗 16757 小行星它不是一直在对我们眨眼吗？

不落的星辰——落下闳

唐凤缘

（四川省崇州市怀远中学）

据唐代李善《文选》注引陈寿《益部耆旧传》记载："（落下）闳字长公，巴郡阆中人也。明晓天文地理，隐于落亭。武帝时，友人同县谯隆荐闳，待诏太史，更作《太初历》，拜侍中，辞不受。"①

一、成长

1. 民间学习

在古代的诸多天文学家中，落下闳是比较特殊的，他是一位来自民间的天文学家。他的出生地阆中属于巴国旧都，巴人一直崇尚文化，早在春秋战国时期，阆中就出了一位著名的大学者，叫鹖冠子。他主要从事对北斗七星的研究，著作《鹖冠子》对北斗七星的研究也具有重大贡献。在公元前 141 年，蜀郡太守文翁为改变蜀中闭塞、落后的状况，设置学宫，创建宫学，修筑校舍，四川学风浓厚，史称"文翁兴学"。阆中也直接受到"文翁兴学"的影响，大力创办学校，发展教育。此时，落下闳正值上学的年龄，进入学校后，落下闳不但系统学习了科学文化，在观测天象上的天赋也渐渐显露，积攒了不小的名气。

2. 征召入京

司马迁《史记·天官书》中，有如下的一段记载："昔之传天数者：高辛之前，重、黎；于唐、虞，羲、和；有夏，昆吾；殷商，巫咸；周室，史佚、苌弘；于宋，子韦；郑则裨灶；在齐，甘公；楚，唐眛；赵，尹皋；魏，石申。"② 在这段记载中，司马迁列举了很多古代天文学家的名字，但很少出现巴蜀人。其实，在古代的巴蜀之地，潜心研究天文的民间学家也是不少的，例如上文谈到的鹖冠子，还有春秋时期精通天文地理和星象音律的天文历算学家苌弘隐于四川，治水的大禹和修都江堰的李冰父子都精通天文，后世称为"天数在蜀"。

天文学广泛流传于民间，因此，西汉元封年间（前 110—前 105）汉武帝决定采纳太

---

① ［南北朝］萧统：《文选》，上海：上海古籍出版社，1986 年，第 2172 页。
② ［汉］司马迁：《史记》，北京：中华书局，1959 年，第 1343 页。

史令司马迁等人的建议，下诏广泛征聘民间天文学家，改革历法。也正是因为这一决策，落下闳在同乡谯隆的推荐下，被汉武帝征召入京，千里迢迢，从四川来到了京城长安，与当时的官家天文学家唐都、邓平一起研制历法。

3. 参编《太初历》

我国古代历法的种类繁多，仅《汉书》就记载有黄帝历、颛顼历、夏历、殷历、周历、鲁历六种。这些都是战国时期各国使用的历法，由于各家所取的历元不同，加上对天象探测的不精确，形成了当时四季推算混乱的情况，给当时百姓的日常生产、生活都带来了困扰。秦统一后，在全国推行《颛顼历》，基本上结束了战国以来历法的混乱局面。但《颛顼历》经过一百一十多年的使用后，累积误差越来越大，在《汉书·律志历》中记载了当时"朔晦月见，弦望满亏，多非是"的情况①。

改革历法成了当时迫切的问题。改革工作由司马迁主持，一经开始就形成官方学者和民间学者的一场激烈辩论，在激烈的争论中，提出了修改方案十八个。汉武帝对所有的方案都亲自斟酌，逐一审查，最后罢去十七家之说，决定采用落下闳、邓平提出的"八十一分律历"的方案。落下闳的研究利用观测的手段，对天象进行不断的观测，用实际观测来对历法进行检验报告。这使方案不至于纸上谈兵，具有可行性和符合当时的实际情况，也创造了我国古代以观察来解决争论的手段的优良传统。

从公元前110年起，经过了将近七年的时间，至公元前104年新历才完成。新历初用夏正，以正月为岁首，故改元为太初，公元前104年，就是太初元年。因此汉武帝将新历定名为《太初历》，这是我国古代有文字记载的第一部最完整的历法。《太初历》使用的交食周期、五星会合周期都比较准确，其二十八宿赤道距度（赤径差）值，一直沿用了800多年。

落下闳参编《太初历》，对推动中国天文学的发展起到了重要作用。其中改革的二十四节气，也为中国的农业生产提供了便利。

4. 完善浑天说

中国古代的宇宙学说有三家：盖天说、宣夜说、浑天说。《宋史·天文志》载："于是司马迁《史记》而下，历代皆志天文。第以羲、和既远，官乏世掌，赖世以有专门之学焉。然其说三家，曰周髀，曰宣夜，曰浑天。宣夜先绝，周髀多差，浑天之学遭秦而灭，洛下闳、耿寿昌晚出，始物色得之。故自魏、晋以至隋、唐，精天文之学者荦荦名世，岂非难得其人欤！"②《宋史·天文志》又记载："如张衡祖洛下闳、耿寿昌之法，别为浑象，置诸密室，以漏水转之，以合璇玑所加星度，则浑象本别为一器。"③由此，我们可以认为"浑天说"的最初代表人物是落下闳，张衡等是后来接着完善的。

落下闳的思想受到《老子》《庄子》《天问》《吕氏春秋》《淮南子》等书的影响，在

---

① ［汉］班固：《汉书》，北京：中华书局，1962年，第974页。
② ［元］脱脱：《宋史》，北京：中华书局，1977年，第950页。
③ ［元］脱脱：《宋史》，北京：中华书局，1977年，第951页。

吸收前人著作的理论和自己潜心研究的基础上，提出天体圆如弹丸，也就是说天不是半球形，而是一个完整的圆球。而与天对的地，如鸡蛋中黄，居于其中。

总之，落下闳在接受古代流传下来的天文、历法知识，继承前人经验总结自己实践的基础上，做出了巨大的贡献。这对以后的天文学、物理学、数学等产生了不可忽略的影响，在我国古代天文、历法发展史上，留下了浓墨重彩的一笔。

二、隐逸

1. 拒绝拜官授爵

太初元年（前104）五月，《太初历》颁发之后，汉武帝论功行赏，为了表彰落下闳的功绩，准备聘落下闳担任侍中，当时与落下闳一起参与编制的邓平被封为太史丞。《史记·历书》的唐代司马贞《索隐》中记载："闳字长公，明晓天文，隐于落下，武帝征待诏太史，于地中转浑天，改《颛顼历》，作《太初历》，拜侍中，不受也。"[1]

来自民间的落下闳不贪慕名利，他赴京参与《太初历》的制定极大可能是出于他对天文的喜爱。在完成自己的研究之后，他不愿继续为官，选择功成身退。如此淡泊名利的人文精神也为后世提供了典范。

2. 隐居落下

落下闳离开京城长安，隐居在落下（"落下"一作"落亭"）。落下闳来自民间，又回到民间。落下闳的归隐之地也名为落下，古时候巴郡阆中一带的土族居于崇山峻岭之中，这里的人大多姓"王"，小部分以地名而复姓"落下"。他们效仿战国时期的奴隶英雄柳下跖，他本来姓展，因常年居于柳树之下而定其为姓柳下。落阳旮的人因为生活在太阳落下去的地方，部分人便以地名为姓"落下"。

落下闳辞官归隐，继续观天测地，潜心研究，将他的渊博知识传给后代，影响了后世诸多天文学家。在他的影响下，自西汉到隋唐期间，阆中又诞生和云集了不少天文学家和历算学家。西汉末，阆中出现了著名天文学家任文孙、任文公父子。三国时期出现了周舒、周群、周巨，祖孙三代都是天文学家。唐代天文学家、风水大师袁天罡、李淳风，定居阆中研究天文、数学。汉唐时期的阆中成为民间天文研究中心，可谓是人才辈出。

三、永恒

落下闳的一生虽然短短数十载，却给我们留下了宝贵的财富。因他参编的《太初历》将"迎接春天"和"迎接新年"统一起来，并沿用至今，现在还有人亲切地称他为"春

---

① ［汉］司马迁：《史记》，北京：中华书局，2014年，第1505页。

节老人"。

春节习俗，传承至今。自古以来，中国就以农历纪年，每年第一个月叫元月（或正月）。不同朝代，元月日期不相同。商代是十二月初一为元日，周代订在十一月初一，秦始皇统一六国后又以孟冬为正月，以十月初一为元日。可见那时，元月是岁首，春节是迎春，元日成了一个不固定的"变日"，缺乏科学性与恒定性。落下闳在《太初历》中确定"孟春"是春季第一个月，以正月初一为一年第一天（现在的春节），二十四节气中的"立春"常会出现在春节前后。从此，中国人迎来了新年与春天的真正吻合。由于落下闳是在历法上确定春节的天文学家，老百姓亲切地称他为"春节老人"，阆中因此被中国文联民间艺术家协会命名授予"中国春节文化之乡"美誉。

由于《太初历》的出现，中国人开始将迎接新年与迎接春天正式"法定"合二为一。《太初历》后，各朝各代虽不断修正变化，但正月岁首时间没有改变，包括春节等年节也就相沿而得以固定。中国的农历一直沿用"以孟春正月为岁首"，直到当代。正月初一后来叫"春节"，春节前一天叫"除夕"，春节前后叫"过年"。"春节"在中国人民的生活中是最重要的节日，是"中华民族第一大节"，按照中国人的风俗，从大年初一到十五，都在"过年"。

中国人过农历新年的历史已有 4000 多年。但是，哪一天为元旦？中国历代的设定日期却并不一致。

汉昭帝元凤三年（前 78），太史令张寿王主张用殷历（把十二月初一作为岁首）。但张寿王的建议未获得朝廷采纳。

公元九年，王莽篡汉建立新朝，把岁首改为十二月初一。这是《太初历》施行以来，第一次从政府层面上改动了农历新年日期。伴随王莽政府的垮台，岁首重新回归正月初一。

天授元年（690）九月初九，武则天自立为帝，宣布更改国号为周，采用周历，以子月（农历十一月）为岁首。于是在公元 690 年，竟然出现了两次正月初一：公元 690 年的 2 月 15 日、公元 690 年的 12 月 6 日。10 年后（公元 700 年）又改回建寅为岁首的夏历，即以农历一月为正月，正月初一为元旦。

1630 年，德国传教士汤若望奉诏从陕西往北京进历局供职，主持编译了《崇祯历书》。清人入关后，汤若望将《崇祯历书》换了包装，献给了多尔衮，这就是《时宪历》，也是中国沿用至今的农历。

从此到中国帝制结束，中国农历新年日期被恒定在正月初一，元旦也一直被恒定在夏正的正月初一。

辛亥革命推翻清朝统治，建立中华民国。中华民国决定使用公历，以公历一月一日为元旦，官方和学界都有取消农历元旦的声音。但是民间并不买账，仍然要过元旦节，元旦仍然是农历正月初一。中国出现两个元旦，今后岂不乱套？1914 年 1 月 21 日，内务总长朱启钤在《定四季节假呈》中写道：拟请定，阴历元旦为春节，端午为夏节，中秋为秋节，冬至为冬节，凡我国民均得休息，在公人员亦准给假一日。报大总统，并获批照准。1914年1月23日，内务部转发各省执行。于是，在1914年1月26日（农历正月初一），中国人第一次度过了一个名叫春节的农历新年。从此，公历1月1日为元旦，农历正月初一为春节，被官方正式确定下来，农历新年以春节的面貌出现。

落下闳编制的《太初历》中，确定了以孟春正月为岁首，从而恒定了春节，使春节民俗慢慢产生，春节文化渐渐形成。因此，后人将落下闳尊称为"春节老人""春节先圣"。落下闳是中国的春节老人实至名归，但因此称春节是落下闳创造的，落下闳是春节创始人，则是不科学的。同样，朱启钤对中国春节文化的传承功不可没，但不能说春节才100多年的历史，更不能说春节是朱启钤发明的。因此，我们不能说，从公元前104年汉武帝刘彻正式颁布《太初历》起，全国人民每年过法定的"春节"已有时2123年了。

落下闳为中国科学的发展做出了巨大的贡献，李约瑟博士将落下闳所处时代的东西方天文发展总结了十大成就，落下闳就占其三。因此在《中国科学技术史》一书中，李约瑟博士盛赞落下闳是世界天文学领域一颗"灿烂的星"。在2004年9月16日，经国际天文学联合会小天体提名委员会批准，一颗国际永久编号为16757的小行星被正式命名为"落下闳小行星"，以纪念创造中国第一部优良历法《太初历》的古代天文学家落下闳。据悉，落下闳是被国际天文学联合会冠名小行星的第16位中国科学家。

人活一辈子无非是为了在这个世间留下点什么，当一个人将名字刻在历史上，他就会永世长存。落下闳的时代虽离我们已经十分久远，但他留下的思想和学说世世代代地影响着我们，他是不落的星辰，是我们永远学习的典范。

《蜀中广记》关于落下闳姓氏之记载

严正道

（西华师范大学文学院）

　　关于落下闳之生平事迹，史书记载极为简略，寥寥数语，因而导致后世的诸多争议。如关于落下闳之姓氏，一般认为复姓落下，名闳，然有不少文献记载"落下"为"洛下"，不仅如此，一些文献认为"落下"其实只是其隐居之地，其真实姓氏乃为黄姓。对于前者，文献记载较早，如中唐林宝所撰《元和姓纂》言"落下闳，或作洛"①，说明这种写法至迟在中唐以前就已经很普遍，后世文献沿袭下来也就不足为奇。而后者，即谓落下闳乃黄姓之说出现于明清时期，最早见于明末曹学佺所编撰之《蜀中广记》。

　　曹学佺（1574—1646），字能始，号雁泽，又号石仓居士、西峰居士，福建侯官（今福州）人。明末著名文学家、藏书家，"儒藏"一说的最早提出者。一生笔耕不辍，据今人统计，其著述达 1500 余卷，可谓宏富，故清人赞其"文章风节，冠绝前代"。曹学佺曾历官各地，每到一处都致力于当地文献的搜集整理，《蜀中广记》正是其任职蜀地期间所编撰的一部巴蜀地方文献的煌煌巨著。该书一百零八卷，共十二记，其中《名胜记》三十卷，《边防记》十卷，《人物记》六卷，《宦游记》四卷，《郡县古今通释》四卷，《风俗记》四卷，《方物记》十二卷，《神仙记》十卷，《高僧记》十卷，《著作记》十卷，《诗话记》四卷，《画苑记》四卷，保存了大量珍贵文献，是研究古代巴蜀地区（包括今云南、贵州一部分地区）文学、历史、民族、宗教、经济、军事、文化等方面的重要文献资料。由于其搜采宏富，包罗万象，故四库馆臣谓"谈蜀中掌故者，终以《全蜀艺文志》及是书为取材之渊薮"②。近代藏书家傅增湘先生更认为此书为"考蜀事者必备之书"③。对于落下闳之姓氏，曹学佺在《蜀中广记》卷九十四《著作记第四》中言：

　　　　《史记索隐》引《耆旧传》云："闳字长公，明晓天文，隐于洛下。武帝征，待诏太史，于地中转浑天，改颛顼历，作《太初历》。"曰：后八百岁，此历差一日，当有圣人定之。《历书》曰："今上即位，招致方士唐都分其天部，而巴洛下闳运算转历，然后日辰之度与《夏正》同。"桓子《新论》云："扬子云好天文，问洛下黄闳以浑天之说。闳曰：我少作其事，不晓达其意，到今年七十，始知其理。"然则洛

---

① 林宝：《元和姓纂》卷十，岑仲勉校记，北京：中华书局，1994 年，第 1572 页。
② 永瑢：《四库全书总目》卷七十，北京：中华书局，1965 年，第 627 页。
③ 傅增湘：《藏园群书题记》卷四，上海：上海古籍出版社，1989 年，第 226 页。

下其隐处，黄其姓也。①

　　从曹学佺的这段辨析中可以知道其对于落下闳姓氏的质疑并非是随意的猜测，而是基于文献的记载。其依据有二，一是《史记索引》所引《耆旧传》（即《益部耆旧传》）的记载，言其"隐于洛下"，意谓"洛下"非其姓，乃以隐居地冠之于名前以称呼之。二是桓谭《新论》的记载，言扬雄曾问天文于"洛下黄闳"，不但证明"洛下"是其隐居地，更明确指出其姓黄名闳。桓谭与扬雄相去不远，如果确有此记载应当是很可靠的。因此，曹学佺的说法得到不少人的支持，如清人孙星衍就赞同此说。据阮元所撰《畴人传》言：

　　　阳湖孙观察星衍曰：《御览》引桓谭《新论》云，"扬子云好天文，问之于洛下黄闳以浑天之说。闳曰：'我少能作其事，但随尺寸法度，殊不晓达其意，后稍稍益愈。到今七十，乃甫适知已，又老且死矣。今我儿子爱学，作之亦当复年如我。乃晓知已，又且死焉。'"其言可悲可笑也。又《北堂书钞·仪饰部》引《新论》云："扬子云好天文，问洛下黄闳以浑天之说。闳曰：'我少作其事，不晓达其意。今七十始知其理。'"又《史记索隐》引《益部耆旧传》曰："闳字长公，明晓天文，隐于落下。"然则落下闳，乃姓黄而隐于落下耳。②

　　孙星衍也认为落下闳，"乃姓黄而隐于落下"，这与曹学佺观点完全一致。而其所依据的主要文献，其实也与曹学佺一样，不管是《太平御览》，还是《北堂书钞》，都是引自桓谭的《新论》。在他们的基础上，张澍的《蜀典》卷二《洛下黄宏》更做了进一步的考辨，力证传统文献记载的讹误，而试图明确落下闳"姓黄而隐于落下"的说法，为争论定调。其考辨云：

　　　桓谭《新论》：扬子云好天文，问之于洛下黄闳以浑天之说。闳曰："我少能作其事，但随尺寸法度，殊不晓达其义，后稍稍益愈。到今七十，乃甫适知已，又老且死矣。今我儿子受业，作之亦当复年如我。乃晓知已，又且复死焉。"其言可悲可笑也。案君山所言黄闳，即《汉书》所云撰《太初历》之洛下闳也，是洛下闳姓黄也。《华阳国志》："文学聘士洛下宏，字长公，阆中人。"是字长公也。《史记·律书》注徐广曰："陈术云：征士巴郡落下闳"，又引《益部耆旧传》："闳字长公，明晓天文，隐落下。"是落下巴郡之地名也。颜师古以为姓洛下名闳，误矣。历世相沿莫知其非，林宝、郑樵辈遂增洛下一姓，直是目不视书者。《晋书》云"落下黄闳"；

　　① 曹学佺：《蜀中广记》卷九十四《著作记第四》，《四库全书珍本初集·史部·地理类》，北京：商务印书馆，1935年。
　　② 阮元：《畴人撰》卷二，彭卫国、王原华点校：《畴人传汇编》，扬州：广陵书局，2009年，第14页。

《益部耆旧传》："巴郡洛下闳，改颛顼历为太初，云后八百年差一日。"又《华阳国志》叙陈寿云"寿遂卒洛下"，则洛下之为阆中地无疑。《汉书》洛字不从草，应劭《风俗通》："字从草，云洛下姓出于皋落"，亦妄。洛宜出于有洛氏也，见《周书·史记解》①。

通过张澍的论辩可以发现，其实他还是在承袭曹学佺的观点，虽然补充了不少文献材料，但最根本的也是最具说服力的还是桓谭《新论》中的记载，至于其他都是辅助性质的，只是作了不同的解读而已。那么问题来了，曹学佺等人所反复申说依据的文献《新论》是否可靠呢？

据清人张炯考证，《新论》在宋代已散佚，直到清人孙冯翼才将散见于他书中的零章断句汇集成编②。因此，可以断定曹学佺所见也是他书所引，属于间接证据，至于所引出自何书，曹学佺未作说明。但查找明以前之文献，则并非如曹学佺所说，如现存宋本《太平御览》引用的这段文字就与之有很大不同，言"扬子云好天文，问之于黄门作浑天老工"③，又宋王应麟《玉海》也云"扬子云好天文，问于黄门作浑天老工"④。上述材料皆言扬雄问于"黄门作浑天老工"，而不是"落下黄闳"。从版本流传的角度看，这种不同版本之间文字的差异是很正常的，不能据此而断定谁是谁非，不过我们可以从记载的历史事实本身来作一个判断，即落下闳与扬雄有没有交往的可能。按落下闳从隐居落下亭到被汉武帝征召，年龄肯定不小，因为要长期观察天象，在历算方面有自己的独特认识，且成就超过一般术士，没有很长的时间是不行的，保守估计落下闳被征召时在三十五岁以上。而从落下闳被征召到太初历的颁行（前104），又需要几年时间，据蒙学通先生考证应该有七八年⑤，这时落下闳至少超过四十岁。从司马迁《史记》的记载来看也是如此，落下闳与唐都是同辈之人，而唐都又是司马迁父亲司马谈的老师，所以蒙文通先生认为"唐都、落下闳在汉武帝时都已经是老师宿学了"⑥。司马谈卒于汉武帝元封元年（前110），约四十五岁，落下闳应该不会小于这个年龄，故推测至太初历颁行时落下闳应该在五十岁以上了。而扬雄在四十余岁才来到京师长安，在公元前13年左右，如果此时落下闳还在世，已经有一百四十余岁，而文中言七十余。所以所谓扬雄问天文于落下闳之记载显然有误，而应当以扬雄问于"黄门作浑天老工"为正确。也就是说曹学佺等人所引桓谭《新论》的记载来断言落下闳姓黄的证据是站不住脚的。

那么为何会出现这样一则子虚乌有的记载？其原因恐怕与曹学佺有意标新立异的意图有关。在曹学佺之前，历代学者，包括以疑古风著称的宋人，都没有谁提出落下闳黄

① 张澍：《蜀典》卷二，清道光甲午年镌刻，安怀堂藏版，第13—14页。
② 见张炯：《桓子新论序》，孙冯翼辑：《桓子新论》，《丛书集成初编》本，北京：中华书局，1985年，第2页。
③ 《太平御览》卷二，北京：中华书局，1959年，第12页。
④ 王应麟：《玉海》卷四，《四库全书》943册，台北：商务印书馆，1983年，第119页。
⑤ 蒙文通：《巴蜀文化的特征》，《巴蜀古史论述》，成都：四川人民出版社，1981年，第102页。
⑥ 同上，第101页。

姓的说法，说明在《艺文类聚》《太平御览》等类书以及其他文献中都没有扬雄问天文于"落下黄宏"的记载，而更可能是曹学佺在有意误读文献。蒙文通先生在比较上述文献记载后就认为"是《书钞》（《北堂书钞》）把落下闳转浑天和黄门作浑天老工的材料混淆在一起。这是传写遗漏的错误，又于曰上误衍一闳字"①。并认为这始自于清人孙冯冀所辑《桓子新论》，而孙星衍、张澍又沿袭之。其实蒙文通先生误会清人了，《北堂书钞》并没有错，是曹学佺最先误读文献，而清人则信以为真，在对《北堂书钞》进行辑佚时采纳了曹学佺误读的文献，而后人又不辨真假而延续了这个错误，因此有必要辨正于此。

---

① 蒙文通：《巴蜀文化的特征》，《巴蜀古史论述》，成都：四川人民出版社，1981年，第108页。

落下闳与阆中春节文化习俗考证

肖　霞

落下闳，复姓落下，名闳，字长公，巴郡阆中（今四川省阆中市）人，中国古代西汉时期的天文学家，《太初历》的主要创立者。落下闳与邓平、唐都一道共同创制《太初历》，《太初历》又称《邓平历》。因《太初历》恒定元旦，确定如今的春节，参与创制者落下闳在阆中被尊称"春节老人""年爷爷"等，阆中也因为落下闳与春节文化习俗被授予"春节文化之乡"之誉。阆中亮花鞋、磨盘饭等部分春节文化习俗独具特色，具有唯一性。

本文对落下闳和阆中春节文化习俗进行考证，望方家雅正。

一、落下闳疑惑考证

吕子方、鲁子健、查有梁、蔡东洲、王川、刘长东、金生杨、张存良、庞光华等专家学者对落下闳进行过深入系统研究，但仍然存在不少让人疑惑之处，值得继续研究，求真务实。

（一）落下闳与邓平、唐都编制《太初历》

汉武帝时期，落下闳被征召至长安创立新的历法，于太初元年（前104）与邓平、唐都等创立《太初历》。《太初历》又称《邓平历》，《太初历》是落下闳、邓平、唐都等三位天文学家共同创立的，落下闳只是参与创立者之一。司马迁《史记·历书》曰："至今上即位，招致方士唐都，分其天部；而巴落下闳运算转历，然后日辰之度与夏正同。乃改元，更官号，封泰山。"[①] 负责分天部的唐都是司马迁父亲司马谈的天文老师，是司马迁的前辈。负责运算转历的是落下闳。

《汉书·律历志上》载："乃选治历邓平及长乐司马可、酒泉侯宜君、侍郎尊及与民间治历者，凡二十余人，方士唐都、巴郡落下闳与焉。都分天部，而闳运算转历。""与邓平所治同。于是皆观新星度、日月行，更以推算，如闳、平法。""乃诏迁用邓平所造八十一分律历，罢废尤疏远者十七家。复使校律历昏明。宦者淳于陵渠复覆《太初历》

---

① 西华师范大学地方档案与文献研究中心项目"黄山书社《南部档案》之数字化"（DAWXC2205）。（汉）司马迁：《史记》，北京：中华书局，1959年，第1260页。

晦、朔、弦、望，皆最密，日月如合璧，五星如连珠。陵渠奏状，遂用《邓平历》，以平为太史丞。"①

因此，我们在歌颂落下闳的同时，不能忽视和忘记邓平、唐都的功劳。

（二）落下闳的生卒年

落下闳的生卒年在阆中锦屏山观星楼、阆中春节文化公园、阆中桥楼落下闳塑像、落下闳纪念馆、南充气象公园等都有铭刻，如今出版的落下闳传记、研究论著也有记载，多将落下闳生卒年记载为约公元前156年—前87年，实际上，落下闳活动时期在汉武帝时期，汉武帝刘彻刚好生于公元前156年，崩于公元前87年3月29日，这样落下闳与汉武帝同年生、同年死。这样的桃园结义似的同生共死没有文献依据。我们看到的文献记载对落下闳的生卒年没有只言片语，无从推断其生卒年。

国际小行星联合会的文件将落下闳的生卒年记载为约公元前140年—前87年。

> 落下闳（140－87BC）是中国西汉著名民间天文学家。他利用自制的天文仪器长期观测星象，并借此创制出中国历史上有文字可考的第一部优良历法——《太初历》；他还是"浑天说"的创始人之一，经他改进的赤道式浑仪，在中国用了两千年。（小行星通报，第52267号，2004年7月13日）②

没有根据的推断，属于主观臆断，完全不可靠。落下闳生卒年不详，才是历史，才是事实。

（三）落下闳出生地

《史记》《汉书》等典籍都记载了该事。但对落下闳的出生地，各书记载却不尽相同。

司马迁《史记·历书》载："而巴落下闳运算转历，然后日辰之度与夏正同。"③ "巴落下闳"的"巴"是巴国，还是巴郡，难以断定，并不能落实到阆中。

班固《汉书·律历志上》载："乃选治历邓平及长乐司马可、酒泉候宜君、侍郎尊及与民间治历者，凡二十余人，方士唐都、巴郡落下闳与焉。"④ "巴郡落下闳"的巴郡包括阆中、苍溪、南部、南充等地。南朝宋裴骃《史记集解》引徐广曰："陈术云：'征士巴郡落下闳也。'"⑤

东晋常璩《华阳国志》卷十二曰："文学聘士洛下闳，字长公。阆中人也。"⑥ 当代学者任乃强《华阳国志校补图注》说："聘士，洛下闳，旧刻各本作宏。《函海》注云：'巴

---

① ［汉］班固：《汉书》，北京：中华书局，1962年，第975—976页。
② 查有梁：《落下闳研究》，成都：四川人民出版社，2019年，第402页。
③ ［汉］司马迁：《史记》，北京：中华书局，1959年，第1260页。
④ ［汉］班固：《汉书》，北京：中华书局，1962年，第975页。
⑤ ［汉］司马迁：《史记》，北京：中华书局，1959年，第1261页。
⑥ 任乃强：《华阳国志校补图注》，上海：上海古籍出版社，1987年，第678页。

志作闳。'廖本改作闳。字长公。（阆中人也。）"① 唐代李善《文选·公孙弘传赞》注：《汉书》曰："造汉《太初历》，方士唐都、巴郡落下闳与焉。"《益部耆旧传》曰："闳字长公，巴郡阆中人也。"② 北宋乐史《太平寰宇记·剑南东道五》曰："洛下闳字长公，阆中人，隐于洛亭，武帝征待诏太史，改造太初历。"③ 明嘉靖《保宁府志·人物列传》曰："洛下闳，字长公，阆中人，善天文星历之学，隐居洛亭。"④

据上，落下闳的籍贯从起初的模糊巴到巴郡，再到阆中，文献证据源自《三国志》作者西晋史学家陈寿的逸文《益部耆旧传》，然后见于东晋常璩《华阳国志》。陈寿与落下闳为同乡，常璩与落下闳为同州，都属于巴蜀，记载相对可靠。

二、阆中春节文化习俗考证

春节习俗活动主要包括两个方面：辞旧岁，迎新年。与春节相关的国家礼仪和民俗活动非常丰富。从腊月初八的"腊八节"、腊月二十三的祭灶节、除夕守岁、初一拜年、初五"破五"、初七人日，一直延续到正月十五"元宵节"，其间的各种民俗活动都和春节相关，人们通常都把它们看作新年的一部分。换言之，广义的"春节"概念可以包括腊八直到元宵节。

阆中是春节文化发源地，于2009年被中国文联和中国民间文艺家协会确定为"中国春节文化之乡"。

阆中市老观镇有著名的亮花鞋，2018年登上央视春晚舞台，引发社会关注。

阆中市桥楼乡则号称"中国民俗文化之乡"，是一座民俗文化的富矿，民风纯朴，文化厚重，鞭春牛、傩傩说春、赶年、撵旱魃、舞草龙、灯戏等民间文艺活动不拘一格，传承久远，生生不息，诉说一段段历史，让人耳目一新，天文文化、春节文化、民俗文化一起怒放，构成了该乡灿烂离奇的文化奇观。春节文化体验园则凸显"春""年"和"农耕"文化元素，保留煮腊八饭、吃年夜饭、祭灶神、祭祖、鞭春牛、舞草龙等年俗，还有包饺子、磨豆浆、烧柴火、摘菜下厨、纺棉花、织土布、膏子染布、缝衣裳、纳鞋底等活动，另外表演《劳动号子》《舞草龙》《赶年》等民俗文艺节目。秋千、石碾、石磨、碓窝及农事家具，门神、灶神、倒贴福，猪、牛圈辟邪符，竹马、牛灯等随处可见，通过蜡像、实木雕像、石雕、塑像等，展现原汁原味的川北年俗文化。农家乐以春节文化为主题，经营春节文化美食，包括酸菜豆花饭、大碗蒸肉、红苕醪糟、米饭包子等民间小吃。

阆中春节习俗中，有的是与其他地方差不多的，有的独具特色，如亮花鞋、磨盘饭

① 任乃强：《华阳国志校补图注》，上海：上海古籍出版社，1987年，第678页。
② ［南北朝］萧统：《文选》，上海：上海古籍出版社，1986年，第2172页。
③ ［北宋］乐史：《太平寰宇记》，清文渊阁四库全书补配古逸丛书景宋本，第8页。
④ ［明］杨瞻、［明］杨思震修：《保宁府志》，嘉靖二十二年刻本，第1页。

等习俗。亮花鞋、磨盘饭具有唯一性，与其他地区、民族相比，在文化量级、底蕴的蓄积和原生性上，更本真、更质实、更古老和更具备根柢性。

（一）压岁钱与守岁

1. 守岁

守岁是除夕的习俗，又称"照虚耗""点岁火""熬年""熬夜"等，除夕夜灯火通宵不灭，遍燃灯烛，谓之"燃灯照岁"，可使来年家中财富充实。"守岁"亦指在除夕夜一家人团聚，熬夜迎接农历新年的到来。

守岁起源很早，南北朝时期已经流行。南朝庾肩吾《岁尽应制》诗："聊开百叶酒，试奠五辛盘。"① 守岁时，全家欢聚，饮花椒酒、屠苏酒，吃五辛盘，目的是驱邪、除病、保健。"守岁"一词，首见于晋代。晋代周处《风土记》曰："蜀之风俗，晚岁，相与馈问谓之馈岁；酒食相邀为别岁；至除夜达旦不眠谓之守岁。"② "馈岁"一词，《辞源》第三版解释为"古代民俗，岁终时亲友间互相送礼应酬称馈岁"③。

晋代周处《风土记·岁时》曰："除夜祭先竣事，长幼聚饮祝颂而散，谓之分岁。"④ 宋代范成大《石湖集》卷三十《分岁词》曰："礼成废彻夜未艾，饮福之余即分岁。"⑤《辞源》第三版解释为"旧俗农历除夕守岁，至半夜，叫分岁。意思是旧岁已尽，新岁开始"⑥。

《初学记》四《岁除》有唐太宗《守岁》诗。唐代杜甫《杜工部草堂诗笺》二《杜位宅守岁》曰："守岁阿戎家，椒盘已颂花。"⑦ 唐《孟浩然集》四《岁除夜有怀》诗："守岁家家应未卧，相思那得梦魂来。"⑧

明代，接灶神、贴门神、除夕守岁、十五赏灯会都已经盛行。《万历嘉兴府志》中记载："除夕，易门神、桃符、春帖，井隈皆封。爆竹，燔紫，设酒果聚饮，锣鼓彻夜，谓之守岁。"⑨

除夕团圆饭之后，人们开始守岁，也就是等待新旧年交接时刻的到来。汉代以后，中国人都把夜半子时视为一天的开始时刻。所以，守岁要一直守到夜半之后，甚至天亮。

为什么要守岁呢？人对新旧更替时刻存在担忧。南北朝认为除夕会有山臊恶鬼，近代民间传说有"祟"所谓的"年兽"吃人，都是人对这重要时刻的恐惧。于是，人们彻夜不眠，以保持警惕。但是，从另一方面来看，守岁也包含着人们对于美好未来的强烈期待，希望即将到来的新年是一个充满希望的新开端。

---

① ［宋］蒲积中：《古今岁时杂咏》，西安：三秦出版社，2009年，第473页。
② ［清］萧智汉：《月日纪古》，清乾隆五十九年萧氏听涛山房刻本，第53页。
③ 何九盈、王宁、董琨：《辞源》（第3版），北京：商务印书馆，2015年。
④ ［清］翟灝：《通俗编》，清乾隆十六年翟氏无不宜斋刻本，第13页。
⑤ ［宋］范成大：《石湖居士诗集》，四部丛刊景清爱汝堂本，第4页。
⑥ 何九盈、王宁、董琨：《辞源》（第3版），北京：商务印书馆，2015年。
⑦ ［唐］杜甫：《杜工部草堂诗笺》，古逸丛书覆宋麻沙本，第12页。
⑧ ［唐］孟浩然：《孟浩然集》，四部丛刊景明本，第11页。
⑨ ［清］嵇曾筠：《（雍正）浙江通志》，清文渊阁四库全书本，第18页。

2. 压岁钱

元代吴当《学言稿》卷五《除夕有感》："家人共守迎春酒，童稚争分压岁钱。"[1] 清代顾禄《清嘉录·压岁盘》曰："长者贻小儿，以朱绳缀百钱，谓之压岁钱。"[2] 清代富察敦崇《燕京岁时记·压岁钱》曰："以彩绳穿钱，编作龙形，置于床脚，谓之压岁钱。尊长之赐小儿者，亦谓之压岁钱。"[3]

压岁钱其实本来并不是"钱"，而是铸成钱币形状的辟邪品。压岁钱，源于"压胜钱"，是汉族民间一种用作吉利品或避邪物的古钱币，作为小孩子佩带的饰物。它起源于西汉，至清末民初都有铸造，并不在市面上流通，钱币正面一般铸有"万岁千秋""去殃除凶"等吉祥话和龙凤、龟蛇、双鱼等吉祥图案。其本义是压邪禳灾和喜庆祈福两大类。"压胜钱"也作为洗儿钱（婴儿满月洗浴，赐给孩子的钱），后来演变为春节的"压岁钱"。

一说古时有一小妖，名字叫"祟"，黑身白手，每年除夕夜里出来害人，专门摸睡熟的小孩的脑门。小孩被摸过后就会发高烧说梦话，退烧后也就变成"祟"。除夕夜里用红纸包上放在孩子的枕头下面，祟就不敢再来侵扰了。因而人们把这种钱叫"压祟钱"，"祟"与"岁"发音相同，日久天长，就被称为"压岁钱"了。"压岁钱"又称"洗儿钱"，王建《宫词》曰："妃子院中初降诞，内人争乞洗儿钱。"[4]《资治通鉴·唐纪三十二》载："上自往观之，喜赐贵妃洗儿金银钱。"[5] 洗儿钱是长者给新生儿镇邪去魔力的护身符。

（二）编炮与爆竹

1. 爆竹

爆竹以其强烈的喜庆色彩发展为辞旧迎新的象征符号，成为最能代表新年到来时刻的民俗标志。南朝梁代宗懔《荆楚岁时记》说："正月一日是三元之日也，谓之端月。鸡鸣而起，先于庭前爆竹，以避山臊恶鬼。"隋代杜公瞻注说："俗人以为爆竹燃草起于庭燎。"[6] 就是说，民众认为春节点火习俗和爆竹都是起源于古代的庭燎礼仪，这是很有道理的。因为庭燎是烧柴，而南方多竹，如果用竹子代替柴，一定会爆响。爆竹就是把竹子放在火里烧，产生爆裂声，驱赶鬼怪。民国时代《呼兰县志》《北镇县志》都记载民众放爆竹的目的是"迎神"，也就是爆竹最早真的是用竹子。

宋代袁文《瓮牖闲评》卷三载："宗懔云：'岁旦燎竹于庭。'所谓燎竹者，爆竹也。"[7]

"爆竹"一词，《辞源》第三版解释为"古时以火燃竹，毕剥有声，称为爆竹，用以

---

① ［元］吴当：《学言稿》，清文渊阁四库全书补配清文津阁四库全书本，第19页。
② ［清］顾禄：《清嘉录》，清道光刻本，第20页。
③ ［清］潘荣陛、［清］富察敦崇：《帝京岁时纪胜·燕京岁时记》，北京：北京出版社，1961年，第92页。
④ ［唐］王建：《王司马集》，钦定四库全书本，第21页。
⑤ ［宋］司马光：《资治通鉴》，鄱阳胡氏仿元刊本，第9页。
⑥ ［南朝梁］宗懔：《荆楚岁时记》，民国景明宝颜堂秘笈本，第1页。
⑦ ［宋］袁文：《瓮牖闲评》，清刻武英殿聚珍版丛书本，第2页。

驱鬼"①。《通俗编·俳优》曰："古皆以真竹著火爆之，故唐人诗亦称'爆竿'。后人卷纸为之。称曰'爆仗'。"②《俳优》在古籍整理与古籍数据库常误作"排优"。

除夕、春节放爆竹之俗逐渐盛行。《东京梦华录》说："是夜，禁中爆竹山呼，闻声于外。"③

根据可靠史料，宋代出现了火药爆竹，即现代的爆竹、爆仗、炮仗、鞭炮。宋人施宿《会稽志》卷十三称："除夕爆竹相闻，亦或以硫黄作爆药，声尤震厉，谓之爆仗。"④宋代周密《武林旧事》卷三《岁除》曰："至于爆仗……内藏药线，一爇连百余不绝。"⑤王安石《元日》曰："爆竹声中一岁除，春风送暖入屠苏。"⑥爆竹实际上就是一个"除旧迎新"的象征。

2. 编炮

编炮就是鞭炮，是大小爆竹的统称。宋代民间开始普遍用纸筒和麻茎裹火药编成串做成"编炮"。有人将火药装在竹筒里燃放，声音更大，从而代替了用火烧竹子的古老习俗。北宋时用卷纸裹着火药进行燃放，还有单响和双响的区别，改名"炮仗"，后又改为"鞭炮"。在火药发明之前，只有"鞭"，没有"炮"。人们甩鞭子，鞭子的尾部发出"啪"的声响，这种动作作为一种礼仪长期存在于中国历史中；火药发明以后，制作的"火药爆竹"，有些"火药爆竹"的声音与鞭子甩动的声音类似，所以就出现了"鞭炮"的说法。清代《二十年目睹之怪现状》第二十四回说："老太太忙着张罗送蜡烛鞭炮，虽不十分热闹，却也大家乐了一天。"⑦

（三）人日

春节虽然是一个整体性的习俗，但是每天的庆祝内容却不相同。从初一到初七，分别是鸡日、犬日、猪日、羊日、牛日、马日和人日。传说女娲先用六天造出了鸡、狗、猪、羊、牛、马，积累了经验后在第七天才造出了人。民间俗称初一鸡过年、初二狗过年、初三猪过年、初四羊过年、初五牛过年、初六马过年、初七人过年。

"人日"即农历正月初七日。南朝梁宗懔《荆楚岁时记》说："正月七日为人日，以七种菜为羹，剪彩为人，或镂金箔为人，以贴屏风，亦戴之头鬓。又造华胜以相遗，登高赋诗。"⑧《魏书》卷一○四《魏收传》曰："帝宴百僚，问何故名人日，皆莫能知。收对曰：'晋议郎董勋答问，称俗云正月一日为鸡，二日为狗，三日为猪，四日为羊，五日为牛，六日为马，七日为人。'"⑨《北齐书》卷三七《魏收传》、《北史》卷五六《魏收

① 何九盈、王宁、董琨：《辞源》（第3版），北京：商务印书馆，2015年，第2595页。
② ［清］翟灏：《通俗编》，清乾隆十六年翟氏无不宜斋刻本，第16页。
③ ［宋］孟元老：《东京梦华录》，上海：商务印书馆，1936年，第206页。
④ ［宋］施宿：《会稽志》，民国十五年景印，嘉庆十三年刊本，第20页。
⑤ ［宋］周密：《武林旧事》，民国重印明宝颜堂秘笈本，第5页。
⑥ ［宋］王安石：《临川先生文集》，四部丛刊景明嘉靖本，第4页。
⑦ ［清］吴趼人：《二十年目睹之怪现状》，贵阳：贵州人民出版社，1994年，第125页。
⑧ ［南朝梁］宗懔：《荆楚岁时记》，民国景明宝颜堂秘笈本，第2页。
⑨ ［北齐］魏收：《魏书》，北京：中华书局，1974年，第2325页。

传》同。

（四）小年与大年

1. 小年

腊月二十三日或二十四日即小年，腊月二十三日或二十四日是民间送灶神回天的日子。宋代文天祥《文山集》卷十四《指南后录》卷三《小年》诗曰："燕朔逢穷腊，江南拜小年。"① 灶神是和民众生活最接近的神。灶神的观念，先秦时代已经出现，但当时是在初夏或腊日祭祀它。

宋代盛行于腊月二十四日送灶神上天。宋代吕蒙正《祭灶》诗曰："一碗清汤诗一篇，灶君今日上青天。玉皇若问人间事，乱世文章不值钱。"② 北宋范成大《祭灶诗》曰："古代腊月二十四，灶君朝天欲言事。云车风马小留连，家有杯盘来典祀。猪头烂熟双鱼鲜，豆沙甘松粉饵圆。男儿扎献女儿避，酹酒烧钱灶君喜。婢子斗争君莫闻，猫犬触秽君莫嗔。送君醉饱登天门，杓长杓短勿复云。乞取利市归来分。"③ 该诗详细叙述了当时男人们用美酒嘉肴款待灶神，希望它上天言好事，下地降吉祥。元代文海《祭灶诗》曰："何年呼得灶为君？鼻是烟囱耳是铛。深夜乞灵余不会，但令分我胶牙饧。"④ "胶牙饧"即麦牙糖。袁枚《随园诗话》卷七《补遗》载清朝学人谢学墉《送灶》诗云："忽闻爆竹乱书声，香黍盛盘酒正盈。莫向玉皇言善恶，劝君多食胶牙饧。"⑤ 詹文元等著《信神信鬼害死人》曰："清人袁枚在《随园诗话》里，就记载了前人写的一首讽刺灶君的祭灶诗：'忽闻爆竹乱书声，香黍盛盘酒正盈。莫向玉皇言善恶，劝君多食胶牙饧。'"⑥ 有人因此误将诗题名《送灶》改成《祭灶》。王玉民著《占测授时》曰："清人袁枚的《随园诗话》中，有一首《送灶》诗，是12岁的谢学墉写的：'忽闻爆竹乱书声，香黍盛盘酒正盈。莫向玉皇言善恶，劝君多食胶牙糖。'"⑦ 引文中"糖"当为"饧"。

元代周密《乾淳岁时记》、清代富察敦崇《燕京岁时记》等也记载人们用各种糖祭祀灶神，并用清水和草料祭祀灶神的马。

清代褚人获《坚瓠集》卷二《送灶诗》曰："一盏清茶一缕烟，灶君皇帝上青天。玉皇若问人间事，为道文章不值钱。"⑧

又《坚瓠补集》卷二《范石湖祀灶词》曰："古传腊月二十四，灶君朝天欲言事。云车风马小留连，家有杯盘丰典祀。猪头烂熟双鱼鲜，豆沙甘松粉饵团。男儿酌献女儿避，

① ［宋］文天祥：《文山集》，钦定四库全书本，第23页。
② 鲁牧编：《宋诗词书法》，北京：北京体育学院出版社，1991年，第113页。
③ 刘志文：《中国民间信神俗》，广州：广东旅游出版社，1991年，第170—171页。
④ ［元］程文海：《雪楼集》，清文渊阁四库全书补配清文津阁四库全书本，第5页。
⑤ ［清］袁枚著，徐寒等译：《随园诗话（四）》，北京：中国三峡出版社，2006年，第1541页。紫金县政协文史委员会《紫金文史专辑》，1988年，第182页。又见中国人民政治协商会议莆田市涵江区委员会文史资料研究委员会《涵江区文史资料》（第2辑），1986年，第147页。
⑥ 詹文元等：《信神信鬼害死人》，杭州：浙江人民出版社，1982年，第33页。
⑦ 王玉民：《占测授时》，合肥：安徽教育出版社，2019年，第330页。
⑧ ［清］褚人获：《坚瓠集》，杭州：浙江人民出版社，1986年，卷二第3页。

酹酒烧钱灶君喜。婢子斗争君莫闻，猫犬触秽君莫嗔。送君醉饱登天门，杓长杓短勿复云，乞取利市归来分。"①

《（宣统）东莞县志》卷九引清代谢学墉《送灶诗》："莫向玉皇言善恶，劝君多食胶牙糖。"②

2. 年

秦代新年相当于现在农历十月初一。汉代初年沿袭秦制，直到汉武帝太初元年（前104）实施落下闳、邓平、唐都等人编定的《太初历》，才恢复夏历建寅。《太初历》的这一规定一直延续至今。从此，正月一直在春季。夏历把正月设置在早春时节最能体现出正月作为第一个月的意义。正月确定在春天，正月初一就叫"年""新年""春节"。

1928年5月7日，南京政府内政部决定"实行废除旧历，普用国历"，想改变1912年之后公历、农历并存的状况。1930年4月1日，南京政府又强令把贺年、团拜、祀祖、春宴、观灯、扎采、贴春联等习俗"一律移置国历新年前后举行"。但是，这种不顾民族文化传统和人民希望的行为最终都遭失败。

"年"的主题，即"辞旧迎新"。春节是个欢乐祥和的节日，是阖家团圆的日子，也是人对幸福和自由向往的狂欢节，家家户户清洁庭院，打扫房间，准备丰富的节日食品，为家人准备新衣等。墙壁、门楣贴上春联、年画，窗户上贴窗花。年前，背井离乡的人都尽可能地回到家里和亲人团聚，共享天伦之乐。除夕，全家欢聚一堂，吃罢"团年饭"，长辈给孩子们发"压岁钱"，发红包，一家人团坐"守岁"。年节期间，亲朋好友间相互走访拜年，表达情怀及美好祝福。

3. 大年

大年就是正月十五，又称"元宵节""上元大灯会"等。大年过完才算春节结束。阆中过大年以"巴渝鼓"为开场和压轴。

（四）磨盘饭

阆中春节民俗中最离奇的是磨盘年夜饭。大家知道，每逢春节来临，中国人都讲究一家人围坐在一起，开开心心吃上一顿团圆饭。桥楼乡村民竟将石磨盘当作餐桌，一家人围坐一圈开吃团圆饭。桥楼乡这一奇特民俗由来已久，并且是为了纪念被尊为"春节老人"的阆中先贤落下闳。央视记者还专门报道过桥楼乡老年山村王家大院的磨盘年夜饭。

团圆饭的饭菜弄好放置到石头磨盘上，摆放好筷子和酒杯，只等当家人一声令下，敬祖先、放鞭炮，团圆饭就开始了。菜肴十分丰富，从猪头到猪尾，基本上每个部位都有一道菜，春卷、坨子肉，龙眼肉、馓子、果子、粉蒸肉、脆皮鱼、红烧牛肉，人们欢快地吃着，为家人不停地请菜，相互敬酒，快乐无比，欢声笑语。磨盘上下都放有可口的饭菜，人们谈笑之间纪念的祖宗就是春节先贤落下闳。

---

① ［清］褚人获：《坚瓠集》，杭州：浙江人民出版社，1986年，卷二第6页。
② ［民国］叶觉迈、［民国］陈伯陶：《（宣统）东莞县志》，民国十年铅印本，第9页。

因为石磨的上下两扇加上磨盘形成了三个同心圆，象征着日月星辰，预示着天地人合一；石磨碾压五谷，寓意着来年五谷丰登；石磨的上中下三部分都是圆的，所以一家人围坐在石磨周围吃饭，象征着团团圆圆。但是作为纪念落下闳老人，这石磨就像观测天象的日晷，同时中午吃饭，太阳最高，没有阴影。

在当地村民们看来，围坐磨盘吃年夜饭，除了纪念落下闳，这团团圆圆的座席，更能代表年夜饭的本意。

（五）亮花鞋

阆中还流行春节"亮花鞋"的民俗活动。《女儿春》说："正月里，梅花开，娘叫女儿听心怀。一学剪，二学裁，三学绣花四作鞋。"[①] 阆中市老观镇每年的正月初一和二月初二，会有"女人场""娘娘会"等类似赶集的民俗舞蹈活动，可以让女性一展风采。报名参会的女性，身着艳丽服装，穿上新绣花鞋，走上舞台。幕布一挂，这些姑娘只能露出脚，通过舞步来展示绣花鞋上的图案。随后，评委会把自己手中的"花"摆在最漂亮的绣鞋之前。于是，"花魁"诞生。

"亮花鞋"民俗在明清时最为盛行，也有祈福吉祥和连接姻缘的作用。当时，女人们春节拜佛祭祖后会围坐在一起，看看谁的鞋子做得漂亮，比一比谁的女红做得精细，然后一起载歌载舞，期盼来年安康幸福。年轻姑娘们则以"亮花鞋"为媒，吸引情郎们的目光。"亮花鞋"其实是女孩们在比自己的美好，比自己的幸福。

阆中这种独特而古老的民俗如今焕发青春，不仅老观镇年年开展颇具声势的"亮花鞋"盛会，阆中市文化馆也编排精彩的"亮花鞋"舞蹈巡回演出，还在四川省舞蹈汇演中获奖。2018 年春节，《亮花鞋》舞蹈登上中央电视台春节联欢晚会的舞台。来自阆中春节文化民俗艺术团和四川大学的 39 位演员，联袂星海音乐学院等艺术团体，为全国观众展现阆中千年民俗的古韵，令人耳目一新。

阆中市老观镇"亮花鞋"这种特殊的古风是受三谯的影响，老观也有三谯广场。三谯就是汉代的谯隆、谯玄、谯瑛祖孙三代。《阆中县志》载阆中乡贤祠中，谯隆、谯玄、谯瑛都列名塑像。谯玄在清代避康熙皇帝讳，改称谯元，不少人误以为谯玄又名谯元。明嘉靖《保宁府志》称侯墓在县北十里谯坝，就是今广元市苍溪县白驿谯坝村，庙在街东，旱涝灾异，祷之随应。《保宁府志》提到的县就是奉国县。明清至今各种版本的《保宁府志》《阆中县志》都有相同的记载，更早的记载则见诸《华阳国志》《后汉书》。《后汉书》卷八十一《独行列传》写道："谯玄，字君黄，巴郡阆中人也。"[②] 明代万历《合州志》则将谯玄记为合川人，没有文献证据，远不如上述史书可靠。东汉开国皇帝光武帝刘秀美之，诏本郡祠以中牢，诏令巴郡为谯玄建祠庙，俗称谯庙子。有人将汉光武帝误认为是汉武帝，汉武帝逝世于公元前 87 年，谯玄逝世于公元 35 年，怎么可能先死者为

---

① 中国民间文学集成全国编辑委员会，中国民间文学集成甘肃卷编辑委员会：《中国歌谣集成·甘肃卷》，北京：中国 ISBN 中心，2000 年，第 343 页。
② ［南朝宋］范晔：《后汉书》，北京：中华书局，1965 年，第 2666 页。

后死者下令祭祀呢？今天庙子已毁，不过因庙命名的谯庙子村仍然沿袭至今。古谯玄庙就在距老观镇东边一二十里左右的山上。道光《保宁府志》曰："谯玄庙在县东一百二十里。"① 民国十五年《阆中县志》卷九《古迹志》载："谯玄庙，在县［城］东一百二十里。其地未详。按《毛于逯志稿》一条载：谯玄祠在南岩下，今废。只存读书石洞，信如所言，是南岩另有一祠矣。人皆知南岩为三陈读书处，未有知谯君黄者。二事先后辉映，名山倍觉生色。第未审此条何据，要当有所本耳。"② 民国县志表达怀疑之情，因未找到依据而未正式采信，只是附后供人参考。由此可见，地方志的记载还必须去伪求真，才能为今天的文化建设服务。盲目相信方志，轻易下结论，是十分危险的。《保宁府志》《阆中县志》除记载谯玄外，还载有他的父亲谯隆、儿子谯瑛的事迹。谯隆的最大贡献，是把同乡落下闳推荐给汉武帝，遂有落下闳参与创制《太初历》，但我们应该注意，同乡并不是同一个乡镇，而是同县、同郡。谯瑛也是著名学者，曾为东汉明帝讲《易》。老观还保留着与谯玄有关的地名，如天回山是因朝廷天子派来的使者四处寻访谯玄，走到山下才听说谯玄已回到老观，于是返回，所以被后人取名"天回"。使者回到镇北小山下的馆舍中寻访，逢人便说朝廷仰慕贤才，所以这座小山头至今还叫"慕贤山"。

据说，三谯在朝为官，辗转带回了京城的文明风尚，也带回不少汉宫礼仪。每年的亮花鞋就是受其影响而延续下来的，年代久了保留下来形成了习惯和风俗。正月初一、二月初二，老观人称这一天为"女人场""娘娘会"，女人就穿上自己做的花鞋，姐妹们聚在一起，赶场上街，通过抬脚、举步、伸腿等动作，比赛谁的女工和鞋儿做得巧，谁的鞋面儿颜色鲜艳，谁的鞋花绣得多姿多彩。亮花鞋也成为阆中市老观镇春节文化中一道独特的风景。

（七）游百病

"游百病"又称"走百病""散百病"，是独具阆中特色的春节年俗之一，是通过游览散步消除百病的一项强身健体的民间体育运动。

咸丰《阆中县志》中记载："上元后一日，锦屏山游人如蚁，谓之游百病。"③ 古俗认为，通过游走可以甩掉疲劳、晦气和病魔，从而愉悦身心，强健身体，游一游，百病休，一年到头就无病无灾。这种民俗活动寄托了劳动人民一种祛邪、避灾、祈福的美好愿望。

每年正月十六日这天，阆中锦屏山、淳风祠、白塔山等景区免费开放一天，数十万男女老幼到城周山上路上登高散步，声势浩大，其盛况堪称阆中春节活动结束前的高潮。活动中有的健步快走，有的谈笑风生悠悠漫步，顺路也到名胜古迹、旅游景点漫步参观，农村场镇和村社住户也出外游览。各地游客也纷纷前往阆中，欣然加入"登高游百病"活动。

2013 年 11 月，阆中"游百病"成功申请"中国体育非物质文化遗产保护和推广项

---

① ［明］杨思震：《（道光）保宁府志》，清道光二十三年刻本，第 2 页。
② 阆中市人民政府地方志办公室点校：民国十五年《阆中县志》，2021 年，卷九第 97 页。
③ 《阆中文化》编委会：《阆中文化》，长春：吉林人民出版社，2019 年，第 51 页。

目"。

实际上，"游百病"并非阆中独有，陕西、贵州、山西、河南等地也有，时间点有差异。清代甘熙《白下琐言》卷四曰："岁正月既望，城头游人如蚁，箫鼓爆竹之声，远近相闻，谓之'走百病'，又云'踏太平'。"①

（八）鞭春牛

鞭春牛，又称"鞭土牛"。鞭春牛意在策励农耕。《丙申年来打春牛》曰："迎来芒神，鞭打春牛，一打风调雨顺、二打国泰民安，三打五谷丰登，四打六畜兴旺，五打万事大吉、六打天下太平……"② 民谣展现了牛歌民俗文化。

立春日，村里推选一位老者，用鞭子象征性地打春牛三下，意味着一年的农事开始。立春，又叫"打春"，以鞭打春牛而示农耕，在阆中则有报春、祭春、接春、扎春、打春、耕春、游春、闹春的习俗。一人系犁，一人掌犁，边耕边舞，为阆中增添了浓浓的年味，也表达了阆中劳动人民对美好生活的热爱、向往和追求。

鞭春牛并非阆中独有的春节习俗，山西、广东、浙江、江苏、安徽等地春节期间都有这种民俗。明、清时期，民间有迎土牛、迎农祥、浴蚕种等习俗。

山西民谣云："春日春风动，春江春水流。春人饮春酒，春官鞭春牛。"③

乾隆《嘉应州志·风俗》载："立春先一日，守土官率僚属，迎勾芒土牛于东郊，各坊饰童男，扮故事，以兆丰登。彩棚台阁，周游城市，士女纵观。次日，鞭春打土牛。"④

鞭春牛是汉族岁时风俗，起源于先秦传说，古代东夷族首领少皞氏派他的儿子句芒要大家从游牧改学耕作，句芒下令大家一起翻土犁田，准备播种。帮人犁田的老牛却在酣睡，懒得起来干活。有人就建议用鞭子抽打，句芒不同意，说牛是帮手，不许虐待，吓唬吓唬就行。于是，他让大家用泥土捏制成牛的形状，然后挥舞鞭子抽打，鞭响声惊醒了老牛，吓得都站起身来，乖乖地下地干活。由于按时耕作，获得了好收成。此后，看灰立春、鞭挞土牛逐渐积淀成了人们判断时令及对耕作的定规，句芒则被尊为专行督作农耕的神。周代迎春鞭牛活动正式列为国家典礼。唐宋时代，这套礼仪更演变成全国上下同时进行的活动。

《光绪三十三年十二月南部县衙为计开迎春接福执事单》记载："计开迎春执事单，肃静一对、肃静回。回避一对。天子万年一对，天子万万年。迎春接福一对，迎春接福。风调雨顺一对，风调雨顺。国泰民安一对，国泰民安。五谷丰登一对。春王正月一对。伞一把。扇一把。扇一把。金瓜钺斧。金瓜二对。钺斧一对。玉棍一对。朝衣架一个。指手一对。笔手一对。朝天凳一对。三尖刀一对。拦漏一对。斜矛一对。戟一对。茨锤

---

① [清] 甘熙：《白下琐言》，南京：南京出版社，2007年，第62页。

② 李卫：《牛歌飞扬》，《中华文化画报》2016年第1期。

③ 张秀君：《花开花落花满天》，青岛：中国海洋大学出版社，2019年，第39页。其实不仅限于山西，陕西甘肃等地都有。甘肃省天水市清水县也有同样的民谣，见温小牛编著《邽山秦风》，兰州：敦煌文艺出版社，2018年，第22页。

④ [清] 王之正：《（乾隆）嘉应州志》，清乾隆十五年刻本，第39—40页。

一对。火刀一对，好好好。龙头一对，飞飞虎榜。飞龙旗一对，飞龙，好嗜者好好好。"
(《南部档案》19－293－1，光绪三十三年十二月)①

按：这是光绪三十三年十二月南部县正堂史久龙计开迎春接福銮驾排列顺序的执事单，包括肃静一对、回避一对、天子万年一对、迎春接福一对、风调雨顺一对、国泰民安一对、五谷丰登一对、春王正月一对、伞一把、扇一把、金瓜二对、钺斧一对、玉棍一对、朝衣架一个、指手一对、笔手一对、朝天凳一对、三尖刀一对、拦漏一对、斜矛一对、戟一对、茨锤一对、火刀一对、龙头一对、飞龙旗一对。这里面不少东西值得研究考释，其中部分写明了用途。黄山书社标注为光绪三十三年十二月初九日，原卷并未看到该信息，不知该书据何标注。

---

① 四川省南充市档案局（馆）：《清代四川南部县衙门档案》，合肥：黄山书社，2015年，第255册第146页。

落下闳研究质疑

杨俊博

（中山大学新华学院）

落下闳有太多疑点，落下闳研究存在不少让人疑惑之处。

西汉司马迁《史记》说落下闳是巴人，东汉班固《汉书》说落下闳是巴郡人，魏晋的陈寿、唐代的李善均说落下闳是巴郡阆中人。他们观点的根据不足，籍贯问题仍然值得我们继续探讨。

有人认为落下闳的生卒年为公元前156年～前87年，还有人认为落下闳的生卒年为公元前140年～前87年，落下闳生卒年实际上不详，并不能断定。

《太初历》又称《邓平历》，落下闳与邓平、唐都合作，组成"三人小组"。邓平是天文官员，善于协调和辩论，在《太初历》颁发之后，任命邓平为"太史丞"。唐都则是司马迁父亲司马谈的天文学老师。司马谈是汉武帝的太史，掌管天文。落下闳提倡浑天说，制浑天仪，观测日月五星，负责运算转历。《太初历》一说是落下闳编制的，另外一说是邓平编制的。《太初历》的天文数字以及推算数字，至今仍完整保存在《汉书》记载的《三统历》里，可以据之推算。根据历史事实和史书文献记载，《太初历》应该是邓平、唐都、落下闳共同合作编制的。

落下闳，复姓落下，名闳，字长公，巴郡阆中（今中国四川省阆中市）人，中国古代西汉时期的天文学家，《太初历》的主要创立者，浑天说创始人之一。落下闳早年隐居于民间，汉武帝时期被征召至长安创立新的历法，于太初元年（前104）创立了中国古代第一部有完整的文字记载的新历——《太初历》。此外，落下闳还创造了浑天仪，提出了浑天说，体现了世界较早的地球为中心的宇宙观。他的许多思想对后世的中国古代天文学家产生了很大的影响，被巴蜀人称为"前圣"。为纪念落下闳，2004年9月，中国科学院国家天文台发现的第16757号小行星命名为"落下闳"。

新城新藏①、成家彻郎②、吕子方③、鲁子健④、查有梁⑤、刘长东⑥、蔡东洲⑦、金生杨⑧、张存良⑨、庞光华⑩、王川、谢徽⑪等对落下阂进行过抽丝剥茧似的探究，对深化整个研究不无裨益。然而，既有研究仍然遗留了一些问题，也有学者担心过多的个案研究容易导致落下阂研究"碎片化"，从而将历史规律淹没。

落下阂研究存在不少让人疑惑之处，值得继续研究，求真务实。

本文对落下阂研究进行质疑，望方家雅正。

一、落下阂的籍贯

落下阂的籍贯众说纷纭。《史记》只说落下阂是巴人，落下阂的籍贯在巴，并未落实到阆中。《汉书》则说落下阂是巴郡人，落下阂的籍贯是巴郡，仍然未确定为阆中。西晋陈寿、唐代李善均说落下阂是巴郡阆中人，落下阂的籍贯确定在阆中。他们的根据是什么呢？文献记载并不详细，只有极少的文字记载。

司马迁《史记》提到落下阂是巴人，《史记·历书》说：

> 至今上即位，招致方士唐都，分其天部；而巴落下阂运算转历，然后日辰之度与夏正同。⑫

《史记》的"今上"指汉武帝刘彻，公元前 140 年至前 87 年在位，为景帝子、文帝

---

① （日）新城新藏：《东洋天文学史研究》，日本弘文堂，1928 年。（日）新城新藏著，沈璿译：《东洋天文学史研究》，上海：中华学艺社，1933 年。

② （日）成家彻郎：《太初改历与三统历——对三统历数理分析和刘歆数学的成就》，载查有梁主编、曹鹏程副主编：《落下阂研究文选》，成都：四川人民出版社，2019 年，第 298－311 页。

③ 吕子方：《〈淮南子〉在天文学上的贡献》，《安徽史学》1960 年第 1 期。吕子方：《天数在蜀》，载查有梁主编、曹鹏程副主编：《落下阂研究文选》，成都：四川人民出版社，2019 年，第 47－88 页。吕子方：《〈三统历〉历意及其数源》，载查有梁主编、曹鹏程副主编：《落下阂研究文选》，成都：四川人民出版社，2019 年，第 204－266 页。其中部分载吕子方《中国科学技术史论文集》，成都：四川人民出版社，1983 年，第 25－27 页。吕子方：《中国科学技术史论文集》，成都：四川人民出版社，1983 年。

④ 鲁子健：《落下阂与黄门老工考》，《历史研究》1980 年第 5 期。

⑤ 查有梁：《世界杰出天文学家落下阂》，成都：四川辞书出版社，2001 年。查有梁：《通天彻地落下阂》，成都：四川辞书出版社，2019 年。查有梁：《落下阂的贡献对张衡的影响》，《广西民族大学学报》（自然科学版）2007 年第 3 期。查有梁：《世界杰出天文学家落下阂》，《中华文化论坛》2002 年第 1 期。查有梁：《落下阂对二十四节气的贡献》，《中华文化论坛》2018 年第 3 期。查有梁主编、曹鹏程副主编：《落下阂研究文选》，成都：四川人民出版社，2019 年。

⑥ 刘长东：《落下阂的族属之源暨浑天说、浑天仪所起源的族属》，《四川大学学报》2012 年第 5 期。

⑦ 蔡东洲：《天文学家落下阂》，《巴蜀史志》，2020 年第 5 期。

⑧ 金生杨：《落下阂学术中的易学因素》，《西华师范大学学报》2018 年第 6 期。

⑨ 张存良：《略说〈太初历〉及其历史影响——兼谈落下阂其人其事》，《西华师范大学学报》2018 年第 6 期。

⑩ 庞光华：《论落下阂与浑天说》，《五邑大学学报》2014 年第 1 期。

⑪ 王川、谢徽：《四川历史名人图画故事书——杰出的天文学家：落下阂》，成都：四川少儿出版社，2019 年。

⑫ ［汉］司马迁：《史记》，北京：中华书局，1959 年，第 1260 页。

之孙。司马迁说的是"巴落下闳"。这个"巴"是巴国，还是巴郡，难以断定，并不能落实到阆中。

《汉书》则提到落下闳是巴郡人，《汉书·律历志上》说：

> 遂诏卿、遂、迁与侍郎尊、大典星射姓等，议造汉历。乃定东西，立晷仪，下漏刻，以追二十八宿相距于四方。举终以定朔晦分至，躔离弦望。乃以前历上元泰初四千六百一十七岁，至于元封七年，复得阏逢摄提格之岁，中冬十一月甲子朔旦冬至，日月在建星，太岁在子，已得太初木星度新正。

《汉书》首先提到射姓、司马迁等计划创汉历，为招募落下闳奠定基础。《汉书·律历志上》说：

> 姓等奏不能为算，愿募治历者，更造密度，各自增减，以造汉《太初历》。乃选治历邓平及长乐司马可、酒泉侯宜君、侍郎尊及与民间治历者，凡二十余人，方士唐都、巴郡落下闳与焉。都分天部，而闳运算转历。①

《汉书》在《史记》的基础上明确落下闳是巴郡人。巴郡包括阆中、苍溪、南部、南充等地。由于射姓、司马迁等不能为算，无法精准计算，难以提高密度，误差无从消除，因此招募民间天文学者，参与造历。巴郡人落下闳因为精通运算而参与编制《太初历》，从而在世界天文学史留下辉煌的成就。

南朝宋裴骃《史记集解》也说落下闳籍贯为巴郡。

> 徐广曰："陈术云：'征士巴郡落下闳也。'"②

落下闳的身份是征士，即征集的人士，也就是招募的人才。

东晋常璩《华阳国志》首先说落下闳是阆中人。

常璩《华阳国志》卷十二说：

> 文学聘士洛下闳，字长公。阆中人也。③
> 【文学】此二字，疑是传钞者衍。洛下闳以天算治历见称，非究经艺文章者。聘士二字当为品题。聘士，洛下闳，旧刻各本作宏。《函海》注云："巴志作闳"。廖本改作闳。字长公。（阆中人也。）④

---

① ［汉］班固：《汉书》，北京：中华书局，1962年，第975页。
② ［汉］司马迁：《史记》，北京：中华书局，1959年，第1261页。
③ 任乃强：《华阳国志校补图注》，上海：上海古籍出版社，1987年，第678页。
④ 任乃强：《华阳国志校补图注》，上海：上海古籍出版社，1987年，第678页。

"洛下闳"即"落下闳"。唐代李善《文选·公孙弘传赞》注、北宋乐史《太平寰宇记》、明嘉靖《保宁府志》等都沿用了《华阳国志》的看法。

唐代李善《文选》注曰：

> 《汉书》曰："造汉《太初历》，方士唐都、巴郡落下闳与焉。"《益部耆旧传》曰："闳字长公，巴郡阆中人也。明晓天文地理，隐于落亭。武帝时，友人同县谯隆荐闳，待诏太史，更作太初历，拜侍中，辞不受。"《风俗通》曰："姓有落下，汉有落下闳。"①

《益部耆旧传》作者即魏晋时期史学家陈寿，因著《魏书》《吴书》《蜀书》而被人们赞誉为"并迁双固"，所写《三国志》春秋笔法，语言简练，严谨可靠，史实准确，与司马迁、班固齐名。陈寿《益部耆旧传》所言也当有所根据，可信程度比后世的方志更高。陈寿与落下闳又是同郡，掌握地方文献较多。陈寿《益部耆旧传》记载了不少人物和史实，如落下闳的字、籍贯等。遗憾的是，该书未能保存下来，只散见于其他书的记载中。不过，该书虽然亡佚，但该书提出落下闳的字、籍贯等，为后人研究落下闳等历史名人提供了重要参考。

北宋乐史《太平寰宇记·剑南东道五》说：

> 洛下闳字长公，阆中人，隐于洛亭，武帝征待诏太史，改造《太初历》。②

"洛下闳"即"落下闳"，北宋的《太平寰宇记》明确写明落下闳的籍贯是阆中，还进一步说落下闳隐居洛亭，洛亭作为地名，究竟在哪里还需要考证，并不能简单断定在阆中桥楼或桥亭。

明嘉靖《保宁府志·人物列传》载：

> 洛下闳，字长公，阆中人，善天文星历之学，隐居洛亭。③

"洛下闳"即"落下闳"，明代嘉靖《保宁府志》所言与北宋的《太平寰宇记》差不多。

---

① ［南北朝］萧统：《文选》，上海：上海古籍出版社，1986 年，第 2172 页。
② ［北宋］乐史：《太平寰宇记》，清文渊阁四库全书补配古逸丛书景宋本，第 8 页。
③ ［明］杨瞻、［明］杨思震：《（嘉靖）保宁府志》，嘉靖二十二年刻本，第 1 页。

二、落下闳的生卒年

有人认为落下闳的生卒年为公元前 156 年～前 87 年，还有人认为为公元前 140 年～前 87 年。落下闳生卒年众说纷纭，让人无所适从，人们也想知道落下闳准确的生卒年，以便进行相关研究。

实际上，落下闳的生卒年不详，文献没有记载，也未见出土文物可以证明。有人认为落下闳的生卒年为公元前 156 年～前 87 年，现在很多落下闳的塑像下就这样写，如阆中桥楼乡、春节文化公园、南充气象公园等。

还有人认为落下闳的生卒年为公元前 140 年～前 87 年，国际小行星联合会的文件写道：

> 落下闳（140－87BC）是中国西汉著名民间天文学家。他利用自制的天文仪器长期观测星象，并借此创制出中国历史上有文字可考的第一部优良历法——《太初历》；他还是"浑天说"的创始人之一，经他改进的赤道式浑仪，在中国用了两千年。（小行星通报，第 52267 号，2004 年 7 月 13 日）①

不过，这些看法在历史文献中没有任何根据，明显属于臆断，往往仅仅根据文翁办学和汉武帝的生卒年来推断，并不可靠。与其这样，不如写生卒不详，更符合历史事实。或者写汉武帝时期人。

三、落下闳与邓平同时编制《太初历》

我们翻阅史书发现，《太初历》又称《邓平历》。问题就产生了，究竟是落下闳编制的《太初历》，还是邓平编制了《太初历》呢？

要解决这个疑问，还是要从历史和文献出发，进行判断和分析，不能简单盲从。

根据历史和文献，《太初历》是落下闳、邓平、唐都等多位天文学家共同创立的，落下闳只是其中的代表人物。也就是说《太初历》并非落下闳独立编制的，也不是邓平独立编制的。

《史记索隐》引《益都耆旧传》称：

> （落下）闳字长公，明晓天文，隐于落下，武帝征待诏太史，于地中转浑天，改颛顼历作太初历，拜侍中不受。②

---

① 查有梁：《落下闳研究》，成都：四川人民出版社，2019 年，第 402 页。
② ［汉］司马迁：《史记》，北京：中华书局，1959 年，第 1261 页。

《益都耆旧传》就是陈寿的《益部耆旧传》。

西汉初年，沿用的是秦朝的《颛顼历》。但《颛顼历》有一定的误差。公元前104年（元封七年），邓平、唐都、落下闳等人编制成新历法，汉武帝元封七年五月，改年号为太初（即为太初元年），并颁布实施这套《汉历》，后人以此颁布年号称呼此历为《太初历》。

司马迁在《史记·历书》中关于太初制历的过程只有下面几句话："至今上即位，招致方士唐都，分其天部；而巴落下闳运算转历，然后日辰之度与夏正同。乃改元，更官号，封泰山。"[①]

按：唐都是司马迁父亲司马谈的天文老师，是司马迁的前辈。负责"运算转历"的是来自民间的历算高人落下闳。本来，就太初制订历法的根本目的而言，主要是修正老历执行过久因精度而产生的积差，按天象实际予以修订，制订历法的主要任务也就完成了。

《太初历》创立之前，广泛推行的是秦朝制订的《颛顼历》，其特点是以十月为每年的第一个月，九月为最后一个月，按照冬、春、夏、秋的顺序排列四个季节。这种历法虽然与实际天象比较符合，但是给农业生产带来诸多不便。汉武帝命公孙卿、壶遂、司马迁等人议造汉历，并征募民间天文学家20余人参加，其中包括治历邓平、长乐司马可、酒泉郡侯宜君、方士唐都和巴郡落下闳等人。他们或作仪器进行实测，或进行推考计算，对所提出的18种改历方案，进行了一番辩论、比较和实测检验，最后选定了邓平、落下闳提出的八十一分律历。把元封七年改为太初元年，并规定以十二月底为太初元年终，以后每年都从孟春正月开始，到季冬十二月年终。这种历法叫作太初历，它是我国最早根据一定规制而颁行的历法。落下闳等人创立的《太初历》改变了这种旧的历法制度，重新确定了春、夏、秋、冬的顺序，以孟春正月朔日为一年的开始。

《汉书·律历志上》记载说：

> 姓等奏：不能为算，愿募治历者，更造密度，各自增减，以造汉《太初历》。乃选治历邓平及长乐司马可、酒泉侯宜君、侍郎尊及与民间治历者，凡二十余人，方士唐都、巴郡落下闳与焉。都分天部，而闳运算转历。其法以律起历，曰："律容一龠，积八十一寸，则一日之分也。与长相终。律长九寸，百七十一分而终复。三复而得甲子。夫律阴阳九六，爻象所从出也。故黄钟纪元气之谓律。律，法也，莫不取法焉。"与邓平所治同。

根据这段话中"都分天部，而闳运算转历""与邓平所治历同"等，说明落下闳与邓平一样，分别编制历法，结果是一样的。《邓平历》与落下闳《太初历》一样。

---

① ［汉］司马迁：《史记》，北京：中华书局，1959年，第1260页。

于是皆观新星度、日月行，更以算推，如闳、平法。法，一月之日二十九日八十一分日之四十三。先藉半日，名曰阳历；不藉，名曰阴历。所谓阳历者，先朔月生；阴历者，朔而后月乃生。平曰："阳历朔皆先旦月生，以朝诸侯王群臣便。"乃诏迁用邓平所造八十一分律历，罢废尤疏远者十七家。复使校律历昏明。宦者淳于陵渠复覆《太初历》晦、朔、弦、望，皆最密，日月如合璧，五星如连珠。陵渠奏状，遂用《邓平历》，以平为太史丞。①

根据这段话中"如闳、平法""与邓平所治历同""诏迁用邓平所造八十一分律历"等，说明落下闳治历与邓平治历完全一样，用邓平所造八十一分律历，就是用落下闳所造八十一分律历。也就是说，两人分别编制历法，结果完全相同。《邓平历》即《太初历》，命名原因虽有姓名或年号的不同，内容则完全一样。肯定邓平，埋没落下闳，固然不对。肯定落下闳，埋没邓平，照样不对。还有唐都，完全被忽视，更是不符合历史事实，与文献记载矛盾。如今，我们应该客观公正评价邓平、落下闳、唐都在《太初历》中的贡献和地位，深入研究，得出符合历史事实和文献记载的结论。

因《太初历》恒定元旦，确定今天的春节，落下闳被称为"春节老人""年爷爷"等，阆中因为落下闳与春节文化习俗被授予"春节文化之乡"之誉。阆中春节文化习俗中，有的与其他地方差别不大，有的却独具特色，如亮花鞋、磨盘饭等习俗，具有唯一性，与其他地区、民族相比，在文化量级、底蕴的蓄积和原生性上，更本真、更质实、更古老和更具备根柢性。

---

① ［汉］班固：《汉书》，北京：中华书局，1962年，第975—976页。

落下闳与"岁差和章动"

查有梁

（四川省社会科学院）

在汉武帝改历以前，中国历史上所行用的古代六种历法（黄帝历、颛顼历、夏历、殷历、周历、鲁历）都是四分历。秦始皇统一中国之后，采用《颛顼历》。《颛顼历》是四分历，以一年（指回归年，古代称为岁实）为 $365\frac{1}{4}$ 日，故称为"四分历"。

汉武帝于元封七年（前 104）五月，颁行落下闳、邓平等人创制的新历，改此年为太初元年。新历称为《太初历》。"《太初历》是中国第一部有完整文字记载的历法，它的朔望月和回归年的数据虽不比四分历精确，但有以下显著进步：①以正月为岁首，以没有中气的月份为闰月，使月份与季节配合得更合理；②将行星的会合周期测得很准，如水星为 115.87 日，比今测值 115.88 日只小 0.01 日；③采用 135 个月的交食周期。一周期中太阳通过黄白交点 23 次，两次为一食年，即 1 食年＝346.66 日，比今测值 346.62 日大不到 0.04 日。"[①]

现代世界普遍采用的天球坐标系是以地轴和天赤道为计量标准的，地轴的指向发生变化，天球坐标系就跟着变化。落下闳在世界上最先创制"赤道式浑仪"观测测量二十八宿的"赤经差"。落下闳是最先采用赤道式坐标系的天文学家。

《史记·历书》和《汉书·律历志》中，明确记载的落下闳负责日月五星运行周期的计算写道："闳运算转历。"而且，《汉书·律历志》还明确指出落下闳"观新星度、日月行，更以算推，如闳、平法。法：一月之日二十九日八十一分日之四十三"。就是说"八十一分法"是落下闳在观测天体运行周期的基础上推算出来的。司马迁只认定"四分法"，不同意"八十一分法"，故他在《史记》中没有记载《太初历》的一系列观测与推算的数据。

《汉书·律历志》详细记载如下：

> 遂诏卿、遂、迁与侍郎尊、大典星射姓等，议造汉历，乃定东西，立晷仪，下漏刻，以追二十八宿相距于四方。举终以定朔晦分至，躔离弦望。……太岁在子，已得太初本星度新正。姓等奏不能为算，愿慕治历者，更造密度，各自增减，以造

---

① 中国大百科全书总编辑委员会编：《中国大百科全书·天文学》，北京：中国大百科全书出版社，1980 年，第 565 页。

汉《太初历》。乃选治历邓平及长乐司马可、酒泉候宜君、侍郎尊及与民间治历者，凡二十余人，方士唐都、巴郡落下闳与焉。都分天部，而闳运算转历。其法以……与邓平所治同。于是皆观新星度、日月行，更以算推，如闳、平法。法：一月之日二十九日八十一分日之四十三。……罢废尤疏远者十七家，复覆《太初历》晦朔弦望，皆最密，日月如合璧，五星如连珠。陵渠奏状，遂用邓平历，以平为太史丞。①

《颛顼历》的四分法，与《太初历》的"八十一分法"究竟如何评价，至今没有得到基本一致的公共阐释。以上引用的《中国大百科全书·天文学》也称《太初历》的"朔望月和回归年的数据不比四分历精确"。

《颛顼历》的四分法是以一年的长为 $365\frac{1}{4}=365.25000$ 日，而一月的长为 $29\frac{499}{940}=29.53085$ 日。

《太初历》的八十一分法则认为一月之长为 $29\frac{43}{81}=29.53086$ 日，一年之长为 $365\frac{385}{1539}=365.250162$ 日。

《太初历》保持《颛顼历》"十九年七闰"的古老历法传统，但是，将《颛顼历》固定在每年年末（九月）为闰月，修改为"没有中气的月份为闰月"。这一重要修改，真正解决了"二十四节气"与月相协调的大问题，在中国古代历法中一直应用，到近代只做了一点微调。

薄树人写道："用现代理论推算，当时的回归年应为365.2423，朔望月为29.53059，相比之下，太初历稍差。"② 后来，也有学者批评八十一分法的误差比四分法的推算数据差，于是，又回到四分法。③ 如何认识落下闳的知识创新？如何理解科学进步？需要进一步研究得到"公共阐释"。

在《周髀算经》中采用测量冬至中午日影长度的方法，得到了"四分法"，测定一回归年的长为 $365\frac{1}{4}=365.25000$ 日。这是中国人在公元前100多年前的测量结果和普遍认知。早在春秋中叶（公元前600年左右），中国古人已经能够应用土圭来观测日影长短的变化，以定冬至、夏至、春分、秋分的日期，从而可以具体测定一回归年的长为 $365\frac{1}{4}=365.25000$ 日。④

《周髀算经》是系统阐释"盖天说"的天文数学的经典著作，提出和总结了中国古代

---

① ［汉］班固：《汉书》，北京：中华书局，1962年，第975页。
② 薄树人：《司马迁——我国伟大的天文学家》，《自然杂志》1981年第9期。《薄树人文集》，合肥：中国科学技术大学出版社，2003年，第505页。
③ 张闻玉：《古代天文历法讲座》，桂林：广西师范大学出版社，2017年，第208—214页。
④ 曲安京：《〈周髀算经〉新议》，西安：陕西人民出版社，2002年，第23页。

六种历法的数学模型，给出了历算的主要数据，以及这些历法数据的测定来源和推算的结论。中国古代六种历法中，没有完整记载木、火、土、金、水五大行星的会合周期。《周髀算经》明确记载："日月之法，十九岁为一章。"一章岁等于十九个回归年。中国历法的闰法是十九年七闰法，根据《春秋》的编年记载，证实在公元前722年中国就已经有十九年七闰法。[①]

落下闳制定《太初历》时（前104），他已经能够应用创制的浑天仪，测定二十八宿的距度（赤经差）。于是，落下闳就有能力测定太阳从一个赤道上的星座再次到达这同一个星座的时间。现在，我们知道这是"恒星年"。

四季构成的一年，就是一"回归年"，也称"太阳年"，即太阳中心从春分点再到春分点所经历的时间，也是太阳中心从冬至点再到冬至点所经历的时间。

现在的实测是：1回归年＝365.24219879日或365日5小时48分46秒。但一个回归年，地球围绕太阳公转不够360°。

"恒星年"即地球绕太阳一周实际所需的时间间隔，也就是从地球上观测，以某一恒星在同一位置上为起点，当观测到太阳再回到这个位置时所需的时间，多在天文学上使用。

现在的实测是：一个恒星年等于365.25636日或365日6时9分10秒。"恒星年"是大于"回归年"的。

在落下闳时代，他不知道"回归年"与"恒星年"的差别，也没有明确提出"岁差"的概念。但是，落下闳实际已经测定了"恒星年"。

岁差＝恒星年－回归年。落下闳为发现并实际测定"岁差"，迈出了非常重要的一步。

落下闳在西汉应用"赤道式浑仪"实际测定太阳从二十八宿的一个星座位置又再重新回到同一个星座位置，这样测定的"一年"，实际就是"恒星年"。他当时测定的"恒星年"，一定是比《四分历》选定的一回归年为365.25稍稍大一些。落下闳也知道他的测量有误差，他的算法是近似的。

在《太初历》中，落下闳选择八十一分法，则认为一月之长为 $29\frac{43}{81}=29.53086$ 日，一年之长为 $365\frac{385}{1539}=365.250162$ 日。他根据实际天文测量，选择了大于365.25的八十一分法，这是可以理解的。同时，落下闳已经知道他的数学推导是近似的，不是十分精确，他说："后八百岁，此历差一日。"

四川大学物理系吕子方教授，早在1951年就在论文《〈三统历〉历意及其数源》中，提出落下闳是应用了"连分数"的算法，得到"八十一分法"。他用连分数求"渐进分数"的算法，对落下闳制定的《太初历》（即《三统历》），用"渐进分数"的算法解释

① 程贞一、闻人军：《〈周髀算经〉译注》，上海：上海古籍出版社，2012年，第139页。

"日法八十一"。① 而且，这种算法就是落下闳"运算转历"中大量使用的"通其率"的算法。现在我们称为"落下闳算法"。

1980年，在整理吕子方先生的遗作时，笔者编写了计算机的程序，在中国科学院成都分院数理研究室的 TRS-80 计算机上，验算了包括《太初历》落下闳推算的所有数据，以及后来的《西汉至刘宋历法推算五星数源》中的数据。笔者使用了四种算法来验算，均与吕子方先生的笔算相合。② 由此开始了笔者在吕子方先生对"落下闳研究"基础上的拓展研究。③

落下闳实测二十八宿的赤经差，显然，这对以后发现"月行有迟急""日行有缓急""岁差"、天体的"进动与章动""近日点转动"等等天文的新现象，提供了认识的基础和方法。落下闳是最先实际测定出"恒星年"的天文学家，也是有可能定量认识"岁差"现象的天文学家。

中国古书上有这样明确的记载："《益部耆旧传》曰：'巴郡落下闳，汉武帝时，改《颛顼历》，更作《太初历》。曰：后八百岁，此历差一日，当有圣人定之。"（见《艺文类聚》卷五"历"条）落下闳在创制《太初历》之后预测说：经过八百年，此历就要差一天。他能够计算出《太初历》的"误差"。落下闳的科学思想方法，在今天看来也是相当具有先进性。

如何解释这个"后八百岁，此历差一日"呢？

假设落下闳在西汉实际测定的"一年"（实际就是"恒星年"）＝365.25125 日，这个实际的测定大于"四分历"中一回归年的长为 $365\frac{1}{4}=365.25000$ 日。这是中国古人历经数百年测定和统计平均得出的"一年"。那么，（365.25125－365.25）×800＝1（日）。这是笔者提出的一种猜测性的解释。当然，还可以提出其他的类似解释和不同解释。

落下闳在西汉时代能够测量"恒星年"，这是有极大可能性的。因为，落下闳能够实际测定二十八宿的"赤经差"，就能够实际测定太阳在二十八宿背景下，运行一年的时间，这就是"恒星年"。落下闳为测定出"岁差"奠定了基础。

落下闳也有可能实际测定月球在二十八宿背景下，运行的一些有规律的天象。根据月球运行的位置和月相变化，可以感悟到月球运行的均匀"波动"，这就是"章动"，从而促进落下闳确定"以没有中气的月份为置闰"。

"岁差和章动"都是天文现象。落下闳为什么确定"以没有中气的月份为闰月"？他已经认识到《颛顼历》固定在年底九月以后置闰，误差太大。"十九年七闰"，在这 235 个月之中，要比较均匀置闰，才能减少误差。他已经感悟到月球引起的"章动"是周期

---

① 吕子方：《中国科学技术史论文集》上册，成都：四川人民出版社，1983 年，第 25－96 页。
② 查有梁：《世界杰出天文学家落下闳》，成都：四川辞书出版社，2009 年第 2 版，第 27－42 页。
③ 查有梁：《中国古代物理中的系统观测与逻辑体系及对现代物理的启发》，《大自然探索》1985 年第 1 期。

性"波动"。近代发现"章动"的周期约为 19 年。落下闳确定"以没有中气的月份为闰月",也是建立在月相变化与 24 节气规律的实际观测之上的,使得历法合乎"天象":初一和月末看不见月亮。

与"岁差"密切有关的天文现象是"章动"。《中国大百科全书·天文学》将"岁差和章动"列为一项单独的条目,写道:"月球轨道面(白道面)位置的变化是引起章动的主要原因。白道的升交点沿黄道向西运动,约 18.6 年绕行一周,因而月球对地球的引力作用也有同一周期的变化。""岁差和章动的共同影响,使得真天极绕着黄极在天球描绘出一条波状曲线。"[①]

物理学中,讲到角动量守恒和回转运动时,要介绍如何认识"岁差和章动"。岁差是指地球自转轴长期进动,引起春分点沿黄道西移,致使回归年短于恒星年的现象。其原因是地球是一个椭球体,赤道部分隆起,赤道面与黄道面不相重合。日月和其他行星对其赤道隆起部分施以附加引力,引起赤道面倾向的变化,即地轴进动。其结果,造成春分点沿黄道每年西移约 $5025''.64$(20 世纪的测量值),约 26000 年移动一周,使得回归年略短于恒星年,中国古代称之为"岁差"。

在物理学中,有一个"进动"的概念。进动是指一个自转的物体受外力作用导致其自转轴绕某一中心旋转,这种现象称为进动。"章动"是自转轴进动时,转轴原进动方向做横向的摆动而引发的波动。地球进动的周期约 26000 年。地球章动的周期约 19 年。地轴的"进动"是产生"岁差"的原因。地轴的"章动"主要是由月球的引力引起的。

"岁差和章动"产生的物理原因是:地轴除进动外,也有章动。地轴的章动是英国天文学家布拉得雷(J.Bradley)于 1748 年分析了 20 年的观测资料后发现的。地轴章动的周期为 18.6 年,近似地说,就是 19 年。在我国古代历法中把 19 年称为"一章",这便是中译名"章动"的来源。[②]

《颛顼历》规定"十九年七闰",但固定在每年年末(九月)为闰月,落下闳在《太初历》中,把"十九年七闰"修改为"没有中气的月份为闰月"。这一重要修改,真正解决了"二十四节气"与月相协调的大问题。从物理学的原因看,落下闳已经"感悟"到"章动"这一天文现象。地球自转的中轴既有"进动",引起"岁差";又有"章动",引起"月差"。这里,新提出"月差",是说"地轴章动的周期"约为 19 年,主要是由月球引起的。地球上的潮汐现象,也主要是由月球引起的。应用中国的历法可以推知"涨潮和落潮"的时刻。

上述研究表明,天体不仅有公转运动、自转运动,而且自转轴还有"进动"和"章动"。天体有公转周期、自转周期、进动周期、章动周期等等。《太初历》有日月周期、置闰周期,交食周期、五星会合周期、远古传承至今的"干支周期""上元积年"周期、

---

① 中国大百科全书总编辑委员会编:《中国大百科全书·天文学》,北京:中国大百科全书出版社,1980 年,第 338—339 页。

② 赵凯华、罗蔚茵:《新概念物理教程·力学》,北京:高等教育出版社,1995 年,第 201—203 页。

"太极上元"大周期等等。落下闳在"浑天说"的基础上建构的《太初历》，其数理特点是建构了一个"多体－周期"的天文系统。我们称之为"落下闳系统"。

如果与古希腊的"托勒密系统"比较，可以知道，"托勒密系统"是"本轮－均轮"的几何系统。"托勒密系统"，经过哥白尼、开普勒、牛顿的进一步的知识创新，成为近代的天体力学。那么，在"落下闳系统"的"浑天宇宙模型""多体－周期"数理的基础上，可不可以继续拓展研究呢？这是应当继续研究的。

落下闳创制浑天仪观测天象，建构了"浑天说"的物理模型，创新发现"渐进分数"算法，改《颛顼历》为《太初历》，他所取得的成就，都可以从物理学原理上去进一步理解和阐释。落下闳已经为发现"岁差"和"章动"开辟了路径，这是难能可贵的。通过大家共同努力的"科学阐释"，可以从众多的"个人阐释"中，逐步取得"公共阐释"。

笔者在"落下闳系统"启发下，做了一些新的探索[1]。例如，得到"广义的不确定原理"[2]。又如，应用落下闳算法，重新解释"缀术求 π"[3] 和"缀术推星"[4]。再如，通过"近日点进动"，推导出包容牛顿引力定律的"引斥力定律"。[5]

我们理当充分继承东方和西方的一切科学技术成就，特别要关注中国《二十四史》里记载的天文的"大数据"，继往开来，促进我们的知识创新。

---

[1] 查有梁：《牛顿力学的横向研究》，成都：四川教育出版社，2014 年第 2 版。
[2] 查有梁：《信息测不准关系》，《科学通报》1988 年第 6 期。
[3] 查有梁：《"缀术求 π"新解》，《大自然探索》1986 年第 4 期。
[4] 查有梁：《论秦九韶的"缀术推星"》，《大自然探索》1987 年第 4 期。
[5] 查有梁：《引力定律的新研究》，《大学物理》1996 年第 2 期、第 3 期。

略说《太初历》及其历史影响
——兼谈落下闳其人其事

张存良

（西华师范大学四川省落下闳研究中心）

学术界对《太初历》的研究已非常细致深入，成果也颇为丰富，本是不足以置喙的。但是随着 2017 年落下闳入选"首批四川十大历史名人"[①]，相关问题迅即沸腾起来，既有重烧冷灶者，更不乏旧瓶装新酒者，许多本已明了清楚的学术问题反而变得扑朔迷离，甚至郢书燕说，莫衷一是。有的学者无端拔高落下闳在《太初历》制定中的独创性作用，无根据地夸大落下闳在科技史上的所谓独特贡献，这样的研究工作是不利于落下闳研究的，甚至会把相关研究引向歧途。所以很有必要正本清源，还历史以真实，以期客观有序地推进落下闳研究。

一、《太初历》概说

《太初历》是西汉武帝时期一次重大历法改革的成果，主要由邓平、落下闳等人制定，前后行用 188 年（西汉武帝太初元年［即公元前 104 年］至东汉章帝元和二年［即公元 85 年］），其基本历法数据和历法术文经过西汉末年刘歆的改造而保存在《三统历》之中[②]，是故《太初历》是我国现存第一部有文献记载的完整历法。

这部历法在继承前代历法科学性与合理性的基础上[③]，又有了新的发展，主要表现在：

（一）以太初元年前十一月甲子朔旦夜半冬至为新的历元，并以此作为推算气、朔时

---

① 首批四川十大历史名人依次是：大禹、李冰、落下闳、扬雄、诸葛亮、武则天、李白、杜甫、苏轼、杨慎。

② 《三统历》的术文，载于《汉书·律历志下》，分作《统母》《纪母》《五步》《统术》《纪术》《岁术》，凡六篇。［汉］班固：《汉书》卷二十一下《律历志下》，北京：中华书局，1962 年。

③ 汉代之前的历法，主要有所谓"古六历"。具体指黄帝历、颛顼历、夏历、殷历、周历和鲁历，其名始见于《汉书·艺文志》和《汉书·律历志》。《汉书·律历志上》说："三代既没，五伯之末，史官丧纪，畴人子弟分散，或在夷狄，故其所记，有黄帝、颛顼、夏、殷、周及鲁历。战国扰攘，秦兼天下，未皇暇也。亦颇推五胜，而自以为获水德，乃以十月为正，色尚黑。"《汉书·艺文志》记载，西汉成帝时由太史令尹咸校定"数术类"书籍，其中"历谱类"共录 18 家 606 卷，这其中就有《黄帝五家历》33 卷，《颛顼历》21 卷，《颛顼五星历》14 卷，《夏殷周鲁历》14 卷。

刻及五星位置等天文历象的共同起算点。[1]

（二）以律起历，日法 81[2]，月法 2392[3]，朔策和岁实分别为 $29\frac{43}{81}$ 和 $365\frac{385}{1539}$，这是《太初历》的基本常数，法术为平朔平气法。

（三）闰法 19，闰周为 19 年 7 闰，并且确立"无中置闰"的原则[4]，改变以往"归余于终"的置闰方法[5]，调整了太阳周天与阴历纪月不相协合的矛盾，使二十四节气为标志的太阳历与朔望月为特征的太阴历有机结合起来，气策 $15\frac{1010}{4617}$，让中气保持在固定月份[6]。这样可以使中气、月份与物候相差不致太远，以利于农业生产和社会生活的安排，比此前的年终置闰法更为合理，在历法史上具有里程碑意义，也使中国历法具有明显的阴阳合历性质。

（四）根据天象实测和史官记录，测定以 135 月为朔望之会即交食周期[7]，其间太阳经过黄白交点 23 次，相应地会发生 23 次月食，则月食平均间隔为 $\frac{135}{23}$ 月，据此可以推算未来的月食。历法疏密，验在交食，这是中国现知最早的数据确凿的交食周期[8]。

（五）定出了新的五星会合周期和五星在一个会合周期内的动态表，以及在此基础上

---

① 关于《太初历》的上元，刘歆在《三统历·世经》中说："汉历太初元年，距上元十四万三千一百二十七岁。"《汉书·律历志上》记述太初改历时又说："乃以前历上元泰初四千六百一十七岁，至于元封七年，复得焉逢摄提格之岁。"4617（岁）是《三统历》的元法，是统法 1539（闰法 19 与日法 81 之积）的 3 倍，元法的 31 倍就是143127 岁。《世经》中所说的太极上元，实际就是《太初历》的上元。太极上元的这个时刻（某个甲子日的夜半），日、月、五星等共同相会在冬至点上。

② 刘歆《三统历·统母》："日法八十一。元始黄钟初九自乘，一龠之数，得日法。"

③ 刘歆《三统历·统母》："月法二千三百九十二。推大衍象，得月法。"所谓"大衍象"，刘歆是这样阐述的："是故元始有象一也，春秋二也，三统三也，四时四也，合而为十，成五体。以五乘十，大衍之数也。而道据其一，其余四十九，所当用也，故著以为数。以象两两之，又以象三三之，又以象四四之，又归奇象闰十九，及所据一加之，因以再扐两之，是为月法之实。"译成算式就是：[49×2×3×4+19+1]×2＝2392，以日法 81 除之，则得 $29\frac{43}{81}$，这就是《太初历》和《三统历》的朔望月平均长度，亦即朔策。

④ 刘歆《三统历》："朔不得中，是谓闰月。"朔即朔望月，中谓中气。二十四节气从冬至起奇数次的气为中气，如冬至、大寒等；偶数次的气为节气，如小寒、立春、惊蛰等。节气可以在本月的上半月，也可以在上月的下半月，但是十二中气必须与十二月次相配，即冬至为十一月中、大寒为十二月中、雨水为正月中、春分为二月中……，依次类推。若是平年，中气与月序一一对应；若是闰年，则总有一月没有中气，此月就为闰月。《太初历》除了"朔不得中，是为闰月"这一普遍置闰原则之外，尚有"中气在朔若二日，则前月闰也"的特殊置闰原则。详参斯琴毕力格：《太初历再研究》，内蒙古师范大学硕士学位论文，2004 年，第 33—39 页。

⑤ 张闻玉《古代天文历法讲座》："古法有'归余于终'之说，是将闰月放在年终，方便易行。春秋战国时代大多如此。齐重建子，闰在亥月后。晋楚建寅，闰在丑月后。秦历以十月为岁首，闰在岁末，称'后九月'，汉初一仍秦法，直至汉武帝太初改历，才改闰在岁末为无中气置闰。这个无中气置闰原则就一直行用到现在，只不过当今对中气的计算更细致更精确罢了。"张闻玉：《古代天文历法讲座》，桂林：广西师范大学出版社，2008 年，第 180 页。

⑥ 《太初历》及《三统历》的中法为 140530（月法 2392 与章月 235 的乘积），以元法 4617（统法 1539 的 3 倍）除之，则为每个中气的平均时长 $30\frac{2020}{4617}$，再二分之，则气策为 $15\frac{1010}{4617}$。

⑦ 交食周期是朔望月与交点月的最小公倍数。

⑧ 张培瑜、陈美东、薄树人、胡铁珠：《中国古代历法》，北京：中国科学技术出版社，2013 年，第 266 页。

预推五星位置的方法①。

（六）测定了二十四节气太阳所在宿度表和二十八宿赤道宿度表（赤经差）等，这些数值沿用了 800 多年，直到唐玄宗开元十二年（724）才被僧一行重新测定的新值所取代。

（七）改秦至汉初"以十月为岁首"为"以正月为岁首"，合乎春夏秋冬的自然物候顺序，使国家的政治年度、会计年度与人民生产生活的农事年度协调统一起来，为两千多年来的中国历法所承用，影响深远。

二、太初改历

关于太初改历，《史记》《汉书》都有记载。《史记》的记载主要见于《历书》《孝武本纪》和《太史公自序》之中，非常简略且前后有矛盾②。《汉书》的记载主要见于《律历志》和《武帝纪》，比较详细但是也有龃龉难通之处③。经过学者们的排比考证和推算验证，太初改历的基本史实有迹可循，大致经历了这样几个阶段：

（一）改历缘起

汉初草创，制度未备，"袭秦正朔服色"④。在历法上沿用的是秦《颛顼历》，以十月为岁首。⑤《颛顼历》是古四分历之一种，朔策和岁实分别为 $\frac{499}{940}$ 和 $365\frac{1}{4}$，比实际天象为大⑥，行用日久，则必然会出现历面后天的现象⑦，这样就导致日食在历面晦日甚至晦前一日的情况⑧。所以司马迁等人上书指出"历纪坏废"，最明显的悖离现象就是"朔晦

---

① 木星岁数 1728，金星岁数 3456，土星岁数 4320，火星岁数 13824，水星岁数 9216，取其最小公倍数，则"五星会终"的周期为 138240。经过 19 年的闰周，五星"与日月会"，则其周期为 138240×19＝2626560，这一时刻不但五星重又相会，而且与冬至、合朔也都相会。

② 《史记·历书》中既言改定后的《太初历》"日辰之度与夏正同"，又引汉武帝诏书说"十一月甲子朔旦冬至已詹。其更以七年为太初元年，年名焉逢摄提格，月名毕聚，日得甲子，夜半朔旦冬至"。夏正以正月为岁首，而诏书以十一月为岁首，则是周正，岁首明显不同。褚补《孝武本纪》于元封七年记曰："夏，汉改历，以正月为岁首……因为太初元年。"这说明太初改历是在元封七年夏月进行的。而《太史公自序》则说："五年而当太初元年，十一月甲子朔旦冬至，天历始改，建于明堂，诸神受纪。"说明元封七年十一月朔旦冬至在明堂颁布了新历，此与"夏，汉改历"之说明显矛盾。以上论说均详参张培瑜、陈美东、薄树人、胡铁珠：《中国古代历法》，第 251 页。

③ 《汉书·律历志上》："乃以前历上元泰初四千六百一十七岁，至于元封七年，复得阏逢摄提格之岁，中冬十一月甲子朔旦冬至，日月在建星，太岁在子，已得太初本星度新正。"既称"阏逢摄提格之岁"，那一定是太岁在寅，但是又说"太岁在子"，二者明显龃龉不合。

④ ［汉］司马迁：《史记》卷二六《历书》，北京：中华书局，1959 年，第 1260 页。

⑤ 《汉书·律历志上》："汉兴，方纲纪大基，庶事草创，袭秦正朔。以北平侯张苍言，用《颛顼历》，比于六历，疏阔中最为微近。然正朔服色，未睹其真，而朔晦月见，弦望满亏，多非是。"

⑥ 现代天文学测得的朔望月平均长度为 29.530589 日，回归年长度为 365.24219879 日。而在四分术中，朔望月的长度是 29.530851 日，回归年长度为 365.25 日，均较真值为大。

⑦ 通过运算我们知道，四分术合朔时分每 100 年大约后天 0.325 天，308 年则后天一日。

⑧ 李忠林：《从历法后天看汉初历改的原因》，《史学月刊》2014 年第 8 期。

月见，弦望满亏"①，误差非常明显，历法不得不改②。这是非常迫切而现实的客观原因。

西汉至武帝中期时国力强盛，府库充实，疆域广大，海内一统，汉武帝也自觉王基巩固，德比尧舜，于是大搞封禅祭天、改正朔、更官号、易服色等所谓"汉家制度"的建设。而这一时期的今文经学家迎合上意，大倡所谓"三正"，推"五德终始"之说，阐"天人合一"之策，强调君权神授，天命有常，与汉武帝的经国思想一拍即合。《汉书·律历志上》载兒宽与博士赐等议曰：

> 帝王必改正朔、易服色，所以明受命于天也。创业变改，制不相复。推传序文，则今夏时也。……臣愚以为三统之制，后圣复前圣者，二代在前也，今二代之统绝而不序矣。唯陛下发圣德，宜考天地四时之极，则顺阴阳以定大明之制，为万世则。③

既受命于天，又"行夏之时"，还能绍绪前圣，"为万世则"，这样的建议当然为汉武帝所乐于接受。改历既合天命，又顺民心，于是汉武帝下诏御史，决定改历，"其更以（元封）七年为太初元年"④。

更为巧合的是，经过公孙卿、壶遂、司马迁等人根据《颛顼历》的推算，元封七年前十一月甲子日夜半时刻正好是冬至与合朔相会时刻，而这样的时机需要1520年才会出现一次⑤。"故当时的天文学家们必然会为遇到这样千载难逢的时刻而兴奋不已，以这样的时刻来作为新历的历元，当然是吉祥无比的了。"⑥ 于是汉武帝下诏由太中大夫公孙卿、壶遂、太史令司马迁与侍郎尊、大典星射姓等"议造汉历"⑦。

（二）改历经过

任何历法的制定，都要经过实测、推算和校验等过程，《太初历》也不例外。但是太

---

① 《汉书》卷二十一上《律历志上》，第 974－975 页。

② 实际上，从汉高祖称帝（前 206）至汉武帝太初元年（前 104）的这 100 年间，汉历至少经过 3 次改定：1. 高祖五年九月（前 202）由张苍"绪定律历"，事见《史记·张丞相传》；2. 汉文帝后元元年（前 163）由新垣平和公孙臣倡导并主持的历法改革，事见《史记·历书》及《汉书·郊祀志》；3. 太初改历。前两次改历只是在朔小余等方面做了较小改动，并未涉及岁首建正等有关"正朔服色"和"无中置闰"等根本原则，所以当时人认为并未改历而史家也疏于记载。详细考证参见李忠林《从历法后天看汉初历改的原因》，《史学月刊》2014 年第 8 期。

③ 《汉书》卷二十一上《律历志上》，第 975 页。

④ 《史记》卷二十六《历书》，第 1260 页。《汉书·律历志上》所载略同，第 975 页。

⑤ 《颛顼历》是一种四分历，岁实为 $365\frac{1}{4}$，闰周为 19 年 7 闰，共 235 个朔望月。1 朔望月即朔策 $=19\times365\frac{1}{4}\div235=29\frac{499}{940}$。19 年 $=19\times365\frac{1}{4}=6939\frac{3}{4}$ 日。从历元开始经过 19 年之后，冬至、合朔相会于同一时刻，但不在夜半。必须再经过 4×19 年 $=76$ 年（即蔀岁），至、朔才会相会于同一日的夜半，但是还不会相会于与历元日干支同名之日的夜半。根据四分历法术，20 蔀为一纪，即 20×76 年 $=1520$ 年 $=555180$，日数可为 60 除尽，这时至、朔不仅相会于夜半，而且该日与历元日的干支同名。

⑥ 张培瑜、陈美东、薄树人、胡铁珠：《中国古代历法》，第 258 页。

⑦ 《汉书》卷二十一上《律历志上》，第 975 页。

初改历似乎更为复杂，先后出现了"不能为算"的难题和"藉半日法"的谜团，加上《史记》《汉书》记载得不够详赡而且前后矛盾，使得太初改历的问题更加纷扰。学者们经过细致梳理和数据推算，基本认同以下史实：太初改历前后经由两班人员的测算，结果互不相同，最后采用的是由邓平、落下闳制定的"八十一分律历"。

第一次改历由公孙卿、壶遂、司马迁与侍郎尊、大典星射姓等人共同"议造"，组成人员都是官方班底，然而他们在制历过程中遇到了实测数据与推算结果不能契合的巨大难题。因为此前司马迁等人根据汉传《颛顼历》的法术，推得元封七年前十一月甲子朔旦冬至与合朔相会①，时机难得，遂上书请求改历，武帝因而下诏改历，诏书中明确"（元封七年）十一月甲子朔旦冬至已詹，其更以七年为太初元年。年名'焉逢摄提格'，月名'毕聚'，日得甲子，夜半朔旦冬至"②。据《尔雅·释天》，"焉逢摄提格"之年太岁所居之辰为甲寅③；所谓"毕"者，指月名为甲；所谓"聚（陬）"者，指此月为正月。④ 这意味着本次改历采用的是周正（建子），而不是夏正（建寅）。

根据《汉书》的记载，这班人为了改历，进行了大量的科学测量：

> 乃定东西，立晷仪，下漏刻，以追二十八宿相距于四方，举终以定朔晦分至，躔离弦望。乃以前历上元泰初四千六百一十七岁，至于元封七年，复得焉逢摄提格之岁。中冬十一月甲子朔旦冬至，日月在建星，太岁在子，已得太初本星度新正。⑤

这就矛盾难解了：根据推算所确定的年名为焉逢摄提格（甲寅年），而根据实测，元封七年前十一月所当之年则为游兆困敦（丙子年）⑥，甲寅年上距丙子年 38 年，下距丙子年 22 年，间隔很大，可谓风马牛不相及。如果要执行诏书中所颁定的年名（甲寅），将会在天文学上造成难以克服的困难（寅年岁星所居之辰与元封七年前十一月冬至岁星所在的位置相差太远），也会在年代学上造成混乱（年名间隔太长）。如果反对诏书，那就

---

① 改历之前行用的秦《颛顼历》，以十月为岁首，故十一月为本年度第二个月。是年夏五月改历，以正月为岁首，则本年度包含了两个十月、两个十一月和两个十二月，共 15 个月。后世史家以《太初历》逆推，则元封七年前十一月当在元封六年。

② 《史记》卷二十六《历书》，第 1260 页。

③ 《尔雅·释天》"岁阳"条："太岁在甲曰阏逢，在乙曰旃蒙，在丙曰柔兆，在丁曰强圉，在戊曰箸雍，在己曰屠维，在庚曰上章，在辛曰重光，在壬曰玄黓，在癸曰昭阳。"又"岁阴"条："太岁在寅曰摄提格，在卯曰单阏，在辰曰执徐，在巳曰大荒落，在午曰敦牂，在未曰协洽，在申曰涒滩，在酉曰作噩，在戌曰阉茂，在亥曰大渊献，在子曰困敦，在丑曰赤奋若。"[清] 郝懿行：《尔雅义疏》，北京：中国书店影印咸丰六年刻本，1982 年。

④ 《尔雅·释天》"月阳"条："月在甲曰毕，在乙曰橘，在丙曰修，在丁曰圉，在戊曰厉，在己曰则，在庚曰窒，在辛曰塞，在壬曰终，在癸曰极。"又"月名"条曰："正月为陬，二月为如，三月为寎，四月为余，五月为皋，六月为且，七月为相，八月为壮，九月为玄，十月为阳，十一月为辜，十二月为涂。"[清] 郝懿行：《尔雅义疏》，北京：中国书店影印咸丰六年刻本，1982 年。

⑤ 《汉书》卷二十一上《律历志上》，第 975 页。

⑥ 太初元年前十一月所当之年干支为丙子，改历后以正月为岁首的元封七年的干支就是丁丑。陈遵妫指出："这种历法把当时人们算为丙子的太初元年，改称为甲寅岁，并以立春正月改为冬至正月，可以说是完全属于理想的历法。"陈遵妫：《中国天文学史》第三册第 1427 页注释二，上海：上海人民出版社，1984 年。

是自相矛盾，因为诏书中确定的年名就是这班改历者所推算提出的；如果遵照诏书，则与实测天象相差太大。矛盾难于化解，改历陷于无奈之中，所以大典星射姓等上奏皇帝："不能为算，愿募治历者，更造密度，各自增减，以造汉《太初历》。"①

于是又组织第二次改历。《汉书·律历志上》载其事曰：

> 乃选治历邓平及长乐司马可、酒泉侯宜君、侍郎尊及与民间治历者，凡二十余人，方士唐都、巴郡落下闳与焉。都分天部，而闳运算转历。②

这次改历的班组共 20 多人，来自不同领域，有官方的治历邓平等人，也有方士唐都、落下闳等人。唐都"分天部"，就是"分部二十八宿为距度"③，落下闳"运算转历"，就是所谓"以律起历"，即八十一分法（说详下文）。其余诸家所定历法多达 17 种之多，但是与邓平、唐都、落下闳所定的历法相比尤为疏远，罢废不用。于是汉武帝下诏太史令司马迁采用邓平等人制定的新历，并且派宦者淳于陵渠进行观测校验，结果是"《太初历》晦朔弦望，皆最密。日月如合璧，五星如连珠"④，于是下诏颁行，太初改历宣告成功，邓平也因功除迁为太史丞。

（三）落下闳的"以律起历"及其法术

落下闳的历理就是"以律起历"，将音律的相关数据引入历法的计算，具体法术就是"八十一分法"。《汉书·律历志上》曰：

> 其法以律起历，曰："律容一龠，积八十一寸，则一日之分也。与长相终。律长九寸，百七十一分而终复。三复而得甲子。夫律阴阳九六，爻象所从出也。故黄钟纪元气之谓律。律，法也，莫不取法焉。"与邓平所治同。⑤

音律中有十二律，而一年有十二个月，貌似其中有一种对应关系。黄钟律管的容积与量器一龠同，律管长九寸，内管底面积为九平方分，体积为八十一平方分，落下闳谓之八十一寸。以此为日法（81），经过 9 个闰周之后冬至、合朔同日（19×9＝171），这就是"百七十一分而终复"的历面解释；再经过 9 个闰周，则至、朔同时同刻，即 19×9×9＝19×81＝1539，1539 年谓之一统⑥；"三复而得甲子"，即 1539×3＝4617，谓之一元，至、朔同时同刻且相会于同一甲子日，此即《太初历》的上元历元所在。由此进一步推算，可以得出朔策为 $29\frac{43}{81}$，岁实为 $365\frac{385}{1539}$。有了历元、朔策和岁实，改历就可以

① 《汉书》卷二十一上《律历志上》，第 975 页。
② 《汉书》卷二十一上《律历志上》，第 975 页。
③ 《汉书》卷二十一上《律历志上》，孟康注，第 977 页注十六。
④ 《汉书》卷二十一上《律历志上》，第 976 页。
⑤ 《汉书》卷二十一上《律历志上》，第 975－976 页。
⑥ 此即刘歆《三统历·统母》所谓"以闰法乘日法，得统法。"《汉书》卷二十一上《律历志上》，第 991 页。

有理有据地进行了。

将天文数据和毫不相干的音律联系在一起附会比况，其实是一种"借尸还魂"的临时权宜，目的就是为了表明自己数据的神圣性。但是这种说法神秘玄妙，使本来就不被一般人所了解掌握的天文历法披上了更加神圣玄惑的外衣，成为沟通人神的特异法术，这对于笃信"受命于天"时时盼望与神仙相会的汉武帝来说，意义非同凡响，无疑是内心深处的一丸灵丹妙药，当然更加乐于接受。而一旦被认可接受，则又形成了一种近乎正统的思想，加上西汉中期以后兴起的象数易学的影响，天算、历学与音律、易数进一步融汇合流，成为此后天算律历的主流，进而成为中国天文学与历算数最为显明的特征。

"以律起历"的高明之处，就在于不着痕迹地回避了"不能为算"的难题，同时使改历具有神秘神圣的色彩，依"天命"而行，既取悦主上，又杜塞旁议。其实"八十一分律历"的数据并不科学，更谈不上精密。其朔策和岁实分别是 $29\frac{43}{81}$ 和 $365\frac{385}{1539}$，这个数值比此前行用的秦《颛顼历》的误差更大[①]，行用 125 年便会出现历面后天 1 日的现象，日食就会发生在晦日或晦前一日。为了使历数具有沟通人神的功用，使改历更具合法性，不得不牺牲天文数据的客观性，从而使这两个基本数据的精确度反而倒退了[②]，这显然是《太初历》的粗疏之处。

这种瞒天过海的做法在当时即为天文历算家所察觉[③]。太初改历之后的 27 年即昭帝元凤三年（前 78），太史令张寿王就对新历提出异议，说"阴阳不调，宜更历之过也"，原因是"《太初历》亏四分日之三，去小余七百五分，以故阴阳不调，谓之乱世"[④]。当然因为历法新改，加之邓平、落下闳等人对于历元起算点的调整，这时候主历使者鲜于妄人等派人校验的结果还是以《太初历》最为第一，张寿王终因"诽谤益甚"而下吏治罪。但是百余年后，《太初历》出现了"历稍后天，朔先于历，朔或在晦，月或朔见"[⑤] 的现象，"（冬至）后天四分日之三，晦朔弦望差天一日，宿差五度"[⑥]，历法又不得不改。于是东汉章帝于元和二年（85）下诏改行编䜣、李梵校订增修的四分术，取代太初历法，是为东汉四分历。

---

① 秦《颛顼历》是一种四分历，其朔策和岁实分别为 $29\frac{499}{940}=0.5308511$ 和 $365\frac{1}{4}=365.25$。《太初历》的朔策和岁实分别为 $29\frac{43}{81}=29.5308642$ 和 $365\frac{385}{1539}=365.25016244$。根据现代天文学的精密测算，1 朔望月 $=29.53059$ 日，1 回归年 $=365.24219879$ 天。《太初历》的误差明显更大。

② 陈遵妫指出："古历四分法，岁余已较实测大，故朔望三百年差一日，节气一百八十二年将差一日；而太初历只为了简便，把策余改为 43/81，没有料到岁余之大。"陈遵妫《中国天文学史》第三册第 1428 页注释 2，上海人民出版社，1984 年。

③ 司马迁是太初改历的亲自参与者，然而《史记》中除了极其简略地记载其事之外，对于《太初历》的历理术文，竟无一字记载。《史记·历书》中所附的《历术甲子篇》，显然是一种四分历，与《太初历》迥异。以司马迁为代表的世掌天文历算的史官们，显然并不认可《太初历》，崇尚的仍然是四分术。

④ 《汉书》卷二十一上《律历志上》，第 978 页。

⑤ ［南朝宋］范晔：《后汉书》志第二《律历志中》，北京：中华书局，1965 年，第 3025 页。

⑥ 《后汉书》志第二《律历志中》，第 3026 页。

（四）邓平的"藉半日法"

《太初历》的历元起算点，采用了邓平的"藉半日法"，《汉书·律历志上》说：

> 先藉半日，名曰阳历；不藉，名曰阴历。所谓阳历者，先朔月生；阴历者，朔而后月乃生。平曰："阳历朔皆先旦月生，以朝诸侯王群臣便。"乃诏（司马）迁用邓平所造八十一分律历，罢废尤疏远者十七家，复使校历律昏明。[①]

为什么要藉半日呢？如前所揭，司马迁等人上书请求改历时，依据《颛顼历》推定元封七年十一月甲子夜半冬至与合朔相会，是改历的绝佳时机，因为这样的时刻需 1520 年才能出现一次。但是他们或许因为兴奋而冲昏了头脑，犯了致命错误，即当初赖以推算的《颛顼历》，至元封年间时已"朔晦月见，弦望满亏多非是"，以此推算出的历元起算点当然不能精准，与观测所得的实际天象也不合，至少相差半日，这即是大典星射姓等人发现的又一个使他们"不能为算"的难题。

对于这一问题，我们可以利用现代天文学的精密推算，得出更为合理的解释。元封七年前十一月中的冬至发生在公元前 105 年 12 月 23 日下午 8 时，合朔发生在前 105 年 12 月 24 日 9 时 8 分，而本月甲子日则是该年的 12 月 25 日[②]。这些时刻均为中国标准时间即北京时间，比汉长安（西安）的地方时要早大约 30 分钟。也就是说，在长安观测到的冬至时刻应在公元前 105 年 12 月 23 日下午 7 时 30 分，合朔则发生在本月 24 日 8 时 38 分，两者时差有 15 时 22 分之多，比半天（12 时）的时间还多 3 时 22 分。由于冬至前后太阳的去极度变化微小，因此古人在冬至的时刻观测中发生 1－2 天的误差是常有之事，但是合朔则不同。古代对朔望月的观测很早就达到了相当准确的程度，是不会出现"差半日"这样大的误差的。[③] 这就是邓平"藉半日法"的真正数理依据。

所以邓平的办法是"将历元的时刻扣去半天"[④]，也即"先藉半日"，以此克服《颛顼历》行用以来造成的历法后天（历面天象发生在实际天象之后）现象，从而达到改正历元、确立新的起算点的目的。因为汉武帝的改历诏书中根据公孙卿、司马迁等人的建议，早已颁布元封七年前十一月"甲子朔旦冬至"为《太初历》的历元，邓平等人不便明改这个与实际天象相差半日的历元，只好祭出"先藉半日为阳历"这样的利器，以"阳历朔皆先旦月生，以朝诸侯王群臣便"为理由，暗改了历元。

（五）《太初历》的岁首建正

如前所述，太初改历第一次由公孙卿、壶遂、司马迁等人负责，以元封七年前十一月甲子朔旦冬至为历元，年名"焉逢摄提格"，月名"毕聚"。由此可知这次改历采用的

---

① 《汉书》卷二十一上《律历志上》，第 976 页。
② 以上数值均据张培瑜：《三千五百年历日天象》，郑州：河南教育出版社，1990 年。
③ 张培瑜、陈美东、薄树人、胡铁珠：《中国古代历法》，第 258 页。
④ 张培瑜、陈美东、薄树人、胡铁珠：《中国古代历法》，第 257 页。

是周正（建子），以十一月为岁首。但是这次改历因为"不能为算"而宣告失败，实际并未曾行用。第二次改历最终采用了邓平、落下闳的律历之法，岁首建正也做了改正。《史记·历书》说：

> 至今上即位，招致方士唐都，分其天部；而巴落下闳运算转历，然后日辰之度与夏正同。乃改元，更官号，封泰山。①

《太史公自述》也说："（司马迁升任太史令之后）五年而当太初元年，十一月甲子朔旦冬至，天历始改，建于明堂，诸神受纪。"②褚补《史记·孝武本纪》载之尤详：

> （元封七年），十一月甲子朔旦冬至，推历者以本统。天子亲至泰山，以十一月甲子朔旦冬至日祠上帝明堂，每修封禅。其赞飨曰："天增授皇帝泰元神策，周而复始。皇帝敬拜太一。"……十一月乙酉，柏梁灾。十二月甲午朔，上亲禅高里，祠后土。……夏，汉改历，以正月为岁首，而色上黄，官名更印章以五字，因为太初元年。③

《汉书·武帝纪》所载与此略同：

> 太初元年冬十月，行幸泰山。十一月甲子朔旦，冬至，祀上帝于明堂。乙酉，柏梁台灾。十二月，禅高里，祠后土。……夏五月，正历，以正月为岁首。色上黄，数用五，定官名，协音律。④

对上述史料加以排比考证，我们可以得出如下结论：

1. 改历之前，行用《颛顼历》，以十月为岁首（秦正建亥）。《史记》《汉书》所记秦至汉武帝太初元年之年度月序，莫不自十月始，至九月或后九月终，是为政治和会计年度，不是自然年度。

2. 元封七年十一月确曾发生过改历，以十一月为岁首（周正建子），颁于明堂，祠上帝。但是这次改历未能成功，未曾行用。

3. 元封七年夏五月，又一次改历，以正月为岁首（夏正建寅），同时改正服色、数用、官名等等。改历与改德、改制相结合。新历从五月开始颁行，在本年度行用 8 个月。

4. 元封七年与太初元年实为同一年，但岁首不同。元封七年从十月开始，经十一月、十二月、正月、二月、三月、四月而止，共 7 个月。五月颁行新历，改元，是为太

---

① 《史记》卷二十六《历书》，第 1260 页。
② 《史记》卷一百三十《太史公自序》，第 3296 页。
③ 《史记》卷十二《孝武本纪》，第 481－483 页。
④ 《汉书》卷六《武帝纪》，第 199 页。

初元年。但是《太初历》以正月为岁首，已经过去的四月、三月、二月和正月理当包含在本年度之内，在新历中要加以追改。所以本年度共有 15 个月，自前十月开始至后十二月，有两个十月、两个十一月和两个十二月。《史记》《汉书》所载《太初历》的历元起算点"十一月甲子朔冬至"云云，即指前十一月，《史记》系于"元封七年"，而《汉书》则系于"太初元年"，实则为同一年。如果对这一点辨析不明，就会造成历法推算和历史纪年的严重混乱。

至于《太初历》为什么最终采用了夏正而以正月为岁首，那是因为深信五德终始说与三统论的结果。汉初，高祖"自以为获水德之瑞"，"是时天下初定，方纲纪大基，高后女主，皆未遑，故袭秦正朔服色"[1]。居水德，色尚黑。到汉武帝时期，随着国力的强盛，包括改德、改历在内的改定"汉家制度"的呼声日益高涨，而邹衍的五德终始说与董仲舒的三统论恰好为改制提供了理论依据。根据五德终始说，周后一代为水德，色尚黑，数以六为纪。周后二代为土德，色尚黄，数以五为纪。这一学说还推衍出一套所谓的岁首建正：夏居木德建寅（正月），商居金德建丑（十二月），周居火德建子（十一月），五德相胜相生，循环往复。秦始皇信其说而遵其制，自居水德，"朝贺皆自十月朔，衣服旄旌节旗皆上黑，数以六为纪"[2]。如此一来，代秦而立的汉朝就自当居土德而以建戌（九月）为岁首了。但是汉武帝在"改正朔"这一问题上并没有依照五德终始说，"而是依据了三统论的次序"[3]。

三统论是比五德终始说更为复杂神秘的天命学说，"五德说但以五数循环，而它（三统说）则以三与四为小循环，十二为大循环"[4]。根据三统论，周后一代为黑统，法商；周后二代为白统，法夏。既然以夏为法，就要行夏之时，自然采用夏正（建寅），以正月为岁首了。

总之，太初改历之所以被史家重视而加载史册，除了改变朔策、岁实等历法数据之外，还改动了岁首建正。其中每一项改动，除了自然天象的实测之外，都有其来自"天命"的神秘色彩，即所谓理论依据。这与西汉中期兴起的今文经学以及象数易学等思想密切相关，经过融合杂糅，形成复杂神秘的天文历学思想，影响深远，成为中国历法的一大特色。西汉末年刘歆据《太初历》而改编成《三统历》，其数理依据完全变成了象数易学的数字推算，既神秘又莫测，历算之学遂成绝学。"这样假借经传来穿凿附会，使天文科学染上神秘的色彩，开二千年来术数家所走的歧途，而和科学背道而驰。"[5]

① 《史记》卷二十六《历书》，第 1260 页。
② 《史记》卷六《秦始皇本纪》，第 237 页。
③ 李忠林：《从历法后天看汉初历改的原因》，《史学月刊》2014 年第 8 期。
④ 顾颉刚编：《古史辨》第五册下编，上海：上海古籍出版社，1982 年，第 443 页。
⑤ 陈遵妫：《中国天文学史》，第三册第 1433 页。

三、落下闳其人其事

史志文献中有关太初改历的记载非常简略，而且前后龃龉，难定一中。至于对这次参与改历者的记载，就更语焉不详了。

（一）史籍中有关落下闳的记载

我们细检史籍，其中有关落下闳的记载，比较可靠而时代居前者仅得以下数条：

1. 《史记·历书》："至今上即位，招致方士唐都，分其天部；而巴落下闳运算转历，然后日辰之度与夏正同。"裴骃《集解》引徐广曰："陈术云：征士巴郡落下闳也。"司马贞《索隐》曰："姚氏案：《益部耆旧传》云：闳字长公，明晓天文，隐于落下，武帝征待诏太史，于地中转浑天，改《颛顼历》作《太初历》，拜侍中不受。"①

2. 《法言·重黎》："或问'浑天'。曰：'落下闳营之，鲜于妄人度之，耿中丞象之。几乎！几乎！莫之能违也。'"②

3. 《史记·平津侯主父列传》后附班固《传赞》曰："是时汉兴六十余载，海内艾安，府库充实。……汉之得人，落兹为盛……历数则唐都、落下闳。"③班固此文又见于《文选》卷四十九，名曰《公孙弘传赞》。李善注引《益部耆旧传》曰："闳字长公，巴郡阆中人也。明晓天文地理，隐于落亭。武帝时，友人同县谯隆荐闳，待诏太史，更作《太初历》。拜侍中，辞不受。《风俗通》曰：姓有落下，汉有落下闳。"④

4. 《汉书·律历志上》："乃选治历邓平及长乐司马可、酒泉侯宜君、侍郎尊及与民间治历者，凡二十余人。方士唐都、巴郡落下闳与焉。都分天部，而闳运算转历。⑤其法以律起历，曰：'律容一龠，积八十一寸，则一日之分也。与长相终。律长九寸，百七十一分而终复。三复而得甲子。夫律阴阳九六，爻象所从出也。故黄钟纪元气之谓律。律，法也，莫不取法焉。'与邓平所治同。于是皆观新星度、日月行，更以算推，如闳、平法。法：一月之日二十九日八十一分日之四十三。先藉半日，名曰阳历；不藉，名曰阴历。所谓阴历者，先朔月生；阴历者，朔而后月乃生。平曰：'阳历朔皆先旦月生，以朝诸侯王群臣便。'乃诏迁用邓平所造八十一分律历，罢废尤疏远者十七家，复使校律历昏明。宦者淳于陵渠复覆《太初历》晦朔弦望，

---

① 《史记》卷二十六《历书》，第1260—1261页。

② ［汉］扬雄：《法言》卷十《重黎》，汪荣宝撰，陈仲夫点校：《法言义疏》下，北京：中华书局，1987年，第320页。

③ 《史记》卷一百一十二《平津侯主父列传》，第2964—2965页。

④ ［梁］萧统编，［唐］李善注：《文选》卷四十九《史论上》，北京：中华书局，1977年。

⑤ ［唐］颜师古注曰："姓唐名都，方术之士也。姓落下，名闳，巴郡人也。"

皆最密，日月如合璧，五星如连珠。"①

5.《华阳国志·巴志》："其德操、仁义、文学、政干，若洛下闳、任文公、冯鸿卿、庞宣孟、玄文和、赵温柔、龚叔侯、杨文义等，播名立事，言行表世者，不胜次载者也。"② 又同书《益梁宁三州先汉以来士女目录·巴郡》："文学，聘士洛下宏，字长公。"自注："阆中人也。"③

6.《隋书·律历志中》："会通事舍人颜慜楚上书云：汉落下闳改《颛顼历》作《太初历》，云'后八百岁，此历差一日'。"④ 又同书《张胄玄传》引内史通事颜敏楚之言曰："汉时落下闳改《颛顼历》作《太初历》，云'后当差一日，八百年当有圣者定之'。计今相去七百一十年，术者举其成数。圣者之谓，其在今乎！"⑤

7.《隋书·天文志上》："案，虞喜云：'落下闳为汉武帝于地中转浑天，定时节，作《泰初历》。'（浑天仪）或其所制也。"⑥

8.《旧唐书·历志一》："昔邓平、洛下闳造汉《太初历》，非之者十七家。"⑦ 又《历志二》曰："周天二十八宿，相距三百六十五度，前汉唐都以浑仪赤道所量。其数常定，纮带天中，仪图所准。日月往来，随交损益。"⑧

9.《新唐书·历志三上》载僧一行《历议·日度议》曰："古星历度及落下闳等所测，其星距远近不同，然二十八宿之体不异。"⑨ 又曰："以岁差考太初元年辛酉冬至加时，日在斗二十三度。《汉历》气后在三日，而日先先天三度，所差尚少。故落下闳等虽候昏明中星，步日所在，犹未觉其差。然《洪范》《太初》所揆，冬至昏奎八度中，夏至昏氐十三度中，依《汉历》，冬至，日在牵牛初太半度，以昏距中命之，奎十一度中；夏至，房一度中。此皆闳等所测，自差三度，则刘向等殆已知《太初》冬至不及天三度矣。"⑩

10.《新唐书·天文志一》引李淳风之言曰："舜在璇玑玉衡，以齐七政，则浑天仪也。《周礼》：土圭正日景以求地中，有以见日行黄道之验也。暨于周末，此器乃亡。汉落下闳作浑仪，其后贾逵、张衡等亦各有之，而推验七曜，并循赤道。按冬至极南，夏至极北，而赤道常定落中，国无南北之异。盖浑仪无黄道久矣。"⑪

① 《汉书》卷二十一上《律历志上》，第975－976页。
② ［晋］常璩：《华阳国志》卷一《巴志》，四部丛刊初编本。
③ ［晋］常璩：《华阳国志》卷十二《益梁宁三州先汉以来士女目录》，四部丛刊初编本。原书卷名"益梁宁三州"讹作"梁益宁三州"，今正。
④ ［唐］魏徵：《隋书》卷十七《律历志中》，北京：中华书局，1973年，第434页。
⑤ 《隋书》卷七十八《张胄玄传》，第1779－1780页。
⑥ 《隋书》卷十九《天文志上·浑天仪》，第516页。
⑦ ［后晋］刘昫等：《旧唐书》卷三十二《历志一》，北京：中华书局，1975年，第1152页。
⑧ 《旧唐书》卷三十三《历志二》，第1190页。
⑨ ［宋］欧阳修、宋祁：《新唐书》卷二十七上《历志三上》，北京：中华书局，1975年，第610页。
⑩ 《新唐书》卷二十七上《历志三上》，第613页。
⑪ 《新唐书》卷三十一《天文志一》，第806页。

司马迁是太初改历的发起者之一，又以太史令之职总领其事，他的记载是当时人记当时事。只是他的记载过于简略，一笔带过，难考其详。令人费解的是，《史记》的"八书"中就有一卷《历书》，但所记内容不是《太初历》，而是所谓《历术甲子篇》。从历元、岁实和朔策等历法的基本数据来看，这是一种四分历，其推步法术更近于秦至汉初曾经行用过的《颛顼历》，与邓平、落下闳等人制定的《太初历》迥异。历代学者对这一问题有过大量的讨论，此不赘述。李志超、华同旭认为，《历术甲子篇》"很可能是司马迁与壶遂编制的、属于被否定的十七部历法中的一部"①，因为司马迁在《史记·韩长孺列传》中明言"余与壶遂定律历"。《太初历》的制定者为了迎合汉武帝"受命而王，各有所由兴"②的天命思想，将历数与乐律附会联系，从而窜改了某些基本的天文数据（主要是朔策和岁实），受到司马迁等世掌"天官"的畴人们的反对，所以他在《史记·历书》中只字不提《太初历》的术文，"却用《历术甲子篇》的形式记下了他对回归年和朔望月数值的见解"③。

扬雄比司马迁晚出近一百年，落下闳对于扬雄来说是巴蜀前贤。扬雄提及的三人中，落下闳为武帝时人，鲜于妄人为昭帝时人，耿中丞（即耿寿昌）为宣帝时人，三人皆于史有征，可见扬雄所记必有所凭借，定非向壁虚构。

班固在《汉书》中对落下闳的记载一仍司马迁在《史记》中的笔墨，并无增益，说明相关史料之稀缺，无从增补。班、马两家的最大区别是班固在其《公孙弘传赞》中高度肯定了唐都和落下闳在历数方面的贡献，将他们与公孙弘、董仲舒、儿宽、石建等汉兴以来名臣贤大夫并列，肯定他们在"兴造功业"过程中的作用和地位。而司马迁在《张丞相列传》中则说："故汉家言律历者，本之张苍。苍本好书，无书不观，无所不通，而尤善律历。"④只字未提唐都、邓平、落下闳等人在制历中的作用以及他们制定的《太初历》，似有不满于《太初历》者。这也从另一角度似可说明司马迁于《历书》中不采《太初历》而用《历术甲子篇》的曲折用意。

《益部耆旧传》是一部专记西南地区（古益州）"士女英彦"的传记类史书，一般认为它的作者是晋代陈寿。陈寿是巴西安汉（今南充市）人，与落下闳同属古巴郡人，他所记载的落下闳有姓字，有详细籍贯，甚至还有简单的交游和履历，相对显得比较丰满了。

《华阳国志》的撰者常璩比陈寿为晚出，但是他所记载的落下闳事迹却极其简略，这可能是由于二书的体例所致。陈寿的《益部耆旧传》专记人物，而常璩的《华阳国志》则重在绎史。

自《隋书》以迄两《唐书》，去古已远，所载也为旧史遗文。研究落下闳，《隋志》

---

① 李志超、华同旭：《司马迁与太初历》，《中国天文学史文集》编辑组：《中国天文学史文集》第五册，北京：科学出版社，1989 年，第 135 页。
② 《史记》卷二十三《礼书》，第 1160 页。
③ 薄树人：《司马迁——我国伟大的天文学家》，《自然杂志》1981 年第 9 期。
④ 《史记》卷九十六《张丞相列传》，第 2681 页。

以下的材料只可聊备一说，不能作为直接材料使用。

（二）落下闳的历史贡献

如前揭，《史》《汉》所载落下闳是被征参与制定《太初历》的民间人士，他主要负责"运算转历"，也就是复杂的天文运算。落下闳是杰出的天文学家、历算家，这是毋庸置疑的。但《太初历》是一部相当成熟且复杂的天文年历，不是一般意义上的年历日表，它的制定绝非一人一时所能完成。《汉书·律历志上》说："故历本之验在于天，自汉历初起，尽元凤六年（前75），三十六岁，而是非坚定。"[①] 有学者据此推断：汉朝着手制定《太初历》，当在元封元年（前110）之前。[②] 说明整个制历过程至少经历了6年时间，颁行30多年后，才最终确定了地位。《汉书》还记载了参与改历者"凡二十余人，方士唐都、巴郡落下闳与焉"[③]。可见它是集体成果，绝非某一个人所能专享。

扬雄《法言》及陈寿《益部耆旧传》均载落下闳"营（转）浑天"，于是有的学者就认为落下闳是"浑天说"最早的代表人物，浑仪（测量仪器）和浑象（演示仪器）也是由落下闳研制的。[④] 扬雄所谓"营之"者，即是转动或营造之义，并非创造性的发明制作。[⑤] 任何思想观念和发明创造都应该是历史的产物，不可能是一时间的遽尔所得。据天文史学者的研究，中国的浑天思想，远在春秋战国时期已经萌芽了。[⑥] 战国时的《甘石星经》和西汉早期的马王堆帛书《五星占》等已有恒星赤道坐标及五星行度的精确度数，尤其前者精确到"度"以下的"太"（3/4度）、"半"（1/2度）、"少"（1/4度）、"强"（1/8度）、"弱"（少于1/8度）等小数，且有纬向的去极度；如此精确的度数和去极度，只有浑仪才能测出，而式盘、髀表等只能测量赤道经度，所以"落下闳之前当已有浑仪及其所本浑天说"。[⑦]

因此，说落下闳是杰出的天文学家和历算家，参与制定了《太初历》，是符合历史事实的；说落下闳制定了《太初历》，是中国天文历算的奠基人等等[⑧]，则显然罔顾史实，属于有意拔高。说落下闳在浑仪与浑象的运用中有所改进完善则可，说他发明了浑仪与浑象，则显然缺乏依据。

2004年9月16日，国际天文学联合会国际小行星中心和国际小行星命名委员会审议批准，中国科学院国家天文台将其发现的国际永久编号为16757的小行星命名为"落下闳星"，这是对落下闳这位中国古代杰出天文学家和历算家的最高评价和最好纪念。

---

① 《汉书》卷二十一上《律历志上》，第978页。
② 李志超、华同旭：《司马迁与〈太初历〉》，《中国天文学史文集》（第五集），第128页。
③ 《汉书》卷二十一上《律历志上》，第975页。
④ 查有梁：《世界杰出天文学家落下闳》（修订版）第一版《前言》，成都：四川辞书出版社，2008年，第39页。
⑤ "营"的本义是匝居，即围绕而居，引申为营绕、测量、经营等义。
⑥ 郑文光：《试论浑天说》，《科学通报》1976年第6期。
⑦ 刘长东：《落下闳的族属之源暨浑天说、浑天仪所起源的族属》，《四川大学学报》2012年第5期。
⑧ 查有梁：《世界杰出天文学家落下闳》（修订版）第一版《前言》，第32页。

四、落下闳研究

因为史传记载的简略和缺佚，研究者若想在落下闳的生平事迹等方面有所突破，几乎是不大可能的。为此，研究落下闳就要结合《太初历》来推进相关问题的深入。《太初历》是汉武帝时期建设"汉家制度"即所谓文治方面的重要标志性成果之一，它的制定与推行经历了较长的时间段和比较曲折的过程，这就要结合秦至汉初历法的传承与变革来考察，既有观测技法的改进，也有运算方法的提高，还有天文历法观念的革新，更有西汉中期以来兴起的天命思想的深刻影响。

目前学术界对《太初历》的研究已经非常深入，尤其是在自然科学史和历法推步等方面所得成果尤为丰硕。相对来说，对于太初改历的时代背景、改历过程中出现的"太史派"与"方士派"的意见分歧、汉武帝对于改历的预期以及最终的取舍等等，显得相对薄弱。《太初历》的基本历数明显粗疏于之前行用的四分历，但是最终却被采纳而颁行，是有着深刻的时代背景的，这与先秦以来渐次流行的五行说、三统论、天命学说关系密切，也与"罢黜百家，独尊儒术"的治国思想有关，更与汉武帝"兴造功业""比德三王""受命于天"的制礼作乐思想契合。正如司马迁在《史记·历书》中所说："王者易姓受命，必慎始初，改正朔，易服色，推本天元，顺承厥意。"① 中国两千多年的帝制更替史，频繁上演"易姓受命"，也不断变换着正朔与服色，但是尤以秦皇汉武为最。

史学界有"汉承秦制"之说，汉初因为天下初定，政废民疲，不遑详论。至武帝时"海内艾安，府库充实"，于是明确提出"采风俗，定制作"，"汉亦一家之事，典法不传，谓子孙何？"② 在礼、乐、律、历等方面都有损益建设，形成了"霸王道杂之"的"汉家制度"，对后世的影响也远在"秦制"之上。

就地方文化的研究与传承普及来说，落下闳研究更应该与巴蜀地区的天算之学相结合，尤其是阆中在历史上还出现过好几位有影响的天文历法学家，这是非常具有地方特色的文化传统，应在传承中普及，使之弘扬光大。

在挖掘历史文化名人的效用方面，应结合落下闳在天文历算和浑仪浑象方面的成就，建设相关主题博物馆，比如天文博物馆、历法博物馆、天文仪器博物馆等等，将落下闳的贡献放在历史发展的进程中来展现展示，以点带线，以线带面，使人们明其一端而晓其梗概，举一隅而以三隅反，从而避免一叶障目不见森林的片面之见和夸大之辞。唯其如此，才是落下闳研究的客观路径，也是对这位历史文化名人的最好纪念。

（2018 年 5 月 30 日）

（原载《西华师范大学学报》2018 年第 6 期）

---

① 《史记》卷二十六《历书》，第 1256 页。
② 《史记》卷二十三《礼书》，第 1160 页。

落下闳文化研究

落下闳学术中的易学因素

金生杨

（西华师范大学区域文化研究中心）

落下闳是"天数在蜀"的杰出代表。据吕子方教授统计，巴蜀通晓天文历法的学者，在先秦时期有苌弘，而两汉时期则有落下闳、扬雄、谯周、梁令瓒、胡秀林、张思训、张大槩、黄裳、任文公、杨由、李郃、段翳、折象、董扶、杨厚、翟酺、任安、景鸾、何宗、杨宣、段恭、任永、周群、杜琼等人，呈现出兴盛繁荣的景象①。落下闳生当汉武帝大兴儒学之时，亲身参与"改正朔"的大事，制定《太初历》，从而对中国文化产生了深远影响。落下闳制历时充分借鉴和运用易学，其背后有着深厚的巴蜀易学传统②。

一、落下闳"天数"学的巴蜀传统

天文历法、阴阳术数之学是巴蜀固有的传统学术。对此，蒙文通先生曾做过一定的论述③。三星堆、金沙遗址均鲜明地反映出古蜀先民仰望星空，早就有关于天人问题的深邃思考和杰出成就。吕子方从《山海经》中看出天市为蜀人所认定的天庭，说明蜀人在天文学上早有成就。李膺《益州记》记载成都有七星桥，有长星、员星、玑星、夷星、尾星、冲星、曲星等天文七星，与《开元占经》所称述的古代七星并不相合，说明巴蜀的天文观与中原也各成系统。在东周时期，巴蜀出现了大学者苌弘，开巴蜀方术历算之先声。

苌弘（？—前492），资中人，为周灵王时大夫，以方术（鬼神之术）事灵王。孔子适鲁，曾学乐于苌弘。苌弘通天数，为"周室之执数者"，与史佚并为周室"传天数"之人。《淮南子·氾论训》称："昔者苌弘，周室之执数者也，天地之气，日月之行，风雨之变，律历之数，无所不通，然而不能自知，车裂而死。"④苌弘通天数，是数一数二的术数大家。司马迁说："昔之传天数者，高辛之前：重、黎；于唐、虞：羲、和；有夏：昆吾；殷商：巫咸；周室：史佚、苌弘。"⑤苌弘于"天地之气，日月之行，风雨之变，

---

① 吕子方：《中国科学技术史论文集》上册《天数在蜀》，成都：四川人民出版社，1983年，第225—268页。
② 按，文中用"制历"表示制定《太初历》，用"治历"表示研治历法。
③ 蒙文通：《巴蜀古史论述》，成都：四川人民出版社，1981年，第101—111页。
④ 刘文典：《淮南鸿烈集解》卷十三，北京：中华书局，1989年，第445页。
⑤ ［汉］司马迁：《史记》卷二十七《天官书》，北京：中华书局，1959年，第1343页。

律历之数，无所不通"，是数一数二的术数大家。

苌弘懂阴阳术数，明巫术、灾异，指出天道好复，有一定不易之命在其中。昭公十一年，苌弘用星象预测国家的吉凶，以为蔡有楚国当年一样的年岁，必将复蔡之凶："蔡凶。此蔡侯般弑其君之岁也。岁在豕韦，弗过此矣。楚将有之，然壅也。岁及大梁，蔡复楚凶，天之道也。"① 这是用天道好复，同在豕韦、大梁之岁而言灾异。昭公二十三年，苌弘对刘文公盆说："君其勉之，先君之力可济也。周之亡也，其三川震。今西王之大臣亦震，天弃之矣。东王必大克。"② 这是用天灾论兴亡。

苌弘又看到了人事因素对世事的影响。昭公十七年，苌弘以"客容猛"而断必有戎事③，由容貌而及人之内心之思。他对刘子说："客容猛，非祭也，其伐戎乎？陆浑氏甚睦于楚，必是故也，君其备之！"④ 昭公十八年，苌弘说："毛得必亡，是昆吾稔之日也，侈故之以。而毛得以济侈于王都，不亡何待？"⑤ 苌弘以毛得侈恶积熟与昆吾、桀之亡结合在一起，断其必亡，由人事善恶的德性修为而推知天命。昭公二十四年，苌弘以《泰誓》"纣有亿兆夷人，亦有离德；余有乱臣十人，同心同德"为据，认为"同德度义"，只要人君"务德"，就"无患无人"⑥，自可以渡过难关。这不仅显示苌弘深通儒术，而且有人德应天的思想。正因为如此，以至于苌宏以"神道设教"，通过"明鬼神事，设射《狸首》"，"依物怪"的传统巫术方式，来实现诸侯朝尊东周的愿望。《史记·封禅书》载："苌弘以方事周灵王，诸侯莫朝周。周力少，苌弘乃明鬼神事，设射《狸首》。《狸首》者，诸侯之不来者。依物怪欲以致诸侯。诸侯不从，而晋人执杀苌弘。周人之言方怪者，自苌弘。"⑦ 苌弘人德胜天的思想之膨胀，使他在周德已衰的局面下，仍欲迁都以延周祚，以至于晋女叔宽说出"苌叔违天"之语。晋女叔宽说："周苌弘、齐高张，皆将不免。苌叔违天，高子违人。天之所坏，不可支也；众之所为，不可奸也。"⑧ 可以看出，苌弘是一位极力为周王朝效忠之臣，故而不顾天道人事之违。所以，苌弘"知周之所存，而不知身所以亡，知远而不知近"⑨，彰显的是其努力于人事，以图挽救东周之亡，而"苌弘知天道而不知人事"之说⑩，正好颠倒其事，埋没了苌弘重人事、以人德胜天的可贵思想。

世传苌弘死于蜀，其血三年化为碧。《庄子·外物》就说："苌弘死于蜀，藏其血，三年化为碧。"成玄英疏："被放归蜀。"《汉书·艺文志》兵家阴阳类著录有《苌弘》十

---

① ［晋］杜预注，［唐］孔颖达正义：《春秋左传正义》卷四十五，北京：北京大学出版社，1999 年，第 1284 页。
② 《春秋左传正义》卷五十，第 1436 页。
③ 《春秋左传正义》卷四十八，第 1366 页。
④ 《春秋左传正义》卷四十八，第 1366 页。
⑤ 《春秋左传正义》卷四十八，第 1371 页。
⑥ 《春秋左传正义》卷五十一，第 1440—1441 页。
⑦ 《史记》卷二十八《封禅书》，第 1364 页。
⑧ 《春秋左传正义》卷五十四，第 1533—1534 页。
⑨ 刘文典：《淮南鸿烈集解》卷十六，第 533 页。
⑩ 刘文典：《淮南鸿烈集解》卷十三，第 446 页。

五篇。班固称："阴阳者，顺时而发，推刑德，随斗击，因五胜，假鬼神而为助者也。"①
苌弘是通晓阴阳术数的大家，是"天数在蜀"的开拓者，在巴蜀文化史中占有重要地位，
他通晓天人、尤重人事的思想对后世巴蜀学术，尤其是天文历法学产生了深远影响。西
汉的落下闳、扬雄乃是继之而起的天文历法大家。落下闳改《颛顼历》为《太初历》，造
员仪以考历度，以二十八宿定赤道星度，又预言八百岁后《太初历》差一日，皆天文史
上旷古未有的贡献。扬雄辨浑天、盖天，著《难盖天八事》，也在天文学史上影响深远。
阴阳术数与天文历法之学一方面反映了古巴蜀人的灾异术数思想，另一方面又显示了他
们重人德、以人德通天道的思想。

二、落下闳制历中对《周易》的运用

落下闳是巴蜀术数学的典型代表，其成就在当时首屈一指，为世人所景仰。《益部耆
旧传》云："闳字长公，明晓天文，隐于落下。武帝征待诏太史，于地中转浑天，改《颛
顼历》作《太初历》，拜侍中不受。"② 落下闳最大的贡献就是参预了汉武帝时新历法的制
定。《史记·历书》说："至今上（武帝）即位，招致方士唐都，分其天部；而巴落下闳
运算转历，然后日辰之度与夏正同。乃改元，更官号，封泰山。"③ 落下闳在历法改革中
主要负责算数历法。《史记·太史公自序》说："太史公学天官于唐都，受《易》于扬何，
习道论于黄子。"④ 可见，唐都、落下闳同时，乃司马谈前辈。《汉书·公孙弘传·赞》
说："汉之得人……历数则唐都、洛下闳……后世莫及。"⑤

落下闳运算转历，以造《太初历》。《汉书》载："（唐）都分天部，而（落下）闳运
算转历。其法以律起历，曰：'律容一龠，积八十一寸，则一日之分也。与长相终，律长
九寸，百七十一分而终复。三复而得甲子。夫律，阴阳九六，爻象所从出也。故黄钟纪
元气之谓律。律，法也，莫不取法焉。'"颜师古注引孟康曰："黄钟律长九寸，围九分，
以围乘长，得积八十一寸也。"⑥ 在《周易》中，阳爻为九，阴爻为六，阴阳相错，组成
合单卦的八卦，八卦相错而成复卦的六十四卦。无论是单卦还是复卦，其爻象皆阳为九，
阴为六。可见，落下闳将律历与易学结合起来，并认为《易》源于律。在此基础上，落
下闳以律起历，制定了历法。这在时间上虽接近文翁兴教，但不必看作是文翁兴教的成
就。这种将《易》与律历相结合的思想在孟喜、焦延寿、京房、易纬的易学中得到了真
实而生动的体现，巴蜀学人的贡献自当不小。

落下闳之所以将《易》与历联系起来，还在于《易》本身就蕴含了古代历法成就，

---

① ［汉］班固：《汉书》卷三十《艺文志》，北京：中华书局，1965 年，第 1760 页。
② 《史记》卷二十六《历书》司马贞索隐引姚氏，第 1261 页。
③ 《史记》卷二十六《历书》，第 1260 页。
④ 《史记》卷一百三十，第 3288 页。
⑤ 《汉书》卷五十八《公孙弘传》，第 2634 页。
⑥ 《汉书》卷二十一上《律历志》，第 975－976、977 页。

治历必须借鉴吸收，在前人基础上发扬光大。《周易》卦爻辞中就有明言天象历法者。如《蛊卦》卦辞称："元亨，利涉大川，先甲三日，后甲三日。"据甲骨刻辞，商代已用干支纪日，即以十干或十二支单独纪日，至后来又发展成为干支相配以纪日。"先甲三日，后甲三日"，便是《周易》对干支纪日的真实反映。《复卦》卦辞称："反复其道，七日来复。"《象传》称："反复其道，七日来复，天行也。"说明七日是天道循环往复的一种周期，往返于道，以七日为归，就是对天道的效法与运用，所以卦辞称"利用攸往"。当然，这个"七日"并不是七天，而与《诗经·七月》"一之日"等一样，指的是七个月，恰好指阴阳气候中寒暑变化，历七个月而重新出现。所以《象传》说："先甲三日，后甲三日，终则有始，天行也。"看来，这个"三日"，也是指三个月，先后三个月，凡六月，终而复始，正与"七日来复"相同，也是"天行"的真实反映。

落下闳对历法的时代局限性有深刻的认识。《汉书·律历志》称："其法以律起历……与邓平所治同。于是皆观新星度、日月行，更以推算，如闳、平法。"[①] 落下闳与邓平所治相同，是二人学术渊源相近。落下闳自己对《太初历》的缺陷认识也最为清楚，他说："后八百岁，此历差一日，当有圣人定之。"[②] 此论颇有术数家的预言意味。《周易》有"治历明时"观念。《革卦》就称："泽中有火，君子以治历明时。"治历在于明时。显然，落下闳对此有清醒的认识，将时之当否，作为治历成败利弊的关键。王弼《周易注》称："历数时会存乎变。"孔颖达《周易正义》指出："君子以治历明时者，天时变改，故须历数。所以君子观兹革象，修治历数，以明天时也。"落下闳等正是在察天变的基础上，着手历法改革。

落下闳在制员仪以测天、定星度上贡献也十分突出。《晋书·天文志》载："暨汉太初，落下闳、鲜于妄人、耿寿昌等造员仪以考历度。后至和帝时，贾逵系作，又加黄道。至顺帝时，张衡又制浑象，具内外规、南北极、黄赤道，列二十四气、二十八宿中外星官及日月五纬，以漏水转之于殿上室内，星中出没与天相应。"[③] 可见，测天的仪测首先出自落下闳员仪，经过改造，最后出现了举世闻名的浑天仪。《耆旧传》就说："汉武帝时，洛下闳明晓天文，于地中转浑天，定时节。"[④] 此外，《旧唐书》说："武帝诏司马迁等更造汉历，乃定东西、立晷仪、下漏刻，以追二十八宿相距星度，与古不同。故唐都分天部，洛下闳运算转历，今赤道历星度，则其遗法也。"[⑤] 定二十八宿赤道星度，对于季节的分辨就变得更为精密。清人齐召南说："按此洛下闳所度星度，只据赤道，《唐志》详言之。其黄道度数，自《续志》始载，然后世历家疏密不一。惟黄道度较赤道为易差。郭守敬曰：赤道列舍相距度数，历代所测不同，非微有动移，则前人所测或未密也。今

① 《汉书》卷二十一上《律历志》，第975—976页。
② ［唐］欧阳询撰，汪绍楹校：《艺文类聚》卷五引《益部耆旧传》，上海：上海古籍出版社，1982年，第97页。
③ ［唐］房玄龄等：《晋书》卷十一，北京：中华书局，1974年，第284—285页。
④ ［宋］李昉等：《太平御览》卷二引，北京：中华书局，1960年，第11页。
⑤ ［后晋］刘昫等：《旧唐书》卷三十五，北京：中华书局，1975年，第1294页。

以此文星度校之。《元史》具列唐一行、宋皇祐、元丰、崇宁时所测。元至元中用二线所测度分，稍有不同，然大致不异也，则洛下闳之术亦神矣。"① 吕子方教授考察巴蜀术数历法之学，提出了"天数在蜀"的说法，得到世人的认可。

落下闳之重视天象，也正是对《周易》天象观的继承和发展。《大象传》有"君子以"之说，明确地体现《周易》观天象以明人事的基本原则。《系辞》更称："仰以观于天文，俯以察于地理，是故知幽明之故。"所以，观象治历，是制定历法的基本原则。落下闳制员仪，以测定天象，目的还在于为治历提供依据，最终则是为人事服务。《系辞》说："古者包牺氏之王天下也，仰则观象于天，俯则观法于地……于是始作八卦，以通神明之德，以类万物之情。"学界一直有一种八卦即伏羲、文王之历的说法，虽未得到广泛认可，但也未必没有道理。在《周易》卦爻辞中，也有很多观天象以明人事的记载，体现了历法的重要性。《离卦》九三爻称："日昃之离，不鼓缶而歌，则大耋之嗟，凶。"这是对太阳过中天而偏西移以至下落的天象的认识。《归妹》六五爻称"帝乙归妹"选择于"月几望"之时"吉"，就是指在十五日之后，按古代房中术之说，月圆同房为凶，女人生理期在后半月更适合怀孕。选择望后结婚，显然是借天时以行人事。

三、落下闳易学运用的蜀学渊源

落下闳制历时之所以注意到《周易》，指明"阴阳九六"与"爻象"的关系，这与他深受蜀中易学传统的熏陶不无关系。

伏羲是《周易》的始作之人。他仰观俯察，效法自然，创制八卦。据学者考证，伏羲曾过化巴蜀，并在巴蜀留下许多传说。黄帝一曰归藏氏，黄帝之易称《归藏》。《华阳国志》称黄帝之子"昌意娶蜀山氏之女，生子高阳，是为帝喾，封其支庶于蜀，世为侯伯，历夏、商、周，武王伐纣，蜀与焉"②。巴蜀作为黄帝后世子孙，传其《易》是自然之事。史又称大禹作《连山》。《史记·六国表》称："禹兴于西羌。"扬雄《蜀王本纪》称："禹本汶山广柔人，有石纽邑，禹所生处，今其地名刳儿畔。"③ 三国时，秦宓称："禹生石纽，今之汶山郡是也。"④ 夏禹不仅是蜀人，而且与蜀王同族。《大戴礼记·帝系》称："颛顼产鲧，鲧产文命，是为禹。"生于石纽的大禹，在《洪范》中提出五行之说，箕子以陈武王，开西周之盛。在《连山》中，大禹明言阴阳，文王效之而作《周易》，救时局之危。《归藏》郑母经曰："夏后启筮，御飞龙登于天，吉。"大禹与《归藏》也不无关系。南宋蜀中易学家张行成说："西汉扬子云作《太玄》，义取于《连山》；后周卫元嵩作《元包》，义取于《归藏》，于是二《易》，世亦有书。"⑤《连山》《归藏》缘起于蜀，而

① [清] 齐召南：《前汉书考证》卷二十一下，《文渊阁四库全书》第 249 册第 489—490 页。
② 参李学勤：《走出疑古时代》，长春：长春出版社，2007 年，第 127 页。
③ [唐] 李吉甫：《元和郡县图志》卷三二引，北京：中华书局，1983 年，第 812 页。
④ [晋] 陈寿：《三国志》卷三八《秦宓传》，北京：中华书局，1959 年，第 975 页。
⑤ [宋] 张行成：《易通变》卷四十《四易本原》，《文渊阁四库全书》第 804 册第 715 页。

且世为蜀人所传，并加以发扬光大。

《易》本卜筮之书，卜筮活动是人类早期生活的重要组成部分，而巴蜀地区的卜筮活动也十分兴盛。所谓卜筮包括卜占和筮占。在成都地区的考古发掘中已发现了大批从商代至战国时期的甲骨①。与卜占相比，筮占起源更早。在古代巴蜀，巴人的筮占尤为发达。《山海经·海内西经》提到巴地有巫彭、巫抵、巫阳、巫履、巫凡、巫相等六位著名的巫师，《大荒西经》又提到巫咸、巫即、巫肦、巫彭、巫姑、巫真、巫礼、巫抵、巫谢、巫罗等十位巫师。《吕览·勿躬》和《世本·作篇》都说"巫咸作筮"，看来巫咸是公认的筮占的发明人。《周礼·簭人》说："掌三《易》以辨九簭之名：一曰《连山》，二曰《归藏》，三曰《周易》。九簭之名，一曰巫更，二曰巫咸，三巫式，四曰巫目，五曰巫易，六曰巫比，七曰巫祠，八曰巫参，九曰巫环，以辨吉凶。"② 巫咸是殷中宗太戊时主筮占等工作的贤臣，又与三《易》密切相关。所以，巴蜀早期有《易》不足为奇。

此外，文王、周公之《易》也传到了巴蜀。《华阳国志·巴志》载："周武王伐纣，实得巴、蜀之师，著乎《尚书》。……武王既克殷，以其宗姬封于巴，爵之以子。"③ 周武王封姬姓宗族于巴，爵之子，史称"巴子"。作为宗族国的姬巴自然接闻甚至保存、使用《周易》。

如果说落下闳在蜀中接闻三代之《易》尚有传闻之嫌，而与之最近的两位蜀中易学大家，足以说明他与蜀中易学有缘。

一位是司马相如之师胡安。司马相如从胡安受易学，或言相如生于蓬安，长于成都。蓬安、阆中如此其近，成都也相去不甚其远。落下闳与司马相如同时，并一同参与到汉武帝复兴儒学的大事之中。落下闳从司马相如、胡安处得闻易学，自然不足为奇。《益都耆旧传》载："胡安，临邛人，聚徒于白鹤山，司马相如从之受经。"④ 白鹤山就在临邛，据说此处还有胡安授《易》之洞，乃胡安所建，史书称为"点易洞"，或者叫"讲易堂"。宋魏了翁记载："临邛虞侯叔平以书抵靖曰：州之西直治城十里所有山曰白鹤，林麓苍翠，江流萦纡，蔚为是州之望山，故为浮屠之宫。自隋庙迄今，庵院凡十四所。远有胡安先生授《易》之洞，近有常公谏议读书之庵。"⑤ 宋祝穆也说："白鹤山，在城西八里。常璩曰：'临邛名山曰四明，亦曰群羊，即今白鹤也。'汉胡安尝于山中乘白鹤仙去，弟子即其处为白鹤台。"又云："胡氏之《易》、相如之赋，在汉有闻；常公之谏、鹤山之文，于今尤盛。"⑥ 其后，盛览、张叔皆从相如受学。清姜宸英载："胡安，临邛人，相如

---

① 王毅：《古代四川的龟卜》，《历史知识》1988 年第 6 期。

② ［汉］郑玄注，［唐］贾公彦疏：《周礼注疏》卷二四《春官宗伯·簭人》，第 650 页，卷二四《春官宗伯·大卜》记载相近，第 637 页，李学勤主编：《十三经注疏》标点本，北京：北京大学出版社，1999 年。

③ 参徐中舒：《巴蜀文化初论》，徐中舒：《徐中舒历史论文选辑》，北京：中华书局，1998 年，第 1034 页。

④ ［明］曹学佺：《蜀中广记》卷十三引，《文渊阁四库全书》第 484 册第 175 页。

⑤ ［宋］魏了翁：《重校鹤山先生大全文集》卷五○《邛州白鹤山营造记》，《四部丛刊初编》第 205 册。

⑥ ［宋］祝穆撰，祝洙增订：《方舆胜览》卷五六《成都府路·邛州》，北京：中华书局，2003 年，第 995、998 页。

从受经。后盛览、张叔皆从相如学。"① 鲁迅对此肯定有加，认为与其晚年所为有关："盖相如尝从胡安受经，故少以文词游宦，而晚年终奏封禅之礼矣。"② 司马相如就胡安于临邛受经，其经学并非传自博士，而是蜀地本有之传。至于落下闳与司马相如交流易学，自然是情理中事。

另一位是赵宾。赵宾是生活于汉昭、宣帝时的蜀中易学大师，较落下闳时代稍晚，而二人之学则多有共通性。《汉书》记载道："蜀人赵宾好小数书，后为《易》，饰《易》文，以为'箕子明夷，阴阳气亡箕子；箕子者，万物方荄兹也。'宾持论巧慧，《易》家不能难，皆曰：'非古法也。'云受孟喜，喜为名之。后宾死，莫能持其说。喜因不肯仞，以此不见信。"③"箕子明夷"的意思是在"阴阳气亡"之际，万物正根荄滋茂。颜师古解释道："荄兹，言其根荄方滋茂也。荄，音该，又音皆。"如果与律吕结合来看，赵宾之说也不无道理。《史记·律书》："十月也，律中应钟。应钟者，阳气之应，不用事也。其于十二子为亥。亥者，该也。言阳气藏于下，故该也。"④《史记正义》称："《白虎通》云：'应者，应也，言万物应阳而动下藏也。'汉初依秦以十月为岁首，故起应钟。"又引孟康云："阂，藏塞也。阴杂阳气藏塞，为万物作种也。"⑤《汉书·律历志》引刘歆《三统历》则称："孳萌于子"，"该阂于亥"。综合来看，赵宾"阴阳气亡"偏指阴气日盛，阳气潜藏，但这潜藏之阳气正是万物蓬勃生长之根。颜师古"根荄方滋茂"也当作如是解方确。所以，赵宾的易学结合了律吕、历法，而以数见长。落下闳以《易》而明乎天数，而赵宾则以数而明乎《易》，取向虽有不同，而同明于《易》与数。赵宾之数与《易》，能优于同时代诸人，甚者为易学大师孟喜所认可，其"巧慧"自不待言，而其成就更能反衬出落下闳"天数"学与《易》学，特别是与蜀中学的密切关系。

落下闳作为巴蜀"天数学"的杰出代表，传承了以苌弘为代表的巴蜀天数学传统，并通过参与汉武帝时的制历活动，一鸣天下知，大力弘扬了巴蜀天数学传统。考察落下闳的天数学，实际上包含了治历与观天两个方面，但观天实为治历，而最终落脚于为人类生产生活服务。落下闳的治历，对易学加以了充分借鉴和运用，对《周易》观象治历、治历明时、观天象以明人事等思想、方法和原则有深刻而透彻的了解和运用，体现了深厚的巴蜀易学传统。至于落下闳历法对巴蜀易学乃至汉代易学带来的影响，更是既深且远，需要另具长文方能说得一二。

① ［明］姜宸英：《湛园札记》卷一，《文渊阁四库全书》第 859 册第 577 页。
② 鲁迅：《汉文学史纲要》第十篇《司马相如与司马迁》，鲁迅：《鲁迅全集》第九卷，北京：人民文学出版社，2005 年，第 433 页。
③ 《汉书》卷八八《儒林传》，第 3599 页。
④ 《史记》卷二五《律书》，第 1243—1244 页。
⑤ 《史记》卷二五《律书》，第 1244 页。

落下闳文化的当代价值

李　明

（中国社会科学院）

落下闳奠定了我国古代先进的宇宙结构理论基础，对于推动中国天文学的发展，起到了重要作用。弘扬落下闳"崇尚科学、自主创新"的人文精神，有着不可估量的当代价值。

一、研究落下闳文化，有利于弘扬科学精神、塑造科学文化，进一步提升中华民族创造力

科学技术是先进生产力的集中体现和主要标志，是社会发展进步的决定力量，蕴含着改变世界的巨大动能。科学精神的核心是对真理的执着追求，科学精神的形成与弘扬是一个不断积累的过程，任何一个民族重新崛起与振兴必然以其悠久传统作为铺垫。"科学精神者何，求真理是矣。"弘扬科学真理，塑造科学文化决定我们的发展未来。

科学精神、科学文化是科学产生的源泉和温床。当前，我国已经进入了发展的关键时期，在经济发展新常态下，科学在国人心目中的地位已今非昔比，我国的科学家已能够和国际同仁同台交流，科技实力也在全球占有了重要的席位。但是，我们依然看到，虽然科学技术不断精进，却少有国际公认的科学大师，公民的科学素养与我国的经济地位很不相称。背后的原因可能有很多，但有一点却是大家的共识，就是科学精神的根基还未厚植，科学的思维还不普及。以落下闳为代表的中国古代科学家以追求客观真理为目标，自由探索、理性质疑、执着求新，为人类的进步、幸福和自我解放而不懈奋斗，展示了科学精神对塑造人类精神世界和先进文化的引领作用。落下闳既是科学的开拓者，也是科学精神的代表者，其真理的力量与人格的魅力融合在一起，即使是在千年之后的今天，仍然闪耀着科学精神的灿烂光辉。开展落下闳研究，不仅仅是为了挖掘他的历史价值，而且是要在新的历史起点上更加响亮地呼唤科学精神。弘扬落下闳科学精神，有助于在全社会形成推崇理性、探索未知、开拓创新的科学文化，全面提高全民族的思想道德素质和科学文化水平，为推进科技创新，实现中华民族伟大复兴提供精神动力和智力支持。

二、研究落下闳文化，有利于保护传统文化、保存民族记忆，进一步提升传统文化凝聚力

中国是一个贵人伦、重亲情的国家。千百年来形成的节日礼俗蕴含着浓厚的伦理观念和丰富的人文精神，中华民族文化中的真善美以及和谐的精髓在其中被发挥得淋漓尽致。

春节是中华民族传统文化中一个耀眼的象征符号，它是中华民族智慧的结晶，是中华民族情感和心理的聚合，是中华民族精神的纽带和桥梁，是珍贵的中华民族文化遗产的重要组成部分。春节根植于催生它的民族土壤，烙有鲜明的民族印记，探索中国春节，就犹如推开一扇中华五千年文明历史之窗，打开一幅厚重而绵长的中华人文之卷，可以从中窥见前人的思想情趣和昔日的生活画卷。

如果说春节是我们这个古老民族的文化胎记，那么阆中就是这个胎记的一个落点；如果说春节是中华民族的精神家园，那么阆中就是民族情感的原点。在落下闳编制的《太初历》中，确定了以孟春正月为岁首，结束了年节的混乱，从而恒定了春节，使春节民俗慢慢产生，文化特质渐渐形成。因此，后人将落下闳尊称为"春节老人""春节先圣"。春节作为中华民族传统文化绵续、传播的重要途径和载体，可以说它的走向关系到整个中华民族文明的延续和民族精神的振兴。因此，弘扬优秀传统文化，有利于进一步抵御西方外来文化的侵袭，进一步树立文化自信、推动文化自觉、维护文化安全。

三、研究落下闳文化，有利于推动文化走出去、提供交流平台，进一步提升中华文化影响力

落下闳是具有重要国际影响的中国古代科学家。落下闳提出浑天说，使人们有了宇宙的概念；研制的浑仪浑象，形象地展示了宇宙规模，为人类探索宇宙、了解宇宙奠定了坚实的基础。落下闳发明的通其率算法，填补了数学领域空白。落下闳及其研究成果受到国际社会的普遍认可，他是具有国际影响力的古天文巨匠。我们今天正好需要大力弘扬以人为本、造福人类的为民精神，崇尚科学、勇于开拓的创新精神，淡泊名利、献身科学的敬业精神。落下闳精神正好为当代弘扬传承优秀传统文化注入了"新鲜血液"。

春节是中华民族最大的非遗，作为一种优秀传统文化，春节已逐步被国际社会认知认同，而落下闳的科学精神为春节文化赋予新的时代内涵，也正好可以凭借中国春节的强大影响力而发扬光大、走向世界！因此，开展以落下闳为主题的对外文化交流，既可以获得国际社会的共鸣，让真正有国际影响力的文化超越地区、种族和族群的局限，同时也通过开展多层次、多途径、多形式的春节文化及落下闳文化对外合作与交流，增强我国文化在世界上的感召力和影响力。

老观、谯隆与落下阂

唐树梅

（西华师范大学外国语学院）

四川阆中老观是中国历史文化名镇，老观人谯隆推荐落下阂，引发落下阂与老观、谯隆等一系列问题，对这些问题，文献记载、后世遗存、民间传说等反映不一，专家学者众说纷纭。本文拟对老观、谯隆与落下阂进行探讨，以求正于方家。

一、老观古镇

老观镇位于阆中市的东北部，距离阆中市约 45 公里，东通巴中，南至阆中、仪陇、南充，西接苍溪，北上旺苍、广元，下辖 15 个村和 1 个居委会。

老观镇是一个千年古镇，自古就是古蜀道米仓道上重镇，是古城阆中通巴中直达陕西汉中的唯一陆上咽喉，是守护古时阆中陆上重要的军事门户，是闻名的重要旱码头，商业发达，历为军、政重守之地，一直都是物资储备、军备转运、贡米精选重地。2004 年被批准为四川省历史文化名镇，2005 年 9 月被批准为第二批中国历史文化名镇。

大家熟悉中国历史文化名城，如成都、自贡、阆中等均是。中国历史文化名镇是由住房和城乡建设部和国家文物局共同组织评选的，这些名镇必须保存文物特别丰富，且具有重大历史价值或纪念意义，能较完整地反映一些历史时期传统风貌和地方民族特色。获批的名镇通常会和"中国历史文化名村"一起公布。中国历史文化名镇 2003 年开始评选，全国评选了十个名镇，四川省未有名镇入选。第二批于 2005 年评选，2005 年 9 月 16 日公布，全国评选了 34 个名镇，四川省包括邛崃市平乐镇、大邑县安仁镇、阆中市老观镇、宜宾市翠屏区李庄镇。这些名镇能够入选都是有悠久的历史，往往都有自己的历史文化特色。正是因为有老观，阆中市也是目前全国同时具有国家历史文化名城、国家历史文化名镇、国家历史文化名村称号的两县之一。

老观镇凭借什么能够入围全国历史文化名镇呢？

查阅《保宁府志》《顺庆府志》《阆中县志》等地方志[①]，我们可知，原来，老观镇是曾经存续过长达七百多年的奉国县治所在地。南朝梁武帝天监八年（509），于此地置白

---

① 黎学锦：《保宁府志》，清道光元年（1821）木刻本。李成林、罗承顺等：《顺庆府志》，康熙二十五年（1686）刻本。《阆中县志》，清咸丰元年（1851）年木刻本。

马义阳郡及义阳县。梁武帝普通六年（525），改为白马郡及白马县。西魏恭帝二年（555），改白马义阳郡并置奉国县，改白马县为奉国县，郡、县治所均设于老观。隋代废郡存县，唐宋沿袭。宋神宗熙宁四年（1072），将歧坪县并于奉国县，直至宋末，奉国县才移至大获城。元世祖至元二十年（1283），裁撤奉国县。从南朝梁天监八年至元世祖至元二十年，老观置县史长达774年，作为奉国县治则长达728年，两者不一样。奉国县衙门遗址，位于老龙场头之慕贤山麓台上，坐北向南。老观镇还曾一度成为郡治，如果从春秋战国置奉国算起，其历史跨度当于3000年以上，其历史文化遗存十分丰富。

2007年广陵书社出版的《刘申叔遗书补遗》记载，辛亥革命时期刘师培陪同清大臣端方入川时采集到唐代中和二年五月九日碑刻拓本《四川广元县千佛岩唐王何重建功德题记》，这件碑拓由其表兄李肇称考证加注，其中就提到奉国县。碑文中写到县令王何在广明二年十月，除奉国令，出任山南西道阆州奉国县令，赴任才五个月后遭解职。

明代置奉谷乡，奉谷乡当与奉国县有一定关联。与奉国县有关的还有奉国寺，该寺建于西魏，现存一对石狮，据《阆中县志》载，寺内有石刻两块，刻有七言绝句一首，于1988年被列为市级文物保护单位。

民国二十九年（1940）置老鹳乡，鹳是一种鸟。老观地处老君山与慕贤山之间较平坦、东西狭长的山梁地带，海拔约六百米，酷似一只欲飞的巨鹳，镇头有一小山包，传有巨鹳常栖于此，俗称"鹳包山"，是故取名老鹳场，因为"鹳""观"音近，遂在1981年改场名为老观。

老观在明代还出了享誉秦巴甘陕区域的天象地学、占筮术数奇人李玄通，他名叫李衡，承落下闳之业，颇有预测风雨、导洪驱旱、消灾解厄之能，还留下投器涌泉的传说及请雨包、白坡子等地名古迹。实际上这些所谓的预测风雨等，无非是通晓天文后的经验，类似于今天的天气预报，民间往往加以神话，说什么剪扎纸人纸马，在九节梁和白坡子上仗剑作法，祈雨就成功了。其实这些往往都是障眼法，类似于魔术，对这些我们应该科学看待，不可盲目相信。

二、老观人谯隆

老观有三谯广场，三谯是哪三位呢？即汉代的谯隆、谯玄、谯瑛祖孙三代。《阆中县志》载阆中乡贤祠中，谯隆、谯玄、谯瑛都列名塑像。

《华阳国志》卷十二载："忠正：侍中谯隆，字伯司。阆中人也。"刘琳《校注》曰："《类聚》卷四八、《御览》卷二一九引《华阳国志》：'谯隆为上林苑令，武帝欲广上林，隆言尧舜至治，广德不务林苑。帝后思其言，征为侍中。'又《舆地纪胜》卷一八五载：'谯隆字伯司，阆中人，汉景帝时为上林令，武帝欲广苑囿，隆固谏。迁成皋令。'"[①] 任

---
① 刘琳：《华阳国志新校注》，成都：四川大学出版社，2015年，第535页。"尧舜至治，广德不务林苑"标点欠妥，当作"尧舜至治，广德，不务林苑"。

乃强《华阳国志校补图注》曰："谯隆，见《巴郡士女》卷，顾观光辑录之《艺文类聚》卷四十八与《太平御览》六百十六两条。"① 任乃强《华阳国志校补图注》说："谯隆，此条据《艺文类聚》卷四十八、《御览》卷二百十九引《华阳国志》。《常志》各卷无此文，故知字阙赞注。……为上林令。《类聚》令上有苑字。武帝欲广上林。《类聚》有苑字。隆言：'尧舜至治，广德，不务林苑。'帝后思其言，征为侍中。……当更有后文。今无考矣。'"② 《蜀中广记》四载："谯隆，阆中人，为上林令，谏阻武帝广苑囿，仕至侍中，子玄。"《方舆胜览》五载："谯隆，字伯司，阆州人，汉景帝时为上林令，迁成皋令。"有数据库误将谯隆的字写成"伯同"，"司""同"两字形近而误。《明一统志》九《人物》载："谯隆，阆中人，为上林令，武帝欲广苑囿，隆固谏，后迁成皋令。"谯隆的最大贡献，是把同乡落下闳推荐给汉武帝，遂有落下闳参与创制的《太初历》。正因为如此，人们就认为落下闳与谯隆一样，都是同乡，都是老观人。我们知道，同一籍贯而在外地者互称同乡。如《汉书·外戚传上·史皇孙王夫人》曰："年十四嫁为同乡王更得妻。"但我们应该注意的是，古代同乡并不是同一个乡镇，而是同县、同郡。

《后汉书·独行列传·谯玄传》曰："谯玄，字君黄，巴郡阆中人也。"③ 明嘉靖《保宁府志》称侯墓在县北十里谯坝，就是今广元市苍溪县白驿谯坝村，庙在街东，旱涝灾异，祷之随应。《保宁府志》提到的县就是奉国县。明清至今各种版本的《保宁府志》《阆中县志》都有相同的记载，更早的记载则见诸《华阳国志》《后汉书》。《合州志》则将谯玄记为合川人，文献证据远不如上述史书，可靠性不高。东汉开国皇帝光武帝刘秀美之，诏本郡祠以中牢，诏令巴郡为谯玄建祠庙，俗称谯庙子。有人将汉光武帝误认为是汉武帝，汉武帝逝世于公元前87年，谯玄逝世于公元35年，怎么可能先死者为后死者下令祭祀呢？今天庙子已毁，不过因庙命名的谯庙子村仍然沿袭至今。古谯玄庙就在距老观镇东边一二十里左右的山上。道光《保宁府志》载："谯玄庙在县东一百二十里。"民国十五年《阆中县志》还根据清代学者毛于逵志稿补充说"谯元祠在南岩下，今废，只存读书石洞"④"人皆知南岩为三陈读书处，未有知谯君黄者"，又说"未审此条何据"，表达怀疑之情，县志因未找到依据而未正式采信，只是附后供人参考。由此可见，地方志的记载还必须去伪求真，才能为今天的文化建设服务。盲目相信方志，轻易下结论，是十分危险的。

谯瑛也是著名学者，曾为东汉明帝讲《易》。《后汉书·独行列传·谯玄传》载："瑛善说易，以授显宗，为北宫卫士令。"李贤注："《汉官仪》：'北宫卫士令一人，秩六百石。'"⑤

① 任乃强：《华阳国志校补图注》，上海：上海古籍出版社，1987年，第683页。
② 任乃强：《华阳国志校补图注》，上海：上海古籍出版社，1987年，第555页。
③ 范晔：《后汉书》，北京：中华书局，1965年，第2666页。
④ 谯玄在清代避康熙皇帝讳，改称谯元，不少人误以为谯玄又名谯元。老观还保留一些与谯玄有关的地名，如天回山是因朝廷天子派来的使者四处寻访谯玄，走到山下才听说谯玄已回到老观，于是返回，所以被后人取名"天回"。使者回到镇北小山下的馆舍中寻访，逢人便说朝廷仰慕贤才，所以这座小山头至今还叫"慕贤山"。
⑤ 范晔：《后汉书》，北京：中华书局，1965年，第2668页。

《阆中县志》载阆中乡贤祠中，谯隆、谯玄、谯瑛都列名塑像。谯玄在清代避康熙皇帝讳，改称谯元，不少人误以为谯玄又名谯元。

道光《保宁府志·舆地志》载："谯元庙在县东一百二十里。"①

民国十五年（1926）《阆中县志》还根据清代学者毛于逵志稿补充说"谯元祠在南岩下，今废，只存读书石洞""人皆知南岩为三陈读书处，未有知谯君黄者"，又说"未审此条何据"，表达怀疑之情，县志因未找到依据而未正式采信，只是附后供人参考。由此可见，地方志的记载还必须去伪求真，才能为今天的文化建设服务。盲目相信方志，轻易下结论，是十分危险的。《保宁府志》《阆中县志》除记载谯玄外，还载有他的父亲谯隆、儿子谯瑛的事迹。谯隆的最大贡献，是把同乡落下闳推荐给汉武帝，遂有落下闳参与创制的《太初历》，但我们应该注意，同乡并不是同一个乡镇，而是同县、同郡。谯瑛也是著名学者，曾为东汉明帝讲《易》。老观还保留与谯玄有关的地名，如天回山是因朝廷天子派来的使者四处寻访谯玄，走到山下才听说谯玄已回到老观，于是返回，所以被后人取名"天回"。使者回到镇北小山下的馆舍中寻访，逢人便说朝廷仰慕贤才，所以这座小山头至今还叫"慕贤山"。

受三谯影响，老观还有特殊的古风——亮花鞋。据说，三谯在朝为官，辗转带回了京城的文明风尚，也带回不少汉宫礼仪。每年的亮花鞋就是受其影响而延续下来的，年代久了保留下来形成了习惯和风俗。正月初一、二月初二，老观称这一天为女人场、娘娘会，女人就穿上自己做的花鞋，姐妹们聚在一起，赶场上街，通过抬脚、举步、伸腿等动作，比赛谁的女工和鞋儿做得巧，谁的鞋面儿颜色鲜艳，谁的鞋花绣得多姿多彩。亮花鞋也成为老观春节文化中一道独特的风景，2018 年亮花鞋还亮相央视春晚，惊艳全球。

三、落下闳故乡

落下闳故乡有三地之争。一是老观镇。老观一带也多有与落下闳相关的故事和传说；二是桥楼乡，桥楼至今还保留着落阳山、高阳山、落阳卦、崩山坪、风垭口、滴水岩等

---

① ［明］杨思震：《（道光）保宁府志》，清道光二十三年刻本，第 2 页。

古地名，拥有高阳山观星台、落垭庙、长公殿、崩山坪峡谷、闳庙子、风垭口等众多遗存[①]；三是思依乡。

其实，根据现有文献记载，要将落下闳的籍贯落实到乡镇是很困难的。有史料可考，落下闳为阆中人。《史记》记载，落下闳是巴郡阆中人。《华阳国志》《文选》《太平寰宇记》等记载说落下闳是阆中人，不过只是说隐居于落亭，并未明言其籍贯为何乡镇。明嘉靖《保宁府志》则将落下闳写成洛下闳，也只是说洛下闳是阆中人，隐居洛亭。南充大史学家陈寿《益部耆旧传》则说落下闳隐于落下。《阆中县志》说落下闳是阆中人，姓落下，隐于落下。我们无法从文献中找到落下闳是哪个乡镇的证据。

有研究者说，落下闳的出生地就在桥楼乡，当地也保存许多有关落下闳研究天文文化的传说，桥楼很有可能就是落下闳出生之地、隐居之地。有人认为，落下闳隐居落亭，落亭就是现在的桥楼乡落阳村。陈寿在《益部耆旧传》中说他"隐于落下"，从历史遗存到民间传说证明，落下闳居住在桥楼乡落阳山下的落阳沓，这和古籍记载的"隐于落下"或"隐于落亭"相吻合。据《四川省阆中县地名录》载："桥楼乡有落阳村，境内有落阳山，落阳沓。"另据《四川通史》和罗开玉的考证，"亭"相当于"村"，"隐于落亭"或"隐于落下"就是隐于今日的"落阳村"。

思依棋盘山有天象台遗址，据说也与落下闳等天文学家有一定关系，与桥楼落阳山上的传闻类似。不过，文献记载却不见，难以让人相信，只能听听而已。

众所周知，对落下闳的记述，史料寥寥。司马迁的《史记》、班固《汉书》都没有涉及落下闳生平。这是令人难以理解的，这也是落下闳籍贯不明的根本原因，与《三国演义》作者罗贯中籍贯不清楚的原因类似，单凭感情和不可靠的文献记载以及民间传说来断定是不科学的，不如存疑，有待进一步深入研究。蒙文通指出："思并不是乱出异解，不是穿凿附会。"[②]

落下闳生于阆中，但究竟是阆中哪里人，还难以断定，线索与推论仍需要充足证据来支撑。只有辩证看待老观、谯隆与落下闳，才能客观真实再现历史。

[①] 桥楼有落垭庙（又写成"洛垭庙"），俗称"宏庙子"，上挂竖匾"长公殿"（因落下闳字长公），还有9块古碑古时的碑记，包括清嘉庆、道光、咸丰年间的。传说中的落下闳故居就在落阳沓之上，汉唐建筑风格，土墙、木架、推拉门、撑拱式格子窗等独具特色。落阳山也有落下闳制造日晷、做五层漏壶、筑日晷台、造漏壶亭而定春节的传说。距落阳沓300米处有崩山坪遗址，民间传说落下闳出生时天崩地裂和去世时山崩半边。高阳山比落阳山要高，所以比下山时的太阳高，于是叫作高阳山。相传高阳山山顶有一平台，传说是落下闳观天象之处，被人称作观星台，可以遥望国宝名胜五龙庙。民间传说，观测天象用的浑仪、浑象，计时用的日晷和五层漏壶等器具，以前都保存有，由此可知规律时令的变化。阆中当地学者也认为，落下闳的出生地就在桥楼乡，他们的根据就是《华阳国志》《保宁府志》的记载。他们认为，正因为该乡是落下闳的故里，落下闳早年和晚年才都曾隐居在该乡的高阳山麓，观天测地，研习天文，从而在这些地方遗留下大批古天文遗址。桥楼编印了《落下闳·落阳山·长公殿》画册，编写了《阆中桥楼·落下闳》文辑，录制了3集电视专题片《印象阆中·落下闳故里探秘》，注册成立阆中市落下闳文化研究会，组建长公文化演出队。

[②] 蒙默：《蒙文通学记（增补本）》，北京：生活·读书·新知三联书店，第2006年，第2页。

用落下闳体系解读
"五星出东方利中国"汉锦

王国巍

（西华大学人文学院）

近日，我国当代著名的文化产业学者、四川大学文化产业研究中心主任蔡尚伟教授，在四川成都电视台的"时尚成都"栏目中，就非遗"五朵金花""五星出东方利中国"等文化产业的创意上，提出了他独特的设想与规划，笔者对这位曾被我国学界称之为"中国最年轻的传媒博导"的观点所吸引，加之，对这位被评为2009"中国文化产业年度人物"的学者早有了解，阅读过蔡教授在文化产业方面的基本专著，如《文化产业导论》《文化产业比较案例》等，自2004年以来，笔者在和蔡教授的交往过程中，多次受到蔡尚伟教授的学术引导与指点，他这里所提到的"五星出东方利中国"，更是激起笔者从汉代落下闳所构建的天文学体系中做一些而全面的解读与研究。

一

1995年10月，中日尼雅遗址学术考察队成员在新疆和田地区民丰县尼雅遗址的古墓中发现了这幅汉锦，现收藏于新疆博物馆。该汉锦是我国西汉时期蜀地织锦护臂，为国家一级文物，被誉为20世纪中国考古学最伟大的发现之一，已被列入我国首批禁止出国（境）展览文物。该汉锦呈圆角长方形，长18.5厘米，宽12.5厘米，用"五星出东方利中国"织锦为面料，边上用白绢镶边，两个长边上各缝缀有三条长21厘米、宽1.5厘米的白色绢带，其中三处残断，因为上面织有八个汉隶文字："五星出东方利中国"，故名。具体样式，如图所示：

（此图来源于人民网）

大家会发现，这幅汉锦中除了"五星出东方利中国"文字以外，还使用有鲜艳的白、赤、黄、绿等四种颜色在青地上织出图案：云纹、鸟兽、辟邪和代表日月的红白圆形纹，方寸不大，内涵丰富。①

关于这幅汉锦的制作历史背景与时间，我国学界早有研究，丝绸专家黄修忠先生在他的《蜀锦》一书中也曾对这幅汉锦做过专门的介绍与比较准确的研究，书中认为我们通常所说的"锦"和"绣"是丝绸最为华丽的两种装饰技法和效果，"锦"用天机抛梭织出，唐人颜师古在注《急就篇》时说："织彩为文曰锦。""绣"以神针引线铺就，《周礼·考工记》曰："五彩备谓之绣。"周代的五彩只是指中国古代最为重要的赤、青、黄、黑、白五色，而到唐人的织彩则是对丰富多彩的统称。用多色织出或是绣成的丝绸当然是绚丽多彩、耀眼夺目的，因而，世界上凡是绚丽多彩的事物皆可以用"锦绣"二字来描述。黄先生认为此锦是汉代蜀锦中的佼佼者，意义非常重大。② 那么其具有何种意义呢？笔者结合其他研究专家的成果，可作如下的分析。

据班固《汉书·赵充国传》载："今五星出东方，中国大利，蛮夷大败。太白出高，用兵深入敢战者吉，弗敢战者凶。将军急装，因天时，诛不义，万下必全，勿复有疑。"③《汉书·宣帝纪》载："神爵元年秋，后将军充国言屯田之计。"④ 考之赵充国讨伐西羌的战争，时间当在神爵元年（前61），那么，这种"五星出东方"的天文奇观，就肯定是

---

① 《汉代经锦"五星出东方利中国"》，《人民日报（海外版）·丝绸文化》2006 年 3 月 20 日第 8 版。
② 黄修忠：《蜀锦》（中华锦绣丛书），苏州：苏州大学出版社，2011 年。
③ ［汉］班固：《汉书》卷六十九《赵充国传》，北京：中华书局，1962 年。
④ 《汉书》卷八。

赵充国讨伐西羌不久之前。由于赵充国神武有谋，此次平叛果然取得胜利，当时的汉宣帝非常高兴，即令将士织锦以纪念赵充国的丰功伟绩。所以，才有我们今天看到的这幅精美绝伦的汉代蜀锦！

当代中华天文学传人、新能量学理论探索者王笑冬先生在他的专著《新能量学：东方科学之元——落下闳体系第一梯次全面展开》书中，明确使用了"落下闳体系"这个术语。① 据王笑冬的推算，他认为此汉锦天象为黄帝 2397 年庚申岁九月二十一己巳日，太初历汉宣帝神爵元年九月己巳，儒略历逆推西元前 61 年 11 月 9 日前后。第二年赵充国大败西羌，宣帝赐将士织锦。由于王笑冬在此书中坚持认为"在十六世纪西方格里高利十三世教皇改历……是典型的西方武蛮式思维，历法出现人为的 10 天断层"。而我国汉代天文学家落下闳制定的第一部汉历《太初历》，不仅历象日月星辰，协调古今，并且将二十四节气纳入历法，形成阴阳合历，北斗是整个中华天学体系的内核。② 笔者也认为，落下闳体系是真正符合和体现宇宙规律的科学历法体系。

关于赵充国其人其事，据班固《汉书·赵充国传》可知："赵充国字翁孙，陇西上邽人也，后徙金城令居。始为骑士，以六郡良家子善骑射补羽林。为人沉勇有大略，少好将帅之节，而学兵法，通知四夷事……"汉武帝时，随贰师将军李广利出击匈奴，率七百壮士突围，拜为中郎将，曾率军击败武都氏族叛乱，并出击匈奴，俘虏西祁王。汉昭帝薨，与霍光等拥立汉宣帝，封营平侯。神爵元年（前 61），计定羌人叛乱，并开展屯田。晚年致仕后，仍常参与议论"四夷"问题。甘露二年（前 52）去世，年八十六，谥号"壮"，入"麒麟阁十一功臣"之列，功德名列第四。"成帝时，西羌尝有警，上思将帅之臣，追美充国，乃召黄门郎扬雄即充国图画而颂之，曰：明灵惟宣，戎有先零。先零昌狂，侵汉西疆。汉命虎臣，惟后将军，整我六师，是讨是震。既临其域，谕以威德，有守矜功，谓之弗克。请奋其旅，於罕之羌，天子命我，从之鲜阳。营平守节，屡奏封章，料敌制胜，威谋靡亢。遂克西戎，还师于京，鬼方宾服，罔有不庭。昔周之宣，有方有虎，诗人歌功，乃列于《雅》。在汉中兴，充国作武，赳赳桓桓，亦绍厥后。"③ 扬雄的这篇颂，赞扬赵充国爱国守节、忠直敢谏、安边定邦做出的杰出贡献。晋代的挚虞在他的《文章流别论》中评价为："扬雄《赵充国颂》，颂而似雅"，可见其语言文学上艺术成就极高，也进一步证明了赵充国在汉朝的卓越功勋与崇高地位。

① 王笑冬：《新能量学：东方科学之元——落下闳体系第一梯次全面展开》，香港：香港现代文化出版社，2017 年。
② 王笑冬：《新能量学：东方科学之元——落下闳体系第一梯次全面展开》，香港：香港现代文化出版社，2017 年，第 143－144 页。
③ 《汉书》卷六十九《赵充国传》。

（清代著名书法家张裕钊所书扬雄作《赵充国颂》碑刻拓片）

今天，我们赞美汉朝这幅美丽的"五星出东方利中国"的蜀锦时，绝不应能遗忘了这位曾为维护汉朝的强盛安宁和国家统一而智勇双全、鞠躬尽瘁的杰出军事家！[1]

二

既然"五星出东方利中国"的汉锦，是如实反映当时的天文现象，那么，笔者在借鉴前人研究的基础之上，采用王笑冬先生的观点，依据落下闳建立起来的汉天文体系做一些深入的解释。

---

① 王昱：《安边名将赵充国》，《文史知识》2006 年第 2 期。

上文已经指出,"五星出东方"是发生在黄帝历 2397 年庚申岁九月二十一己巳日,《太初历》汉宣帝神爵元年九月己巳,儒略历逆推西元前 61 年 11 月 9 日前后,那么,这一天的天文星象究竟是什么样子的呢?王笑冬先生曾给我们从做出过推算,他利用现代大数据的分析法,利用电脑软件给我们还原了汉代当时天文星象。

这里所谓的"五星",是指古人通常所说的岁星(木星)、荧惑星(火星)、太白星(金星)、辰星(水星)、镇星(土星),加上日月便为"七曜"。该软件截图,比较清晰地给我们还原展示了两千多年前的汉宣帝时那天的天文奇观,有助于我们更好地感受和分析这一天象所承载的历史及文化信息。

2015 年,经中国国家文物局批准,新疆维吾尔自治区委托中国丝绸博物馆对"五星出东方利中国"汉锦进行修复。2018 年 5 月 20 日,中国丝绸博物馆采用复原的老官山提花机来复制五星锦获得成功,铭文:五星出东方利中国诛南羌四夷服单于降与天无极。机用 10740 根经线、84 片纹综、2 片地综。中国丝绸博物馆馆长赵丰并且从三个方面给大家介绍了此锦复原研究的过程,该项目得到国家文物局罗静、新疆文物局李军、北京大学教授齐东方等人的高度评价。① 汉机织汉锦,原机具、原工艺、原技术复制当然可以说是人们追求的最高艺术境界。汉代织锦天象,太白出高,五星出东方,笔者进一步结合王笑冬先生的研究,他在《春秋三传天文历法索源、孔子生卒天文历法考》中指出:《春秋公羊传》载孔子诞辰为鲁襄公二十一年十有一月庚子,为鲁新历周正(建子)十一月二十一庚子;《穀梁传》记载的鲁襄公二十一年十月庚子,为鲁旧历殷正(建丑)十月二十一庚子。那么,一代圣贤孔夫子的诞辰就是为黄帝二一四六年己酉岁夏正(建寅)九月二十一庚子日,儒略历逆推为西元前 552 年 10 月 9 日,而不是当下流传的 9 月 20 日了!② 孔子诞辰天象也是太白出高,"五星出东方",与汉锦中所言的五星出东方天象相同。

三

落下闳制定的《太初历》是非常科学和准确可信的历法,汉代这幅"五星出东方利中国"蜀锦,再一次证明了落下闳体系的精确无误,传承与发展落下闳体系,摆脱西方历法宗教束缚,重新建构合理的宇宙自然观,坚持中国的文化自信,是时代的呼声。

笔者在和四川大学蔡尚伟教授交流意见时,提出当下我们成都的文化产业在打造"五星出东方利中国"汉锦的系列文化产品时,是否可以考虑再把两千多年前的天文图页一并开发成蜀锦呢?当然,在细节上必须做一些处理,不能太繁复,主要表现五星同时出现在东方就可以了。这样,就与传统的汉锦相匹配,可谓"姊妹篇"的作品,互相存

---

① 《汉机织汉锦:中国丝绸博物馆成功复原"五星出东方利中国"锦》,中国丝绸博物馆网站 2018 年 5 月 23 日。

② 王笑冬:《春秋三传天文历法索源、孔子生卒天文历法考》,香港:香港现代文化出版社,2017 年,第 135 页。

托，互相阐释其具有两千多年的历史与文化意蕴，在继承中有创新，在创新中继承。

　　查有梁先生在他的《世界杰出天文学家落下闳》一书中比较了落下闳系统与托勒密系统，归纳了落下闳的科学方法以及落下闳算法对数学、对物理学的启发性等，落下闳的贡献是多方面的，[①] 笔者此文仅就一幅汉锦而研究其天文现象和历史缘由，也许有不当之处，还请方家正之。

---

　　① 　查有梁：《世界杰出天文学家落下闳（修订版）》，成都：四川辞书出版社，2001 年。

历史文化资源与阆中地方文化建设
——以落下闳为中心

徐 强

（西华师范大学文学院）

早在 1986 年，阆中即被列为国家级历史文化名城。2004 年，四川省人大通过《四川省阆中古城保护条例》，作为四川第一部保护历史文化名城的法规，其"开风气"的示范意义极为重大。这些都是对阆中历史文化资源丰富性、多元性的高度肯定，亦为阆中地方文化建设指出了方向——在尊重、升华历史传承基础上，形成独具"阆中风格"的地方文化。就今日阆中地方文化建设现状而言，如何促进历史资源和现代文明的融合，如何让国家级的历史文化名城转化为国家级的人文资源、地域资源并获得持续发展的原动力，已然成为阆中文化建设的当务之急。

2017 年 3 月，四川正式启动历史名人文化传承创新工程，大禹、李冰、落下闳及苏轼等 10 人入选首批四川历史名人。其中，西汉杰出天文学家落下闳的入选，对阆中推进地方文化建设而言，是难得的一大契机！

一、历史记忆：阆中地方文化建设之源

阆中，曾为巴国别都，历代均为府、州、郡、县治所，拥有自秦灭巴以来 2300 余年的建置史，更在明末清初时升格为四川临时省会。在历史上，阆中始终是川北政治、经济和文化的中心，更是具有重要军事意义的战略要地。在几千年的历史流变中，形成并遗存下来的大量物质文化遗产、非物质文化遗产，是今日阆中进行地方文化建设必须尊重的历史基础、必须吸纳的精神养料。

1993 年，建设部、国家文物局等部门联合召开了全国历史文化名城工作会议。会议将名城保护的内容总括为保护文物和历史街区、保护和延续古城传统格局及风貌特征、继承和发扬优秀历史传统等三方面。因前二者有比较明确的执行对象和可量化的测评标准，无论是地方政府，还是普通群众，都较易理解其精神和规则，也可以相对简便地操作和实施。但对第三条意见，却往往置于可有可无的地位，甚至以前二者来取代第三条意见。结果是显而易见的，无论是中国历史文化街区名单的分批公布，还是各"涉古"城市对其古城墙、古建筑的保护性修缮和开发，这类工作都在较短时间内得以开展和实

施。但对于如何认识、挖掘本土文化资源，继承、发扬优秀历史文化传统，提升、体现城市整体文化品位和格局，却多限于地方政府咨询和学界书面讨论之中。这既是大多数"涉古"城市之通病，也是阆中目前应着重关注的文化建设突破口。而作为文化资源的历史名人落下闳，就处在这一突破口之中。

享誉世界的英国科技史家李约瑟，曾极力称赞落下闳为"中国天文史上最灿烂的星座"。2004 年 9 月，经国家天文学联合会小天体提名委员会批准，中科院国家天文台将其发现的国际编号 16757 的小行星命名为"落下闳星"。2013 年 4 月，中科院自然科学史研究所副所长孙小淳先生到达阆中之后的第一句话，就是——"阆中是世界古天文学的朝圣地"。

为何会这样？不必讳言，中国古天文学在很长一段历史时期内，都是领先世界的，尤其是在汉唐之时。西汉时出生于巴郡阆中的落下闳等一大批天文学家的不懈努力，是推动形成这一局面的核心要素。落下闳所取得的天文学成果，具有世界性的广泛意义。

落下闳作为浑天说的创始人之一，以其研制的浑天仪、浑天象，成功呼应其理论构建。且其理论和实践成果，直接成为张衡等天文学家研究、论证的基础。其改进之后的赤道式浑天仪，在中国持续使用 2000 年之久。近代著名天文学史专家朱文鑫就说："自汉落下闳作浑天仪，始立仪象之权舆。"贾逵、张衡和祖冲之等天文学家的理论和实践基础，就是建立在落下闳的相关论断和实践成果之上的。对西方而言，因为青睐"曾被认为是欧洲文艺复兴时期天文学方面的主要进步之一，而中国人却早已使用"的赤道坐标式浑仪，而在 16 世纪以后逐渐放弃使用黄道坐标式的浑仪，这在一定意义上讲，是西方世界对赤道式浑仪的历史和功能的接受与认可。

现代学者称为"落下闳算法"的"连分数（辗转相除）求渐进分数"法，也称"通其率"算法，乃落下闳独创。这为历法计算找到了非常有力的工具，并持续影响中国天文计算 2000 余年。其比印度数学大家爱雅哈塔采用的类似方法早 600 年出现，较明确提出连分数概念的意大利数学家朋柏里更是早了 1600 年。

落下闳还第一次提出了交食周期，认为"朔望之会"的时长为 135 个月。也就是说，11 年里应该发生 23 次日食。"朔望之会"的提出，揭示了日食、月食都是可以被准确预报的，它是一种自然现象、科学现象，而非天命昭告、阴阳灾异。这对于突破封建社会广泛存在的宇宙神秘主义、自然人格倾向有重要意义，更在很大程度上展现了人类在认识自然、获取规律活动中的主观能动性和唯物主义倾向。

总之，落下闳在天文学领域的多项创造、创新，既奠定了他在中国天文学史上的崇高地位，也把落下闳自己及天文学的古典时代，推动成为阆中甚至巴蜀最应唤起的历史记忆。

二、民俗文化：阆中地方文化建设之流

春节作为与阆中有着特殊情缘的民俗节日，即与落下闳及其太初历紧密相关。

公元前 221 年，秦始皇统一全国后，也相继统一了全国的文字、货币、度量衡和历法。秦历非常重要的一个特点，是规定农历十月为新年的第一个月。汉高祖建立西汉以后，继续使用秦朝历法。但到汉武帝时代时，已经使用一百余年的秦历，多次出现与天象不合的情况，"历纪坏废，宜改正朔"，改历势在必行。

在来自全国各地的天文学家制定的 18 种历法之中，巴郡阆中天文学家落下闳和邓平、唐都等人合作创制的"八十一分律历"，最符合天象[1]，明显优于当时其他 17 种历法，因而被汉武帝采纳，并定名为《太初历》，其较西方成熟的历法要早 800 年之久。但更重要的是，在汉武帝"太初元年"（前 104），正式颁布《太初历》。它将春季的第一天和新年的第一天统一在一起，由此，中国人迎春与迎新年就统一起来了，欢度新春亦就是欢度新年。以正月为岁首，这是在天文实测基础上进行的重大历法调整。从此，正月初一被称为"元旦"，过年和春节被合二为一，并延续至今。这当中既有着丰富的科学内容，也是中国人最基本的"天人合一"的自然观、"道法自然"的实践观之集中体现。

古代中国是以农业立国的，农业的地位和作用，远胜于手工业和工商业，所以对二十四节气的重视，实为理所当然。在"立春"这个节气前后，正处在农闲之时，选择此时过春节、迎新年，既体现出古人是在顺应天时地利基础上"自然"作为，又能看出古人辞冷迎暖、祈求吉祥之民俗心理。《太初历》将每年之始，从孟春正月计，依照春夏秋冬之序，把四季变换与农事先后紧密贴合起来，将天文、历法、气象、农业、生产、生活诸方面全都紧密联系在一起，对于农业生产发展起到了巨大推动作用。

如同 20 世纪 80 年代语境下中国文学家的集体"寻根"一样，今日之地方文化建设，也在展现某种对于"新鲜"的焦虑与渴望同时，理应通过对地方文化、民风民俗的重新开掘，重塑地方文化的完整张力和精神自救力。在今日中国各地的文化建设中，依然不断翻涌的对于民俗书写的热忱，多少都与此相关。

今天的地方文化建设，既面临着一个积极发扬中华文化的历史机遇，同时也面临着巨大的挑战。我们正在经历从农耕文明到现代工业文明的重大转型，农耕文明框架下的各种文化形态都在迅速改变、瓦解甚至消失。但"中国民俗文化的首要特点就是伦理中心，以人伦为准则。这种中国式的伦理中心主义的原因，最根本的就是产生它的基础——即由氏族社会遗留下来，没有被摧毁，而且还一直发展的宗法系统"[2]，所以，在"俗随时变"的大前提下，怎样把握春节文化的历史内涵，如何在今天的社会大环境中承传春节民俗并将其转化为阆中地方文化的有机组成部分，就成为我们必须思考并力图回答的问题。阆中古城中春节老人纪念馆的设立，可以看作是一个有意义的尝试。

民俗文化是以口头、行为和风俗等形式创造和传播的文化现象，其主要特点就是与生活紧密相关。葛兆光曾说："一般的知识、思想和信仰世界，演变其实都是很缓慢的，

① ［汉］班固：《汉书》，北京：中华书局，1962 年，第 974—976 页。
② 张轶：《中国民俗文化特征初探》，《南京理工大学学报》（社会科学版）2004 年第 5 期，第 59 页。

需要长时段才能显现出来它的意味。"① 故而，春节民俗作为原生于阆中大地并在民众中经过长期积累、传播并最终形成的相对稳定的生活方式和表达方式，能够体现阆中民俗的基本物质层面和精神层面。因此，我们完全可以"坚持古为今用、推陈出新，秉持客观科学礼敬的态度，努力实现创造性转化和创新性发展"②，完全可以把春节民俗融入民众的具体生活方式，融入民众的精神和信仰世界，并将其最终纳入阆中地方文化建设的全部进程。举例言之，口头叙述，音乐演奏，戏剧表演，仪式展示……都可以成为并将继续成为民众耳濡目染春节民俗、传播发扬春节民俗的重要形式。只有地方民俗文化承传下来了，才可能维系"一方水土"的共同文化属性。就小的方面而言，这涉及"一方人"的地域和文化认同；往大的方面来讲，这与民族认同和文化自主亦关系密切。

当代文化是建立在传统优秀文化基础之上的，并作为传统文化的发展方向而存在。若抛弃传统土壤，忽视民族形式，丧失历史精神，则今日之文化建设必然无从谈起。因此，在继承优秀文化传统同时，大力推进文化创新，寻找民俗文化新的时代表达，是推进当代文化建设的重要任务。阆中既然已有历史久远且富于生命力的春节民俗，那理所当然应在寻求民俗文化新表达方面做出积极探索。2013 年 2 月，中央电视台播放的《我们的节日春节——中华长歌行》，就选择在阆中拍摄，这应当被看作把民俗文化纳入地方文化建设和传播的非常有效的一种方式。其实，打造有关历史名人题材的文艺作品，推进地方文化建设，就"应当与时俱进，把最新的传播手段展现出来，把影视、绘画、音乐等领域的融通体现出来"③。

三、地域资源：阆中地方文化建设之魂

不同的地域，有着不同的山形水势，有着不同的历史变迁，更有着不同的民情民意。这所有的因素，必然造就千差万别的地域色彩。地域文化为与之相关的文学创作、文化建设提供血脉性的补给和滋养，而文化建设对地域文化资源的反观，就会表现为精神上的追寻和认同。因此，作为地方文化建设技巧、手段和资源的"地域"，没有理由不被地方文化建设者大张旗鼓地重视重视再重视，以对抗当下同质化异常严重的地方"伪"文化建设。

事实上，自 20 世纪 80 年代以来，"南丽江北平遥，东歙县西阆中"的四大古城格局就已初步呈现。但从今日之现状看，其他古城的知名度和影响力远远高于阆中，丽江等古城还成功申报为世界文化遗产。毫不客气地讲，阆中在文化资源整合、利用上，已远远落在其他古城之后。

---

① 葛兆光：《盛世的平庸——八世纪上半叶中国的知识与思想状况》，荣新江主编：《唐研究（第五卷）》，北京：北京大学出版社，1999 年，第 1 页。

② 《中共中央关于繁荣发展社会主义文艺的意见》，《光明日报》2015 年 10 月 20 日，第 2 版。

③ 余如波：《深挖历史名人内涵推出文艺精品力作》，《四川日报》2018 年 3 月 20 日，第 5 版。

就落下闳而言，不但早在《史记》中就记载"巴落下闳运算转历"，班固《汉书》还完整地记载了《太初历》的全部观察和推算数据，并因此成为中国历法制定、修正的楷模。

那么，落下闳的贡献，能否在阆中地域文化的背景中被重新审视呢？换言之，落下闳及其他阆中历史文化名人，首先当然是中国历史文化名人、巴蜀历史文化名人，那他们是否也可以以"阆中历史文化名人"的集体身份，成为一个独特而富于地域文化色彩的历史名人群体呢？我想，答案应该是肯定的。

据《华阳国志》《保宁府志》等文献记载，在落下闳之外，汉哀帝时的阆中任文孙、任文公父子，蜀汉时的阆中周舒、周群、周巨祖孙，皆为天文名家。而在阆中桥楼乡，一系列带有浓重的观天测地意味的地名和景观遗存，如阆庙子、落阳山、高阳山、落阳旮等，依然存在。就这一点而言，阆中的城市"性格"中，显然有着非常鲜明的"天文"色彩——而这恰恰是阆中迥异于绝大多数城市的独特之处。

这种"天文"色彩首先呈现的，是在中国古代人文信仰兴盛的背景下，相对显得匮乏的科学精神——而这却是近代以来西方世界走上工业革命之路的原动力。《汉书》记载落下闳曾"观新星度、日月行，更以算推"，意即是说：落下闳研制浑天仪，测定二十八个恒星星座的位置，观测日月的运行和几大行星的周期。并在观测基础上，做了大量的推算，得到了一系列重要数据。这些数据在太阳月亮五大行星的运行位置、历法上确定的春夏秋冬四季、农业上的二十四节气三者之间，起到了有效的"沟通"和"协调"作用，在很大程度上保证了这三者之间的对应和有序。甚至，落下闳在创制《太初历》之后还预测，在八百年之后，《太初历》与实际的农业时间之间，会有一天的误差。能够计算出《太初历》运行八百年之后的"误差"，这首先得益于计算方法的先进，更是对于科学思想的计算、实证诸要素的尊重。也正因为如此，在这一历法系统的数据、推断等基础上构建起来的古代宇宙系统，被一些学者总结为"落下闳系统"，并经常用以对照古希腊建构时间更晚、体系亦不甚完善的"托勒密系统"。

这种"科学精神"能否被升华为独特的地域文化精神？这至少可以成为阆中地方文化建设着力的一个重要方向。

如何创新性地将历史名人文化与地域文化精神结合起来？一些地市已经做出了十分有益的探索。比如眉山市，近来在文化建设方面的诸多工作都围绕着"眉山苏轼"来开展，苏轼作为眉山的亮丽名片的宣传效应已经初步显现。2018年3月，话剧《苏东坡》在国家大剧院拉开帷幕，这部由眉山市和四川人艺共同出品的精品力作，成功在北京掀起四川历史名人热潮，成为引人注目的文化亮点。中国文艺评论家协会主席仲呈祥高度赞赏了这部话剧，他说："这个戏有高度，有文化内涵，有艺术性。"为传承东坡文化，眉山市还提出实施"七个一"工程构想，其中除了"一部舞台剧"，还包括"一部电视剧"。据眉山东坡区文广旅游局消息，电视剧《眉山苏轼》的拍摄工作很快就会启动，预计规模为50集，力图在电视屏幕上呈现一个忠君爱民、才华横溢、多苦多难而又潇洒旷达的东坡形象。

按照《首批四川历史名人文艺精品创作规划方案》的部署，在 2020 年底之前，音乐剧《武侯》、大型交响乐《少陵草堂》等文艺作品均会推出。而《少陵草堂》和《东坡遗韵》的创作单位四川爱乐乐团，就主张既利用好交响乐这一世界共通的音乐语言，把巴蜀的历史韵味传出去，也要在创作中融入巴蜀历史场景，表现巴蜀文化的本土性、现实性。因此，川剧《落下闳》的创作，是简单化地走历史名人传记式的路，还是走富于阆中本土特色、融合阆中文化符号（包括视觉符号）的路，我们拭目以待。

此外，阆中深厚的三国文化、风水文化、宗教文化、美食文化、科举文化、红色文化积淀，应该也可在注重历史渊源、社会影响和经济效益的同时，与独特的阆中地域文化元素相结合，以摆脱时下"千城一面"的孪生模式，走出一条历史文化遗产与文创系列产品相结合、文化资源与文创产业相结合的新路来。

无论是国务院《政府工作报告》，还是《中共中央关于繁荣发展社会主义文艺的意见》，都明确提出，要弘扬中华优秀传统文化，巩固文化的战略地位。对落下闳这样一位"至今影响着每一位中国人的生活"[①] 的古代科学家，对其本身及相关思想、影响、科学成果，从历史记忆、民俗文化、地域资源等角度去考量、分析，并最终纳入阆中地方文化的建设进程，这既是对历史文化的一种尊重，也是对文化遗产的一种保护，更是在新时代传承久远历史、延续优秀传统、建构地方文化的一种努力！

---

① 查有梁：《"通天彻地"落下闳》，《光明日报》2018 年 2 月 25 日，第 7 版。

在历史的真实与合理的想象之间
——落下闳研究行与思

张存良

（西华师范大学四川省落下闳研究中心）

由于史料的限制，落下闳研究一直以来未有大的突破，没有取得比较有学术影响力的研究成果。虽然表面上看起来比较热闹，但明显存在着背离史实、凭空臆造的研究方法和结论，越来越呈现出一种平面化、简单化和概念化的倾向，使历史人物和历史事件变成了一种抽象的概念和空洞的言说，不但无益于落下闳研究，也有悖于历史研究应有的求真求实和守缺勿论的史学精神。落下闳研究，一方面，我们要自觉避免那种无米之炊式的凭虚臆造和概念化的虚辞溢美，另一方面，需要对基本史料进行全面梳理和深入了解，对基本史实有着同情式理解，在此基础上进行客观深入的分析探研。《太初历》是落下闳研究的切入点和落脚点，太初改历是太初改制的重要组成部分，没有太初改历就不会有落下闳这个历史人物登上历史舞台。所以我们的研究要真正从《太初历》入手，揭橥改历的社会历史背景，揭示改历的复杂过程，研究秦汉时期天文历法的状况，分析秦汉时期的方士与方术，联系改历过程中出现的众多历史人物。我们将会发现，落下闳研究并非前路迷茫，仍然有为可作，依然任重道远。

一、弁言

历史著述的首要任务是求真求实，既与崇高的史官传统攸关，也是庄严的职责使命所系。中国史官向来有"秉笔直书"的精神传统，现存最早的编年体史书《春秋》一书，经孔子编订后，更是确立了"笔则笔，削则削"的微言大义、暗寓褒贬、书法不隐的"春秋笔法"。鲁襄公二十五年（前548），齐国执政大夫崔杼伏击射杀其主齐庄公，起因是庄公私通其妻棠姜。《春秋》于本年记曰："夏五月乙亥，齐崔杼弑其君光。"齐国太史因为直书其事而付出了惨痛代价，《左传》记其事曰：

太史书曰："崔杼弑其君。"崔子杀之。其弟嗣书，而死者二人。其弟又书，乃舍之。南史氏闻太史尽死，执简以往。闻既书矣，乃还。①

无独有偶，晋灵公十四年（前607），残暴荒淫的晋灵公欲伏杀执政大夫赵盾而不得，反被赵盾之弟赵穿袭杀于桃园。晋太史董狐书其事曰："赵盾弑其君。"孔子赞扬董狐为"古之良史也，书法不隐"②。

不仅历史著述要求真求实，历史研究也同样要求真务实。一切从历史真实出发，是史学研究的基本原则，"求真"是史学的永恒主题和追求。研究历史必须实事求是，不虚美，不掩恶，不骋辞腾说，不悬想臆造，此之谓"史德"。清代史学家章学诚曾论"史德"曰：

> 才、学、识三者，得一不易，而兼三尤难，千古多文人而少良史者，职是故也。昔者刘氏子玄，盖以是说谓足尽其理矣。虽然，史所贵者义也，而所具者事也，所凭者文也。……非识无以断其义，非才无以善其文，非学无以练其事，三者固各有所近也，其中固有似之而非者也。记诵以为学也，辞采以为才也，击断以为识也，非良史之才、学、识也。……能具史识者，必知史德。德者何？谓著书者之心术也。……盖欲为良史者，当慎辨于天人之际，尽其天而不益以人也。尽其天而不益以人，虽未能至，苟允知之，亦足以称著述者之心术矣。③

有"史德"的史学研究者，就要"尽其天而不益以人"，要"持之有故，言之成理"④，就像胡适曾经说过的那样："有几分证据，说几分话。有一分证据只可说一分话。有三分证据，然后可说三分话。治史者可以作大胆的假设，然而决不可作无证据的概论也。"⑤

二、落下闳研究史料辨析

《文心雕龙·史传》开篇即曰："开辟草昧，岁纪绵邈，居今识古，其载籍乎？"⑥ 文献搜集与史料辨析，是研究历史的首要任务和基础功夫。也就是说，"不钻进史料去，不能研究历史"⑦。

---

① ［唐］孔颖达：《春秋左传正义》卷三十六《襄公二十五年》，《十三经注疏》下册，北京：中华书局，1980年影印本，第1983页。
② ［汉］司马迁：《史记》卷三十九《晋世家》，北京：中华书局，1959年，第1675页。
③ ［清］章学诚著，叶瑛校注：《文史通义校注》卷三《史德》，北京：中华书局，1985年，第219-220页。
④ 《荀子》卷三《非十二子》，［清］王先谦撰，沈啸寰、王星贤点校：《荀子集解》，北京：中华书局，1988年，第91页。
⑤ 罗尔纲：《师门五年记·胡适琐记》（增补本），北京：生活·读书·新知三联书店，1998年，第47页。
⑥ ［南朝梁］刘勰著，黄霖编：《文心雕龙汇评》，上海：上海古籍出版社，2005年，第58页。
⑦ 翦伯赞：《史料与史料学》，北京：北京出版社，2005年，第85页。

制约和影响落下闳研究的首要问题，是史料的缺乏，尤其是第一手史料的匮乏。我曾对两《唐书》之前史籍中有关落下闳的记载做过一个初步调查，勉强得到十条记录。① 其中以《史记》的记载最为可靠，因为落下闳与司马迁是同时代人，又同为天文历算家，且共同亲历了"太初改历"这一历史事件。但是《史记》的记载非常简略，简到只有一句话："至今上即位，招致方士唐都，分其天部；而巴落下闳运算转历，然后日辰之度与夏正同。"唐司马贞《索隐》转引《益部耆旧传》云："闳字长公，明晓天文，隐于落下，武帝征待诏太史，于地中转浑天，改《颛顼历》作《太初历》，拜侍中不受。"②

《益部耆旧传》其书已佚，《晋书·陈寿传》记载"（寿）又撰《古国志》五十篇，《益都耆旧传》十篇"③，都、部两字形近致讹。《益部耆旧传》实际上是陈寿在其乡贤郑伯邑、赵彦信、陈申伯、祝元灵、王文表等人所著《巴蜀耆旧传》的基础上整理编纂而成的，并非成于一人之手。该书专记古益州（今西南地区）的"士女英彦"，是当地人记本土事，书中所记落下闳有姓字，有籍贯，甚至还有简单的履历和行事，已显得比较丰满了。继陈寿之后，东晋蜀郡江原（今成都崇州）人常璩撰有《华阳国志》一书，其中《巴志》部分著录"播名立事，言行表世者"落下闳、任文公、冯鸿卿等八人，在《益梁宁三州先汉以来士女目录》中将落下闳作为"文学聘士"加以著录，并未提及太初改历之事。对于落下闳研究来说，《华阳国志》似乎不能提供任何有益于考证的文献价值。

《汉书》对落下闳的记载依然简略："方士唐都、巴郡落下闳与焉。都分天部，而闳运算转历。"但是班固比较详细地记载了落下闳"运算转历"的方法和依据："其法以律起历，曰：'律容一龠，积八十一寸，则一日之分也。与长相终。律长九寸，百七十一分而终复，三复而得甲子。夫律阴阳九六，爻象所从出也。故黄钟纪元气之谓律。律，法也，莫不取法焉。'与邓平所治同。"④

班固记载的这个"运算转历"之法，极有可能是根据落下闳与邓平等人制定的历法而来。这些数据保存在刘歆的《三统历》之中，而且刘歆还做了进一步的历理阐释，主要依据的是象数《易》学思想。"八十一分"是《太初历》的日法，即黄钟律管九寸的自乘。闰法为十九，刘歆的解释是："天九地十……并终数为十九，《易》穷则变，故为闰法。"⑤ 即九加十。统法一千五百三十九，即律长九寸与百七十一分的乘积，而"百七十一"又是律长与闰法的乘积。刘歆解释为"以闰法乘日法，得统法"，更为简洁。经过一

---

① 参见拙作《略说〈太初历〉及其历史影响——兼谈落下闳其人其事》，《西华师范大学学报》2018年第6期。
② 《史记》卷二十六《历书》，第1260—1261页。《益部耆旧传》中的这段文字互见于李善《文选注》以及《北堂书钞》等唐宋类书。《文选》卷四十九《史论上·公孙弘传赞》李善注引《益部耆旧传》曰："闳字长公，巴郡阆中人也。明晓天文地理，隐于落亭。武帝时，友人同县谯隆荐闳，待诏太史，更作《太初历》。拜侍中，辞不受。"《北堂书钞》卷一三〇《浑仪》引《益部耆旧传》曰："落下闳，明晓天文，于地中转浑仪，以定时节。"《艺文类聚》卷五《岁时下》引文曰："巴郡落下闳，汉武帝时改颛顼历，更作太初历。曰：后八百岁，此历差一日，当有圣人定之。"《太平御览》卷二《天部二》引文曰："汉武帝时落下闳，明晓天文，于地中转浑天，定时节。"该书卷一六《时序部一》："巴郡落下闳，汉武帝时改颛顼历，更作太初历。曰：后八百岁，此历差一日，当有圣人定之。"
③ ［唐］房玄龄等：《晋书》卷八十二《陈寿传》，北京：中华书局，1974年，第2138页。
④ ［汉］班固：《汉书》卷二十一上《律历志上》，北京：中华书局，1962年，第975—976页。
⑤ 《汉书》卷二十一上《律历志上》，第983页。

统之年，冬至与合朔再次相会在同一日的夜半时刻。"三复而得甲子"即元法，亦即统法的三倍。经过一元之年，冬至与合朔再次相会在某个甲子日的夜半时刻。

《太初历》的月法是二千三百九十二，刘歆的解释是："是故元始有象一也，春秋二也，三统三也，四时四也，合而为十，成五体。以五乘十，大衍之数也。而道据其一，其馀四十九，所当用也，故著以为数。以象两两之，又以象三三之，又以象四四之。又归奇象闰十九，及所据一加之。因以再扐两之，是为月法之实。"译成算式就是：$(49×2×3×4+19+1)×2=2392$，再以日法 81 除之，则得 $29\frac{43}{81}$，这就是《太初历》和《三统历》的朔望月平均长度，亦即朔策。

确定了闰法和朔策，则岁实（一个回归年的长度）即等于十九年中的月数乘以朔策，再除以十九，即 $29\frac{43}{81}×(12×19+7)÷19=365\frac{385}{1539}$。有了这些基本常数，则其他历数可以通过推步法术逐一求得。

除了对"运算转历"的记载之外，班固还在《公孙弘传赞》[①] 一文中，将唐都、落下闳作为汉兴以来律历方面的代表人物加以肯定和褒赞。在这篇赞文中，班固历数自汉武帝以来在国家制度建设和文韬武略等方面"兴造功业"的代表性人物五十余人，这些汉世名臣都是彪炳史册、名垂汗青的卓绝之士。班固其文略曰：

> 上方欲用文武，求之如弗及。……汉之得人，于兹为盛。儒雅则公孙弘、董仲舒、兒宽，笃行则石建、石庆，质直则汲黯、卜式，推贤则韩安国、郑当时，定令则赵禹、张汤，文章则司马迁、相如，滑稽则东方朔、枚皋，应对则严助、朱买臣，历数则唐都、落下闳，协律则李延年，运筹则桑弘羊，奉使则张骞、苏武，将帅则卫青、霍去病，受遗则霍光、金日磾。其余不可胜纪。……孝宣承统……招选茂异，而萧望之、梁丘贺、夏侯胜、韦玄成、严彭祖、尹更始以儒术进，刘向、王褒以文章显。将相则张安世、赵充国、魏相、邴吉、于定国、杜延年，治民则黄霸、王成、龚遂、郑弘、邵信臣、韩延寿、尹翁归、赵广汉之属，皆有功迹，见述于后。[②]

孔子曾说："君子疾没世而名不称焉"，康有为《论语注》曰：

> 名者，身之代数也。有是身乃有是名，有其实乃有其华，然身不过数十年，名可以千载。有身之时，人尚有待，无名犹可，至没世之后，草木同腐，魂魄并逝，则顾念生前，淹忽随化，未有不以荣名为实者。名在则其人如在，虽隔亿万里亿万年而丰采如生，车服为之流连，居游为之慨慕，辑其年谱，考其起居，荐其馨香，

---

① 班固此《赞》本系于《史记·平津侯主父列传》之后，梁昭明太子选入《文选》，题作《公孙弘传赞》（［梁］萧统编，［唐］李善注：《文选》卷四十九《史论上》，北京：中华书局，1977 年）。

② 《史记》卷一百一十二《平津侯主父列传》，第 2964－2965 页。

颂其功德，称其姓号，爱其草木，其光荣过于有身时万万。故没世无称，君子以为疾也。①

司马迁也曾说："伯夷、叔齐虽贤，得夫子而名益彰；颜渊虽笃学，附骥尾而行益显。"② 唐都、落下闳，本为方士，迹在岩穴之间，因为观星考历而被史家笔之于书，比肩于儒雅文章的公孙弘、董仲舒、司马迁、司马相如之侪，抗名于定令将帅的越禹、张汤、卫青、霍去病之列，真是具有无上的荣光！这应该是值得大书特书的历史功绩与地位。

被誉为"西道孔子"的扬雄，在其《法言》一书中也论及落下闳：

> 或问"浑天"。曰："落下闳营之，鲜于妄人度之，耿中丞象之。几乎！几乎！莫之能违也。"③

扬雄比司马迁晚出近一百年，落下闳对他来说自是巴蜀前贤。此处提及的三人皆于史有征，鲜于妄人为汉昭帝时主历使者，曾于元凤三年（前 78）奉诏校验《太初历》，事具《汉书·律历志上》。耿中丞即耿寿昌，精于算学，西汉宣帝时"以善为算、能商功利得幸于上"，创"常平仓"，爵封关内侯。④ 他同时也是一位天文历算家，《汉书·艺文志》在"数术略·历谱"中载有《耿昌月行帛图》二百三十二卷、《耿昌月行度》二卷⑤，此"耿昌"即耿寿昌。东汉贾逵《论历》中道及甘露二年（前 52）耿寿昌奏议"以圆仪度日月行，考验天运状"之事⑥，《晋书·天文志》说："暨汉太初，落下闳、鲜于妄人、耿寿昌等造员（圆）仪以考历度"⑦，将三人行事都系于太初年间，忽略了他们之间前后相承的时代前后。

扬雄所谓"浑天"者，既是一种古人认识天地宇宙的天体理论，也指观测天地日月星辰的一种仪器。刘昭为司马彪的《续后汉书·天文志》作注时曾引蔡邕《表志》曰：

> 言天体者有三家：一曰《周髀》，二曰《宣夜》，三曰《浑天》。《宣夜》之学绝无师法。《周髀》数术具存，考验天状，多所违失，故史官不用。唯《浑天》者近得其情，今史官所用候台铜仪，则其法也。立八尺圆体之度，而具天地之象，以正黄

---

① 《论语·卫灵公》，程树德撰，程俊英、蒋见元点校：《论语集解》卷三十二，北京：中华书局，1990 年，第 1103 页。
② 《史记》卷六十一《伯夷列传》，第 2127 页。
③ ［汉］扬雄：《法言》卷十《重黎》，汪荣宝撰，陈仲夫点校：《法言义疏》下，北京：中华书局，1987 年，第 320 页。
④ 《汉书》卷二十四上《食货志上》，第 1141 页。
⑤ 《汉书》卷三十《艺文志》，第 1766 页。
⑥ ［晋］司马彪：《后汉书志》第二《律历中》，北京：中华书局，1965 年，第 3029 页。
⑦ 《晋书》卷十一《天文志上》，第 284 页。

道，以察发敛，以行日月，以步五纬。精微深妙，万世不易之道也。官有其器而无本书，《前志》亦阙而不论。①

"落下闳营之"者，谓经营浑仪也，即操作演示之谓，非发意造端、创立"浑天"之说或首创浑仪者也。《隋书·天文志》引虞喜说："落下闳为汉武帝于地中转浑天"，据此认为浑仪"或为落下闳所制"，失之不察。《隋志》又引王蕃《浑天象说》曰："浑天仪者，羲、和之旧器，积代相传，谓之玑衡。其为用也，以察三光，以分宿度者也。又有浑天象者，以著天体，以布星辰。"②《隋书·天文志》分"浑天"为浑天仪和浑天象，二者皆为测量天体之仪器，区别只在是否有衡。实际上，仪、象古训相通，初无所别。汪荣宝说："《隋志》所云羲、和浑天仪，相传谓之玑衡者，后代久无其器。而前汉以来，候台所存周七尺三寸半分之浑象，亦谓之浑仪。"③

所谓"鲜于妄人度之"者，谓测量案验也，此乃身为主历使者鲜于氏的职责所系。"耿中丞象之"，谓测算而绘以图形也。这里的"象"不是仪象之象，而是图像之像，将日月五星二十八宿等天象运行情况绘成图像，正如《隋志》所引王蕃所说"以著天体，以布星辰"。

自《晋书》《隋志》以下，虽史志中时有提及落下闳及《太初历》者，然皆祖述陈说，敷衍旧文，不会也不可能有更多的史料出现。所以，有关落下闳研究的史料梳理，始于《史记》《汉书》，迄于《晋书》《隋书》，谅也不会沧海遗珠，旷野失鹿。

三、落下闳研究中的无米之炊

因为文献载籍的缺佚靡传和历史年代的绵邈久远，今人研究历史，免不了要大胆假设，进行合理的历史想象。否则，即使充分占有史料，也是两脚书橱，"而其无益于文理考校，与彼目不识丁之人无以异也"。④ 但是也有过度解读史料的骋辞臆想和穿凿附会的谬幽之说，迹近街谈巷议和道听途说的小说家言，背离了历史研究的正常轨迹。针对治史中存在的这两种倾向，唐代史学家刘知几曾作过精辟的批评：

> 夫有学而无才，亦犹有良田百顷，黄金满籯，而使愚者营生，终不能致于货殖者矣。如有才而无学，亦犹思兼匠石，巧若公输，而家无楩楠斧斤，终不果成其宫室者矣。⑤

---

① 《后汉书志》第十《天文志上》刘昭注，第 3217 页。
② ［唐］魏徵等《隋书》卷十九《天文志上》，北京：中华书局，1973 年，第 516 页。
③ 《法言义疏》下，北京：中华书局，1987 年，第 323 页。
④ ［明］张岱：《夜航船序》，张岱著，冉云飞校点：《夜航船》，成都：四川文艺出版社，1996 年。
⑤ ［后晋］刘昫等：《旧唐书》卷一百二《刘子玄传》，北京：中华书局，1975 年，第 3173 页。

反观落下闳研究的已有成果，明显存在着"家无梗楠斧斤"，而要成其宫室之美的悬想和臆造，离开史料和基本史实，仅凭个人想象去构造所谓的历史事件和人物情节。总括起来，在以下几个方面表现尤为突出：

（一）有关落下闳的生平事迹

如前揭，《史记》《汉书》和《益部耆旧传》所载落下闳行事，都着重在他参与制定《太初历》一事，其他事迹基本付诸阙如。但是有些研究者却要凭空构想出他的一些行事出来，比如说少年落下闳非常聪颖，"对周围事物的观察异于常人。常常到屋后的高阳山看日出日落，用竹竿测日影，晚上看星星，用铜壶制漏仪。在父祖的循循教导下，初习一些朴素的天文知识与农时经验，并渐渐养成观测星辰、日月、物候的习惯"①。"进入学校后，落下闳不但系统学习了科学文化，在观测天象上也逐渐小有名气。"② 这种毫无依据、凭空有臆造的想象之辞，是何等的庸俗和幼稚！看起来内容很多，实际上全是空话，毫无意义。在竭力塑造一个完美无缺、无所不通的落下闳这样一种心理驱使下，将一位历史人物变成了"毫无内容的、抽象的、荒诞无稽的空话"③。

有人还试图复原落下闳从阆中至长安的行走路线，"沿嘉陵江谷地上溯至剑门，进入金牛道，至汉中，接褒斜道抵达长安"④，这种一厢情愿式的想当然，毫无凭据，迹近无聊，只能成为落下闳研究的笑柄。

有的学者出于对落下闳的挚爱，还为他构拟了生卒年：前156至前87年⑤——与汉武帝同年生，与汉武帝同年死。这真是历史上莫须有的巧合，有几个严肃的历史学家会认同这种巧合呢？

《益部耆旧传》说落下闳参与制定《太初历》之后，"拜侍中，辞不受"，有的学者据此推断落下闳就此归隐于阆中，"继续观天测地，传法于后生"⑥，"为四川阆中培养了不少了天文学家"⑦，使阆中成为古代天文研究中心。根据现有史料，我们认为，落下闳是方士或聘士，于史有征。说他是隐士，则完全是猜测；说他有"道家学者风范"⑧，也没有依据。精通天文历算的方士（或聘士）与隐士或道家学者之间并不存在必然的内在联系。

（二）有关落下闳的成就与影响

落下闳的成就，集中体现在参与制定《太初历》这一重要的历史事件之中，尤其是"运算转历"这一关键环节。如何客观真实地评价这一历史功绩，则关乎历史研究者的史

---

① 《落下闳博物馆展陈方案》（送审稿），第 26 页。
② 查有梁：《"通天彻地"落下闳》，《光明日报》2018 年 2 月 25 日第 7 版。
③ （德）恩格斯：《致约·布洛赫》，（德）马克思、恩格斯：《马克思恩格斯选集》第 4 卷，北京：人民出版社，1995 年，第 696 页。
④ 《落下闳博物馆展陈方案》（送审稿），第 30 页。
⑤ 查有梁：《世界杰出天文学家落下闳》（修订版），成都：四川辞书出版社，2009 年，第一版前言，第 33 页。
⑥ 查有梁：《"通天彻地"落下闳》。
⑦ 查有梁：《世界杰出天文学家落下闳》（修订版），第一版前言，第 13 页。
⑧ 查有梁：《世界杰出天文学家落下闳》（修订版），第 3 页。

识与史德。

太初改历，本是一件复杂的系统工程，是汉武帝"改正朔，易服色"等建立"汉家制度"的政治文化构建活动的重要组成部分，事关国体，既不可能一蹴而就，也绝非个人能力所能蒇事。它涉及天文、历法、算数以及地面观测和历史记录等诸多领域，需要分工协作才能完成。根据《史记》《汉书》的记载，有兒宽与博士赐等人的改历建议，有公孙卿、壶遂、司马迁与侍郎尊、大典星射姓等人的"议造汉历"。当改历陷入困境时，又召募邓平及长乐司马可、酒泉侯宜君、侍郎尊与民间治历者二十余人，"方士唐都、巴郡落下闳与焉。都分天部，而闳运算转历"①。这其中还不包括那些"定东西，立晷仪，下漏刻，以追二十八宿相距于四方，举终以定朔晦分至，躔离弦望"②的测量者，还有淳于陵渠等人的观测校验。

从动议改历到最后举行颁历大典、诏告天下改行新历并启用新元（太初年号），这个过程没有积年累月的功夫是无法完成的。单是从多达十八家之多的历法中钦定使用《太初历》，从太初元年冬十月封泰山到夏五月颁历，就耗时七个月③。"自汉历初起，尽元凤六年，三十六岁，而是非坚定。"④

已有研究成果显然忽略了"太初改历"的复杂性和艰巨性，或轻描淡写地说："落下闳从故乡巴郡阆中来到京城长安，与邓平、唐都合作，编制《太初历》。"⑤ 或干脆将《太初历》的制定系于落下闳一人名下，为其独专，将集体智慧的结晶说成是个人独立成果，完全忽略了其他分工合作者的功绩。

如何客观评价《太初历》的成就与不足，现有成果显然有罔顾事实、过度拔高的嫌疑。相较于包括《颛顼历》在内的"古六历"而言，《太初历》确实有较大的改变，在历元、法术、置闰、建正、交食周期等方面均有新的创获，但是这些成就都建立在充分吸收前代历法的科学性与合理性基础上，不是落下闳等人一夜之间"通天彻地"突发异想所得。尤其是为了迎合上意，为新历取得"受命于天"的神圣合法性，将客观的天文数据与毫不相干的音律数值联系在一起，创造了所谓"以律起历"的方法，定日分为八十一，朔望月长度为 $29\frac{43}{81} = 29.5308642$ 日，回归年长度为 $365\frac{385}{1539} = 365.25016244$ 天。这几个历法上最基本的数据都比此前行用的《颛顼历》要粗疏⑥，所以也遭到反对者的批评，甚至有人"贬斥为我国所有历法中最不好的一部"⑦。我们不必因为它有缺点，就以

---

① 《汉书》卷二十一上《律历志上》，第 975 页。

② 《汉书》卷二十一上《律历志上》，第 975 页。

③ 太初改历之前行用的《颛顼历》以冬十月为岁首，太初元年夏五月颁历，以正月为岁首，此时本年度实际已过去七个月之久（不含五月）。因为调整岁首，太初元年的月份多达十五个月。

④ 《汉书》卷二十一上《律历志上》，第 978 页。

⑤ 查有梁：《"通天彻地"落下闳》。

⑥ 根据现代天文学的精密测算，1 朔望月 = 29.53059 日，1 回归年 = 365.24219879 天。《颛顼历》的日分为 940，朔望月为 $29\frac{499}{940} = 29.5308511$ 日，回归年为 $365\frac{1}{4} = 365.25$ 天，都比《太初历》要精确。

⑦ 吕子方：《中国科学技术史论文集》（上册），成都：四川人民出版社，1983 年，第 238 页。

"最不好"目之，毕竟它具备广泛的内容，为其后的历法建立了体系格局。但也不必盲目吹捧而无视缺陷，将它说成是"中国特色的天文历法的'楷模'"，并"为以后的 100 多种天文历法提供'样板'"①。刘操南对《太初历》的基本数据就有过一番很中肯的评介：

> 就太初历所采的岁实、朔策的数据而论，除三统历沿袭于太初历的数据外，在中国历法史上 102 种历法中是没有一历采用这样疏阔的岁实朔策的数据的。这和传统的六历相提并论，也是一种倒退的现象。②

根据《法言》和《益部耆旧传》等史籍的记载，落下闳有过"营浑天"和"于地中转浑天"的事迹，有的学者据此认为浑仪为落下闳所研制，而"浑天说"亦为落下闳所开创。③ 刘尧汉等人的《彝族天文学史》特设专章《巴人历法家落下闳》，认为落下闳是賨人，其所传天文历法之学为古氏羌所世传之学，甚至还认为浑仪是由落下闳从民间带入宫廷的。④

如果能对历史加以稍微深入的研究，揆诸史实，验之于人情，就不会做出这种天真臆想的结论。众所周知，古代中国以农业立国，农业与天象历日的关系至为密切。从观象授时（远古以至殷商）到推步制历（西周以后），有一个漫长的演进过程。即以推步制历来说，也是从最初的颁朔即四时八节朔闰历日向中朔、发敛、日躔、月离、晷漏、日月食和五星运动等内容逐步发展。就观测仪器来说，由早期单一的"表"（八尺标杆）到后来的"圭表"（标杆立在有刻度的石座之上），再到比较精准的漏刻，再到浑仪的创制，都有一个发生发展的过程。《隋书·天文志》引王蕃云："浑天仪者，羲、和之旧器，积代相传，谓之玑衡。"又云："古旧浑象，以二分为一度，周七尺三寸半，而莫知何代所造。"⑤ 王蕃的这个说法还是比较客观谨慎。扬雄《法言》提到的落下闳、鲜于妄人和耿寿昌，或营之，或度之，或象之，都在浑仪的制造、使用和改进等方面有所贡献，一直到张衡发明水动浑天仪、贾逵给浑仪增加黄道等等，才有了比较完备的浑天仪。吕子方虽然坚信浑仪最早为落下闳所造，但他同时也认为：

> 我国古代对测天的一套东西，历来重视。在落下闳以前，是否有浑天象无可稽考。我认为一个东西的创造发明，绝不是孤立的。总有它的渊源。落下闳接受了古代流传下来的天文知识及未成套的仪器，经过他一番精心研究，使之成龙配套，成为一套完整的仪器，这也是完全可能的。⑥

① 查有梁：《世界杰出天文学家落下闳》（修订版），第 3 页。
② 刘操南：《古代天文历法释证》，杭州：浙江大学出版社，2009 年，第 78 页。
③ 查有梁：《世界杰出天文学家落下闳》（修订版），第 12—24 页。
④ 庞光华：《论落下闳与浑天说》，《五邑大学学报》2014 年第 1 期。
⑤ 《隋书》卷十九《天文志上》，第 516 页。
⑥ 吕子方：《中国科学技术史论文集》（上册），第 211 页。

虽然也是推测，但合乎情理，比较可信。至于浑仪与浑象是不是两套仪器，落下闳是不是巴賨后裔等问题，我们别作讨论，此不辞费。

至于"浑天说"理论，至少在战国时期就已出现了。从老子的"有物混成"① 到庄子的"天其运乎？地其处乎"②，从屈原的"圜则九重，孰营度之"③ 到《吕氏春秋》的"天地车轮，终则复始"④，都含有"浑天"的思想萌芽。慎到说："天形如弹丸，半覆地上，半隐地下，其势斜倚。"⑤ 惠施曾说："我知天下之中央，燕之北、越之南是也。"⑥ "燕之北、越之南"就是地之两极。惠施还有"天与地卑"之说，也即天地俱为圆球，附丽于天球内壁的星辰，每天周而复始地运转，有一半时间转到地平线以下，这时候就不是"天尊地卑"了，而是"天与地卑"。⑦ 所以，有学者主张惠施是浑天说思想的先驱⑧。至西汉前期成书的《淮南子》一书，在浑天说的学理方面，"已建立了一套初步的，但却比较完整、系统的理论"。⑨

所以，根据现有史料，我们只能说落下闳继承发展了浑天说理论，并付诸实践，制造浑仪来观测天文，似乎不必上升到"落下闳研制了浑天仪与浑天象，开创'浑天说'，制订《太初历》，构建了中国古代关天'宇宙图象'的'代数结构'"⑩ 这样的高度。

因为天文学家本身就是数学家，不晓算学就不足以与闻天文学。这是因为最初的天文学，其实只是历学，"它研究观象授时的方法，即所谓编制历法；而编制历法，不仅需要实地观测，更需要借助于数学，进行大量计算，因而天文学与数学自诞生以来，就有着密切联系"。⑪《汉书·艺文志》在划分当时的知识体系时，将天文与历算作为数术的主要内容而加以归纳，其中"历谱类"就包括《律历数法》《许商算术》和《杜忠算术》等算学著作。现在有些研究者为了表彰落下闳的历史贡献，从天文学家落下闳那里，又分出数学家落下闳、科学家落下闳、历算家落下闳以及气象学家落下闳，将一位浑然一体、元气充沛的"浑沌"非得"日凿一窍"⑫，以致瓜剖豆分，支离破碎。

有的学者为了突出所谓落下闳的数学成就，竟说落下闳发明了"连分数"即辗转相除求渐进分数的方法，定名"通其率"，现代学者称之为"落下闳算法"。而且这个"落

① 冯达甫：《老子译注》，上海：上海古籍出版社，1991年，第58页。
② 《庄子·天运篇》，郭庆藩：《庄子集释》卷五下，北京：中华书局，1961年，第493页。
③ ［战国］屈原：《天问》，［宋］洪兴祖：《楚辞补注》，北京：中华书局，1983年，第86页。
④ 《吕氏春秋·大乐》，陈奇猷：《吕氏春秋校释》卷五，上海：学林出版社，1984年，第255页。
⑤ 《慎子·外篇》，［明］慎懋赏辑校本，［清］缪荃孙"藕香簃"写刻本：《四部丛刊初编》影印本。慎懋赏辑本中的这句话及相关文字，不见于《慎子》一书的其他辑本，如"四库"本和"守山阁"本等，故有学者疑其为伪托，详参陈兴伟《慎到浑天说真伪考》，《文献》1996年第2期。
⑥ 《庄子·天下篇》，郭庆藩：《庄子集释》卷十下，第1102页。
⑦ 郑文光：《试论浑天说》，《中国天文学史文集》，北京：科学出版社，1978年，第127页。
⑧ 郑文光、席泽宗：《中国历史上的宇宙理论》，北京：人民出版社1975年，第67页。
⑨ 吕子方：《中国科学技术史论文集》（上册），第211页。
⑩ 查有梁：《世界杰出天文学家落下闳》（修订版），第24页。
⑪ 陈遵妫：《中国天文学史》第一册，上海：上海人民出版社，1980年，第102页。
⑫ 《庄子·应帝王》，郭庆藩《庄子集解》卷三下，第309页。

下闳算法"，"比采用类似方法的印度数学家爱雅哈塔早 600 年，比提出连分数理论的意大利数学家朋柏里早 1600 年，它影响中国天文数学 2000 年"。[①]

实际上，中国自先秦至汉初，尚无"连分数"的思想产生。这一时期的算数成就，集中体现在《周髀算经》《九章算术》等书之中，当时用以推算日月行度的主要方法是利用表、圭测量和勾股计算之法，《晋书》有载虞喜之说曰："用勾股重差，推晷影极游，以为远近之数，皆得于表股者也。"[②] 早于《太初历》的《颛顼历》，其日分、朔策和岁实等基本数据，都比《太初历》更为精准，所用的测量推算方法也无非是表、圭和周髀之法。至于落下闳"运算转历"的方法，主要是与音律的结合，取黄钟律管的长度 9 寸，和它的围 9 分相乘，得日法 81，将其附会于黄钟之律，取悦于"受命于天"之意。不但与严密的"连分数"计算方法无涉，反而是以牺牲天文历法的准确推算为代价的。

至于连分数，美国人奥尔德斯（C. D. Olds）在其《连分数》一书早已指出：

> 连分数思想的最早线索是不甚了然的，因为许多古代的数学结果只是对这种分数的一种启发，当时并不存在这一课题的系统发展。……欧几里得算法在本质上就是把一个分数化为连分数的方法。这或许是连分数的概念发展的最早的（公元 300 年前）重要一步。连分数的文献出现在印度数学家阿利亚伯哈塔（Aryabhata）的著作中，他大约死于公元 550 年。他的著作中包含了最早用连分数去求线性不定方程的一般解的一个尝试，连分数的一般概念的进一步线索是偶然地在阿拉伯和希腊的著作中发现的。大多数权威认为连分数的近代理论开始于 R. 蓬贝利（Rafael Bombelli，生于 1530 年）……他的关于代数方面的论文（1572）包括一章平方根。……欧拉（Euler，1707—1783）的重要论文《连分数》（De Fractionibus Continius）（1737）为连分数的现代理论奠定了基础。[③]

总之，《太初历》既不是落下闳一人所独立完成，浑天仪也很难说是由落下闳所研制，"浑天说"更不是落下闳所开创。至于落下闳发明"通其率"算法（连分数），以及包括浑天说、二十四节气和二十八宿在内的所谓"落下闳系统"[④]，更是一厢情愿的臆想，于史籍无征，与史实不侔，与实事求是的史学精神相悖。

至于将落下闳称之为"中国天文历算的奠基人"[⑤]，又岂止是于史无征、与史相悖！我国天文历法发展至西汉太初年间时，已积累了极为丰富的观测经验和推步法术，达到了相对比较先进的地步，回归年、朔望月、闰周等数据都达到了相当精准的程度，二十四节气、二十八宿以及五星位置等天体物候的测量，已渐成系统。所有这些，都是太初

---

① 查有梁：《"通天彻地"落下闳》。类似说法并见《世界杰出天文学家落下闳》（修订版），第 12—46 页。
② 《晋书》卷十一《天文志上》，第 279 页。
③ （美）C. D. 奥尔德斯著，张顺燕译：《连分数》，北京：北京大学出版社，1985 年，第 30—32 页。
④ 查有梁：《世界杰出天文学家落下闳》（修订版）第一版前言，第 32 页。
⑤ 查有梁：《世界杰出天文学家落下闳》（修订版），第 25—46 页。

改历的基础基石和出发点。若是等到落下闳出现才奠定我国天文历算的基础，那数千年的古人岂不是一直生活在漫漫长夜之中？中国的五千年文明又将从何写起？

（三）其他有关重要史实

在现有的落下闳研究者之中，吕子方之后，查有梁一直以来高调宣扬落下闳诸多方面贡献，有许多过誉之辞，也虚构了落下闳的诸多发明创造。最近他又发文称：

> 落下闳使用自创的"赤道式浑仪"实际测定了二十八宿的"赤经差"，在"浑天说"的基础上，将"二十四节气"完整纳入历法系统；经过大量计算，落下闳还第一次提出交食周期，以 135 个月为"朔望之会"，即认为 11 年应发生 23 次日食，这也是应用统计方法的新发现。①

根据现有史料，我国古代对于二十八宿赤道宿度的测量至迟可以追溯到公元前 6 世纪初②。据《史记》所载，古之传天数者，高辛之前有重、黎；唐虞之世有羲、和；夏代有昆吾；殷商则为巫咸；西周时有史佚、苌弘；春秋战国时则有宋国的子韦、郑国的裨灶、齐国的甘公、楚国的唐昧、赵国的尹皋和魏国的石申。③ 甘公名德，著有《天文星占》八卷，石申又作石申甫，著有《天文》八卷，均被后世尊为"星经"，部分内容保存在唐人瞿昙悉达的《开元占经》之中。《石氏星经》中就载有二十八宿距星的距度、去极度和其他 115 颗恒星的入宿度和去极度，是后世天体测量的基础，"又是从战国到秦汉时期天文历法发展的一个重要基础"④。落下闳等《太初历》的编制者采用了石氏所测的二十八宿赤道宿度坐标系统，并由刘歆记录在《三统历》之中，长期为历家所用，直到唐代才由僧一行重新测定，历史上并不存在由落下闳测定的二十八宿"赤经差"。

二十四节气是中国历法的独创，是中国历法具有"阴阳合历"特征的最根本因素。它是中历确定月名、月序和置闰的凭借，也是农事活动的主要依据。节气由太阳的运行位置决定，反映着太阳的视运动，它是在四时八节的基础上发展完善而成的。殷周之交已分四时，春秋时代已有分至启闭八节，战国时期已出现一个回归年度十二月太阳所在赤道宿度的完整记录（《石氏星经》），至《淮南子》一书告成（前 139），则有二十四节气的完整记录，与现今通用的名称及次序完全相同⑤。

《太初历》的制定者采二十四节气以入历法，将一回归年平分为二十四气⑥，每一气长为 $15\frac{1010}{4617}$。规定从冬至起算，凡奇数次者谓之中气，如大寒、雨水等；凡偶数次者谓

---

① 查有梁：《"通天彻地"落下闳》，《光明日报》2018 年 2 月 25 日第 7 版。
② 潘鼐：《中国恒星观测史》，上海：学林出版社，1989 年，第 38 页。
③ 《史记》卷二十七《天官书》，第 1343 页。
④ 陈遵妫：《中国天文学史》第一册，第 214 页。
⑤ 《淮南子·天文训》，刘文典《淮南鸿烈集解》卷三，北京：中华书局，1989 年，第 98—102 页。
⑥ 刘歆《三统历》所载二十四节气的次序与《淮南子》所载略有不同，《三统历》以惊蛰为正月中，雨水为二月节，谷雨为三月节，清明为三月中。这个次序与《礼记·月令》所载同。

之节气，如小寒、立春等。这样，就实现了中气一周（谓之一岁）与朔望十二周（谓之一年）的协调统一，是历法史上的一大突破。这一突破性进展，应该是古人集体智慧的结晶，很难说是某一个人的发明创造。

历法疏密，验在交食。"历代历家莫不潜心研究这个历法推步中最困难的问题，企使交食合天。"[①] 根据刘歆《三统历》的记载，《太初历》定135月为朔望之会，即月食周期：在135个朔望月之内，会发生23次月食，平均间隔为 $5\frac{20}{23}$ 。47个朔望之会为会月（135×47＝6345），合513年，谓之会岁。经过一轮会月或会岁，交食复从朔旦冬至起算。这是根据实测并加以推算而确定的，并不是某一个人的发明成果。《史记·天官书》就有月食周期的记载："凡百一十三月而复始"[②]，不过这个周期数字有错讹。

《太初历》以太初元年前十一月甲子朔旦冬至为历元，并不是十分理想的月食周期起算点。根据现代学者的研究，用它推算前104年到前18年之间的月食，竟无一例正确，在其后的几十年中，只能报出10％－20％，直到四分历行用的东汉元和、章和年间，也仅能报准约1/3的月食。[③] 交食的推算与预报，一直在不断探索完善之中，直到元世祖至元十八年（1281），由许衡、王恂、郭守敬等人编撰的《授时历》颁行天下，中国人对于交食周期的测量、推步和预报，才达到了自西历传入之前的最高水平，"上考下求若应准绳"，"自《三统》以来，为术者七十余家莫之伦比也"[④]。

另外，《三统历》中所载交食周期及其推步法术，仅指月食，并未推及日食。日月合璧在望就发生月食，在朔就发生日食，能够发现月食周期，也应能发现日食周期。我国古代关于日食的推步，是从东汉人刘洪（约129－210）编制《乾象历》开始的。[⑤]

有人说落下闳"深知'春节'在民间的重要性"，于是将他和春节联系了起来，而春节"在中国人民的生活中是最重要的节日，是'中华民族第一大节'，落下闳也被称为'春节老人'[⑥]。我们无从知道这种说法的依据和理据，只能理解为一厢情愿式的美好情感，因为这既无历史记载，更无踪迹可考。中国人过春节的习俗起于何时，目前还无确考。至少在唐以前，元旦（即正月朔旦）还不是一年中最为重要的节庆。"三代不同礼而王，五伯不同法而霸"[⑦]，正朔不同，正月互差，夏建寅，殷建丑，周建子，岁首各不相同。秦并天下，"改年始，朝贺皆自十月朔"[⑧]。汉初承秦之正朔，仍以十月为岁首，九月（或后九月）是岁计大考之月，各种朝会大典也要在这时举行。

---

① 张培瑜、陈美东、薄树人、胡铁珠：《中国古代历法》，北京：中国科学技术出版社，2013年，第555页。
② 《史记》卷二十七《天官书》，第1332页。
③ 张培瑜、陈美东、薄树人、胡铁珠：《中国古代历法》，第337页。
④ ［清］阮元：《畴人传》卷二十五《郭守敬》，扬州：广陵书社影印《文选楼丛书》本，2011年。
⑤ 《晋书·律历志中》载魏文帝时徐岳之议曰："效历之要，要在日蚀。熹平之际，时（刘）洪为郎，欲改《四分》，先上验日食：日食在晏，加时在辰，食从下上，三分侵二。事御之后如洪言，海内识真，莫不闻见。刘歆以来，未有洪比。"［唐］房玄龄等：《晋书》卷十七，第498页。
⑥ 查有梁：《"通天彻地"落下闳》。
⑦ 《史记》卷六十八《商君列传》，第2229页。
⑧ 《史记》卷六《秦始皇本纪》，第237页。

　　相较于贺新庆元之举，古人更重视每年的岁终之祭，即所谓蜡、腊之祭。《礼记》有"天子大蜡八"之祭，主祭与农事有关的"八神"，如神农氏、后稷、田神、畍神、堤防神、沟渠神以及捕鼠的猫和食野猪的虎。伊耆氏《蜡辞》："土反其宅，水归其壑，昆虫勿作，草木归其泽"，就是蜡祭典礼上的祝辞。此犹晋人所谓"岁事告成，八蜡报勤，告成伊何，年丰物阜"一样，都是告蜡之辞。

　　上古还有腊祭，属于家族祭祖行为，也在岁终。《太平御览》所引《玉烛宝典》说："腊者祭先祖，蜡者报百神，同日异祭也。"大致在秦汉之际，蜡、腊合一，统称为"腊"。周代以十月为岁终，故腊日在孟冬。太初改历之后，以十二月为岁终，腊日就改在十二月，并将此月惯称为腊月，一直沿袭至今。

　　蜡（腊）日的具体时间在冬至后的第三个戌日，既是一年之中的重大祭祀活动，也是隆重的节日。《礼记》记载，腊日"一国之人皆若狂"，东汉蔡邕《独断》说："腊（蜡）者，岁终大祭，纵吏民宴欢。"西晋裴秀的《大蜡》诗更是描写了蜡节之盛："有肉如丘，有酒如泉，有肴如林，有货如山，率土同欢，和气来臻。"近代以来西域出土的魏晋简牍及残纸文书中，发现多件写有"贺大蜡"或与蜡节有关的内容，可见魏晋时期"贺蜡"风气之盛。[①]

　　从天文与历法来看，古人认为冬至乃一岁之始。"岁始或冬至日，产气始萌"[②]，"历始冬至"[③]，冬至是太阳历中一个非常重要的时间节点。一日之晨谓之旦，一月之首谓之朔，一年肇始谓之元，岁起于冬至，四时始于立春。"岁"的天文历法意义远甚于"年"，对冬至的重视程度也远在元旦之上，如果朔旦与冬至齐同，则意味着月首与岁首天文弥合的开端，象征着"天地易纪，日月更始"[④]，需要十九年才得一遇，被赋予强烈的"初始更新"之义。在四分历中将这个周期称之为"章"[⑤]，经过四章，不仅朔旦与冬至重逢于同一日，还相会于同一时刻，这个周期就谓之"蔀"。蔀者，簿也，即簿牒、簿历之谓。四分历的"统法""元法"等基本法数，都与这个最基本的"章岁"攸关。一统之年1539（19×81），此时冬至与合朔再次相会于同一日之夜半时分。一元之年4617（1539×3），冬至与合朔再次相会于同一甲子日的夜半时分。如果没有对冬至合朔时刻的精确观测和周密计算，这一切都无从说起。《太初历》以太初元年前十一月甲子朔旦冬至为历元，此后的历法大都遵其旧制，以冬至为"天历"的开端，要举行颁历仪式及朝会大典。

　　总之，在唐以前，腊（蜡）节和冬至都是比元旦隆重的节庆。大致宋明以降，元旦（也即春节）才逐渐取代腊节和冬至，成为一年中最重要的节庆。明清时期，元旦期间（自腊月二十至正月二十）官府封印闭户，皇帝要在紫禁城举行百官朝贺大典，民间也要

---

　　① 刘涛：《字里书外》，北京：生活·读书·新知三联书店，2017年，第45—51页。
　　② 《史记》卷二十七《天官书》，第1340页。
　　③ 《后汉书志》第十《律历志下》，第3057页。
　　④ ［汉］崔篆：《易林》卷二，上海：上海古籍出版社《续修四库全书术数类丛书》影印毛晋汲古阁影元钞本，2006年，第353页。
　　⑤ ［汉］许慎：《说文解字》卷三"音部"："章，乐竟为一章。从音从十。十，数之终也。"北京：中华书局缩印清陈昌治刻本，1963年。

迎神敬神，洁祀祖祢，进行各种庆祝活动。冬至由重要的节庆也变成一个只具有时令性质的节气了。

四、落下闳研究仍有可为

如上所述，由于史料缺乏，落下闳研究显得先天不足，也导致部分研究者"离经辨志"，背离基本史实敷陈新说，提出诸多有违历史及情理的悬空臆想，使落下闳研究显得简单、抽象甚至概念化，既不深入也不丰富，而且有庸俗化的倾向。

那么，落下闳研究是不是就"无能为也已"？在现有史料和已有研究成果的基础上，我们能不能就相关问题展开进一步研究，脚踏实地，客观地分析史料，深入地研究相关问题，使落下闳研究达到一个新的高度并使相关问题丰富充实起来呢？

个人识为，至少在以下几个方面还有进一步探求研讨的余地：

（一）太初改历及《太初历》

没有太初改历及《太初历》，就不会出现落下闳这位历史人物。《太初历》是研究落下闳的切入点和落脚点，犹如毛必附皮、皮不离肉一样。离开《太初历》而侈谈落下闳的生平与贡献，就好比缘木求鱼、井中求火一样，是舍本而逐末，买椟而还珠。

从科技史与历法推步等角度对《太初历》的研究，已经非常深入。然而对于太初改历的历史背景以及起因经过的研究，目前还比较薄弱。汉武帝是继秦始皇之后中国历史上又一位雄才大略的封建帝王，他对儒术的推崇影响深远，然而他又笃信阴阳方术，大搞封禅祭天、天祚符瑞等"受命于天"的靡费活动，问计于灵龟蓍占，"尤敬鬼神之祀"①，"事事刻意讲求阴阳数术以树立其神圣权威"②。他在位五十四年，不但创立了帝王以年号纪年的制度，而且频繁变更年号，多至十余个③，每一年号无不寄寓着除旧布新、延年益寿的美好愿望。不仅希求他本人万寿无疆，生命长驻，同时还企望国祚永续，皇图永固，亿万斯年④。

太初改历是太初改制的一部分。到汉武帝元封年间（前110－前105），汉朝立国已近百年，而武帝在位也已经三十多年，"海内艾安，府库充实"⑤。汉武帝再也不能安于奉秦之正朔而行秦之制度了，于是他要创立"汉家制度"，包括"正历，以正月为岁首，色尚黄，数用五，定官名，协音律"⑥ 等一系列重大举措。这些举措大都施行于元封七年（即太初元年）夏五月，因为新历初定，所以颁历的同时进行改元；因为"元益以天瑞

---

① 《史记》卷二八《封禅书》，第1384页。
② 辛德勇：《建元与改元——西汉新莽年号研究》，北京：中华书局，2013年，第16页。
③ 汉武帝行用年号，依次有建元、元光、元朔、元狩、元鼎、元封、太初、天汉、太始、征和（延和）十个，征和四年（前89）之后，未建年号，史家谓之"后元"。
④ 辛德勇：《建元与改元——西汉新莽年号研究》，第6页。
⑤ 班固：《公孙弘传赞》。
⑥ 《汉书》卷六《武帝纪》，第199页。

命"①，太初元年前十一月冬至朔旦齐同，被确定为新历的历元，又由此上溯 143127 年得太初上元，上溯 2626560 年得太极上元，作为推算历日最初始的起算点②，"五星如连珠，日月若合璧"③，故谓之"太初"；因为改元为太初——太初者，气之始也④，故定汉历名曰《太初历》。

《太初历》是汉代第一部完整而成文的历法。改历的原因，客观上来讲，是因为此前行用的秦《颛顼历》到这时已出现"朔晦月见，弦望满亏，多非是"⑤ 的历面后天现象，公孙卿、壶遂、司马迁等人指出："历纪坏废，宜改正朔。"⑥ 于是汉武帝下诏由兒宽与博士赐等人共同商议，以为宜用夏正，由卿、遂、迁等人议造汉历。

从主观方面来讲，当时社会上盛行"受命于天""圣王改制"的思想，恰与汉武帝"兴造功业""比德三王"的宏大构想正相契合。《史记》说："王者易姓受命，必慎始初，改正朔，易服色，推本天元，顺承厥意。"⑦《白虎通义·三正》引《尚书大传》曰："王者始起，改正朔，易服色，殊徽号，异器械，别衣服。"⑧《汉书》也有类似说法："圣王必正历数，以定三统服色之制。"⑨ 可是汉朝自立国以来，"运接燔书，高祖尚武，戏儒简学，虽礼律草创，诗书未遑"⑩，制度建设，未遑修治，一直袭用嬴秦之历法制度与服色。从文帝时开始，朝野上下虽然屡次酝酿改革，却始终未能真正付诸实施。汉武帝将改历作为"太初改制"这一重大制度建设的重要组成部分，是因为"改正朔，若云天时之改也"⑪。司马迁在《孝武本纪》中将"太初改历"作为武帝一朝的治国大政而加以记述，在《太史公自序》中又复言"天历始改，建于明堂，诸神受纪"⑫，并概括"今上"的主要历史功绩即是："汉兴五世，隆在建元，外攘夷狄，内修法度，封禅，改正朔，易服色"⑬，足见这次改历的重大意义及深远影响。

伴随着新历的颁行，汉武帝对当时行用的整个纪年体系及"宗庙百官之仪"都做了一系列重大改革，"以为典常，垂之于后云"⑭。这一系列制度改革相互之间是密切关联的。即以改元与改历而论，两者都用于纪年记事，但侧重点有所不同。年号重在彰显

---

① 《史记》卷十二《孝武本纪》，第 460 页。
② 《汉书》卷二十一《律历志上》，第 985 页。
③ 《后汉书志》第十《天文志上》，第 3214 页。
④ 《易纬乾凿度》卷上，（日）安居香山、中村璋八辑：《纬书集成》上册，石家庄：河北人民出版社，1994年，第 11 页。
⑤ 《汉书》卷二十一上《律历志上》，第 974—975 页。
⑥ 《汉书》卷二十一上《律历志上》，第 974—975 页。
⑦ 《史记》卷二十六《历书》，第 1256 页。
⑧ ［清］陈立撰：《白虎通疏证》卷八，北京：中华书局，1994 年，第 360 页。
⑨ 《汉书》卷三〇《艺文志》，第 1767 页。
⑩ ［南朝梁］刘勰：《文心雕龙·时序》，第 145 页。
⑪ ［清］凌曙：《春秋公羊礼疏》卷一一，上海：商务印书馆《丛书集成》初编排印《咫尺斋丛书》本，1937年，第 178 页。
⑫ 《史记》卷一三〇《太史公自序》，第 3296 页。
⑬ 《史记》卷一三〇《太史公自序》，第 3303 页。
⑭ 《史记》卷二三《礼书》，第 1161 页。

"与民更始"，而历法更属意于"为万世法"。汉武帝在"太初"之前所用年号，全是事后追改，六年一元，共六元，"太初"之后则正式启用年号纪年，四年一改，整饬有序。自太初改制之后，以年号纪年和以正月为岁首，作为两千多年来帝制王朝的成例，承用不替，"朝野上下俱便于记载，实为万世不易之良法"①。

太初改历也并非一帆风顺，其间经历诸多曲折，《史记》《汉书》的记载详略不同，又互有牴牾。② 凡此，都需要研究者进一步辨析史料，梳理史实。改历过程中存在着以司马迁为首的"太史派"与以唐都为代表的"方士派"的不同，最终汉武帝舍太史而从方士，采用了一种在历法数据上并不是十分严谨的历法。落下闳"以律起历"，开启了音律与历法的结合，神秘玄妙，使本来就不被一般人所了解掌握的天文历法披上了更加神圣玄惑的外衣，成为沟通人神的特异法术，影响深远。刘歆的《三统历》，又将象数易学与天文历法融合，专以易数解历理，将天算、历学和音律、易数杂糅融合，成为后世天文律历的主流，是中国天文历算之学最为显著的特征。

由此看来，目前《太初历》研究的成果虽然很多，成就也高下互见，但总体上仍远远不够，有待进一步深入探讨。

（二）落下闳与太初改历相关人物

太初改历，涉及众多历史人物，如汉武帝、兒宽、公孙卿、壶遂、射姓、司马迁、邓平、唐都、落下闳、淳于陵渠、张寿王、鲜于妄人等等。其中尤以汉武帝、司马迁、邓平、唐都、落下闳等人与《太初历》关系密切，尤需研究者多所措意。唐都是司马谈的老师③，《史记·天官书》又载："夫自汉之为天数者，星则唐都，气则王朔，占岁则魏鲜"④，不言落下闳。《史记》将太初改历作为武帝一朝重要的文治建设加以记载肯定，然而《历书》篇中所载的历法，并不是"天历始改"的《太初历》，而是名曰《历术甲子篇》的一种古四分历。作为世掌天文历算的太史公，司马迁如此取舍，用意何在呢？值得治史者探赜索隐。

与司马迁一同"议造汉历"的公孙卿、壶遂、大典星射姓等人之中，公孙卿就是一位来自齐地的狡诈多谋的方士。因言宝鼎成仙登天事，得幸汉武帝，发出"吾诚得如黄帝，吾视去妻子如脱躧耳"⑤ 的慨叹，遂拜为郎，"东使候神于太室"。其后以所谓"仙人迹"蒙骗诱导武帝，大肆鼓噪祷祠、求仙、封禅等"问诸鬼神"的活动，影响所及，"齐人之上疏言神怪奇方者以万数，然无验者"⑥。武帝执迷不悟，数十年间，被公孙卿、丁公等方士瞒哄欺骗，牵鼻钩魂，幸缑氏，巡海上，"与方士传车及间使求仙人以千数"⑦，

① ［清］赵翼著，王树民校证：《廿二史札记校证》卷二，北京：中华书局，1984年，第38页。
② 参拙作《略说〈太初历〉及其历史影响——兼谈落下闳其人其事》。
③ 《史记》卷一三〇《太史公自叙》："太史公学天官于唐都，受易于杨何，习道论于黄子。"
④ 《史记》卷二十七《天官书》，第1349页。
⑤ 《史记》卷十二《孝武本纪》，第468页。
⑥ 《史记》卷十二《孝武本纪》，第474页。
⑦ 《史记》卷十二《孝武本纪》，第475页。

"复遣方士求神怪采芝药以千数"①，又兴建通天台，靡费无算，而公孙卿竟以其媚惑之道官拜太中大夫。

《史记》的《孝武本纪》所记，几乎全是汉武帝求神问鬼之事，足见当时方士之宠及方术之盛。落下闳以方士应征，而最终却"拜侍中不受"，真的是因为他"淡薄名利"而"辞官隐居"② 吗？持此论者，显然对汉代的方士缺乏应有的了解。落下闳既然能"以律起历"，为了迎合上意，不惜牺牲历法的精准，足以见出他的方士本色。方士与隐士绝然两途，泾渭自相分明，不能混同而论。落下闳的辞官不受，或许别有一番隐情，需要治史者探隐抉幽，烛照原委。

又，《益部耆旧传》记载，落下闳进京议造汉历，缘于其同乡友人谯隆的举荐。这位谯隆，武帝时曾任上林令，"武帝欲广上林苑，隆言：'尧舜至治，广德不务林苑。'帝初不悦，后思其言，征为侍中"。③ 这位上林令与举荐司马相如的狗监蜀人杨得意，不但同为巴蜀同乡，而且职司也有交集，他们之间是否有过个人交往呢？这是有待探讨的问题。落下闳与司马相如这位他的巴蜀前辈之间，是否存在某种内在联系，也需要我们进一步探究。

（三）古代的天文观测及仪器。

根据《史记·天官书》所载，当时的星象观测者已把星空分为五官即五大区，所记星官八十六个，包括恒星五百多颗，这是现存最早的星表文献。《史记·历书》说："至今上即位，招致方士唐都，分其天部"，裴骃《集解》云："谓分部二十八宿为距度"，可见当时有关天文与恒星的观测工作，主要由唐都担任。《史记》中的天文学，是汉初星学权威唐都传承下来的天文之学。④

《汉书·五行志》共载太初改历之前日食二十一次，皆有宿度。如"高帝三年十月甲戌晦，日有食之，在斗二十度"，说明二十八宿距度的测定，绝不自太初改历始。根据《吕氏春秋》及《淮南子》等书所载，测量二十八宿距度的工作，至迟也不会晚于战国时代。太初改历，有重新测定的必要，所以落下闳"于地中转浑天"者，目的还是为了测定宿度。

古人观天测地，由表到圭，由日晷到漏刻，由赤道式浑仪到黄道式浑仪，都有一个发展完善的过程。落下闳"营浑仪"或"转浑天"，说明他对浑仪的使用的确有过贡献，但是这个贡献要放到整个天文观测的历史进程中去考察，方能从整体上把握古代科技的水平和古人的智慧，避免割裂历史。《太平御览》引桓谭《新论》云：

---

① 《史记》卷十二《孝武本纪》，第477页。
② 查有梁：《世界杰出天文学家落下闳》（修订版），第3页。
③ 《太平御览》卷一百七十三《居处部一·宫》引《汉书·郡国志》，又见同书卷二百一十九《职官部十七·侍中》引《华阳国志》，文字略有出入。清嘉庆十七年歙县鲍崇城校刻本。
④ 潘鼐：《中国恒星观测史》，上海：学林出版社，1989年，第73页。

　　扬子云好天文，问之于洛下黄闳以浑天之说。闳曰：我少能作其事，但随尺寸法度，殊不晓达其意。其后稍稍益愈，到今七十，乃甫适知已，又老且死矣。今我儿子爱学作之，亦当复年如我，乃晓知已，又且死焉。其言可悲可笑也。①

　　这段文字又见于《北堂书钞》的"仪饰部"，详略有异。桓谭此说颇为不经，扬雄生年上距太初改历五十余年，相隔较远，问道于落下闳的几率不大。但是这段话又颇具神仙方士本色，说明它并非完全臆造，有一定的事实依据。从中可以看出，落下闳能作浑仪，但是对其原理则"殊不晓达"，其后才慢慢有所理解，至七十岁时才通晓其意。虽然颇类小说家言，但又非常生活化，很具体，可以为"落下闳研制浑仪"说者提供借鉴。

　　当然，历史由落下闳来营、转浑仪，并不是一种简单的历史巧合，应该有它的合理因素。这需要从落下闳的家庭出身、成长环境等方面去考察，这将是落下闳研究者的又一艰巨任务。

　　（四）秦汉时的天文与算学

　　古代天文学与算学都源于农牧业生产的需要。观象授时阶段的天文学，主要的目的还在于编制历法，不仅需要观测，还需要大量计算。天文学离不开算学，算学而因为天文学得到发展提高。现存最早的算学著作《周髀算经》，既是一部算学著作，又是一部讨论天文测量和历法运算的著作。

　　《九章算术》是秦汉时期又一部非常重要的算学著作，诸多天文历算家都对其进行过研究注解，如张苍、耿寿昌、许商、杜忠，以至刘歆、张衡等等。近年来出土的张家山汉简《算术书》，被认为成书于西汉早期，比《九章算术》的时代还要早一些，是研究秦汉算学的重要文献。

　　上举秦汉时期算学著作，均未提及"通其率"及连分数，而且自来算学史著作，均未道及落下闳其人。《太初历》的天文历法数据，究竟是运用什么数学方法计算出来的，还有待我们对秦汉算学的深入了解，方能烛照源流，洞见真妄。

　　（五）二十四节气及时令节庆

　　从日、夜到四时，从四时到八节，从八节到二十四气，再到七十二候；从朔、晦到弦、望，从朏、魄到才生霸、既生霸，再到才死霸、既死霸，等等，反映了人们对太阳和月亮视运动观察的逐步深入与准确。从立春到立春，物候为之再现；从元旦到元旦，一年为之更新；从冬至到冬至，一岁为之更始。凡此等等，都是人们长期观察积累与总结分析的结果，既是人们认识自然的进化史，也凝结着祭祀庆祝等风俗习惯。

　　整理研究古人观测天文宇宙的认识史，既是科技史的重要内容，同时也是民俗研究的重要内容。科技史方面的研究已经非常成熟，然而民俗史的研究则相对薄弱，以至于人们对春节的历史演变都显得模糊不清。落下闳研究离不开民俗研究，这方面还有许多

① 《太平御览》卷二"天部二·浑仪"，清嘉庆十七年歙县鲍崇城校刻本。

工作需要深入研究，而不是简单的重复。

五、结语

落下闳研究，首先要辨析史料。史料有先后之分，也有直接间接之别，更有真伪之辨。在此基础上，有几分史料，说几分话，不能脱离基本史料而缪悠遐想，力忌违背史实而兴造新说，避免那种简单化、平面化、概念化和抽象性的研究：表面上看起似乎是在肯定赞扬历史人物，实际上却走向了扁平化和庸俗化，使立体多元的历史和丰富多彩的历史人物，变成了抽象的概念、空洞的教条和乏味的言说。

孔子说："夏礼，吾能言之，杞不足征也；殷礼，吾能言之，宋不足征也。文献不足故也。足，则吾能征之矣"[1]，为我们树立了守缺毋滥的典范。司马迁在撰写《史记》的过程中，也每每遇到史料不足的困境，"学者多称五帝，尚矣。然《尚书》独载尧以来，而百家言黄帝，其文不雅驯，荐绅先生难言之。……书缺有间矣，其轶乃时时见于他说。非好学深思，心知其意，固难为浅见寡闻道也"[2]，可见史料辨析之难。

在辨析史料的基础上，落下闳研究要以《太初历》的研究为切入点和落脚点，是重中之重。没有太初改历就不会有落下闳这个历史人物，太初改历是太初改制的重要组成部分。我们要从太初改制入手，揭橥太初改历的社会历史背景，揭示改历的曲折复杂过程，同时要深入研究秦汉天文历法，分析秦汉时期的方士与方术，联系改历过程中出现的众多历史人物，对太初改历这一重大历史事件进行全方位、立体式的研究，这样才能丰富落下闳研究，才能促进落下闳研究。

落下闳研究，一方面要避免那种无米之炊式的凭虚臆造和概念化的虚辞溢美，另一方面，前路依然柳暗花明，仍然有为可作，当然也依旧任重道远。

（2018 年 11 月 13 日）

---

① 《论语·八佾》，程树德：《论语集释》卷五，第 160 页。
② 《史记》卷一《五帝本纪》，第 46 页。

何以落下闳——落下闳文化背景初探

张治平

（阆中市电化教育馆）

　　天文学在中国古代是最为发达的科学，历来是帝王秘辛，上古之时皆是王或与王紧密关联的神职人员担任。周代以来更是形成了国家控制和垄断的专业团队，天文历法成为国家政治制度的基础，甚至形成了民间禁止研究和观测天文的现象。西汉时，落下闳能以一个民间天文学家的身份承担《太初历》的核心研制工程，并提出了浑天说，制作了浑仪浑象，对中国古代天文与人文产生了划时代的影响，其原因在于落下闳的族群背景和古巴蜀及阆中独特厚重的天文文化背景。

　　天数在蜀，河洛之学多在蜀汉间。

　　《列子》曾记载华胥氏之国：

> 华胥氏之国在弇州之西，台州之北，不知斯齐国几千万里。盖非舟车足力之所及，神游而已。其国无师长，自然而已。其民无嗜欲，自然而已……（其人）入水不溺，入火不热，斫挞无伤痛，指擿无痟痒。乘空如履实，寝虚若处床，云雾不碍其视，雷霆不乱其听，美恶不滑其心，山谷不踬其步，神行而已。

　　这虽是传说，但"入水不溺，入火不热……"等情状恰是数千年来流传在中国民间端公神巫等神职人员的跳神功夫。《列子》有关华胥氏的传说虽不能当正史看，但可从民俗上作为参考，从《列子》看华胥氏之国就是一个萨满神巫的仙国。神话是历史的影子，华胥氏之国就是华夏民族源头的华族（华胥部落）。华，花也，花葩也，而巴人之"巴"，徐中舒先生认为也有"花葩""花苞"之义。巴人即华族，乃华胥氏后裔。华胥部落是一个生活在古华山（今称秦巴山区，华山之名便是以华胥部落而得名）西部的母系氏族，又称华阳古国，其地望在今陕南川北及川西北及甘南一带，也就是今天嘉陵江流域中上游及汉江中上游和甘南一带。阆中便是传说中华胥氏之国的都城之一，被《路史》和《保宁府志》称为"伏羲所都"。阆中从地理上讲是古昆仑及甘青高原的门户。《路史》并载华胥在阆中渝水之滨践大足感孕而生伏羲，至今阆中仍保留了众多华胥及伏羲传说，如伏羲诞生的彭道将池、十巫上天入地的灵山，有伏羲仰观俯察而作卦的云台山，有象征天盖的伞盖山盖阳山和通天的玉台山等。史料载战国秦汉之时阆中有"彭咸之乡"（即屈原所言"彭咸之所居"）和"慈凫乡"（伏羲乡）之称，说明华胥伏羲文化在阆中是有所依据的。

　　从文献及族源文化看，伏羲文化最早源于今两湖江汉一带的巴蜀荆楚文化区，与战国秦汉的"南蛮""戎狄"族群出土的《楚帛书·创世篇》是关于伏羲女娲的最早文献。近古伏羲女娲的故事也主要从苗瑶族群集中的巴蜀荆楚地方传播开来，从出土文物看，海岱地区也是伏羲文化的富集区。这一特点与童恩正先生的半月形文化分布带相契合，也与中华远古文明"夷夏东西""夷先夏后"的历史演进规律相契合，说明伏羲文化源于古夷文化，是中华文明底层。伏羲文化分布极为广泛，但发扬光大则在川北阆中及甘南天水和河南，这可能与舜窜三苗于三危相关。三苗向北迁徙促进了三苗伏羲文化经秦巴山走廊向北传播，阆中华胥传说也许就是在炎黄文化与三苗文化融合的背景之下发生的，或三苗文化本身就最早源于七八千年前的甘青高原的古昆仑之丘，与大地湾文化及仰韶文化和马家窑文化及齐家文化有关，是古昆仑文化经秦巴山走廊向长江中下游传播的结果。从考古材料看青海柳湾出土的众人操牛尾而歌的彩陶画面所揭示的就是炎帝神农氏祭牛图腾场景，这也似乎是上古以牛羊等尾饰为图腾的古老"巴氏""氐羌"尾饰文化基因的重要来源。在周武王伐纣的西方八国中的"微、彭、蜀、濮、庸、髳"等在图腾上多突出尾饰，汉代画像石中伏羲女娲的人首蛇身图腾最突出的仍然是尾饰，伏羲之名从人从犬从羊就与古昆仑游牧生活相关，与"戎狄"相关，这一点揭示三代秦汉栖居于秦巴山区和四川盆地的三苗南蛮仍然保持上古昆仑游牧狩猎习俗。在殷墟甲骨文化和殷墟早商文化及《禹贡》中也早有"织皮昆仑"和和田采玉之述，说明四千年前中原文化系统就与西域及古昆仑之丘相联系，同样五六千年前的长江流域的良渚文化中的玉琮等玉文化与中华民族童年栖于古昆仑（甘青高原）有关。

　　《山海经·海内经》说：西南有巴国。太皞生咸鸟，咸鸟生乘厘，乘厘生后照，后照是始为巴人。

　　《郑氏诗谱·陈》称伏羲为"太皞虑戏"。《路史·后记·太昊伏羲氏》说："伏羲生咸鸟；咸鸟生乘厘，是司水土，生后照；后照生顾相，降处于巴，是生巴人。"谯周《蜀本纪》认为"巴"字喻象山川，乃指阆中段嘉陵江，该段江水三折如腾蛇翻飞，故为巴，巴水也叫渝水，后又有巴山、巴渝诸名。这说明川东嘉陵江流域的巴人是伏羲后裔，阆中为巴人的发祥地。《晋书·李特载记》将巴人称为"巴氏""东羌"。《荀子·疆国篇》说："秦西有巴戎。"《华阳国志·巴志》说，世称巴人为"白虎复夷"，又称"弜头虎子"，"弜"通"弼"，"复""弜"均读必"必"，"复夷"即"比夷"，也即虑戏之夷，虑从"虍（虎）"，音"毕，比"，乃虎之谓，今土家族、彝族、白族，自称"比""毕"，乃白虎之谓，神巫称为"毕摩"，毕摩即虑戏，也即伏羲。秦汉时阆中又有"孳凫""伏羲乡"之名，板楯蛮又称"白虎复夷""弜头虎子"，当为羌人伏羲虑戏后裔无疑，这与《列子·黄帝篇》和《路史》等典籍有关阆中为华胥氏之国、伏羲所都之述相证合。根据《史记·楚世家》记载，彭人出自羌戎伏羲后裔帝颛顼高阳一系，为火正重黎吴回陆终之后。东迁之彭人在殷商时曾在今江苏徐州一带建立过古彭国，彭祖便是此国人，留守于古昆仑羌戎的一支彭人殷周之时则栖于古华山秦岭大巴山区的嘉陵江流域，曾助武王伐纣，为"西方八国"之彭人，秦汉时被称为板楯蛮。賨人板楯蛮为古羌戎伏羲后裔，承绪了伏羲和颛顼天文易学传统，当有历象日月星辰之灵台，云台山和灵山便是巴賨板楯蛮的灵台和天文台。

著名学者刘汉尧在《中国文明源头新探》等著作中指出川东古巴賨与今彝族上古时文化同源。《华阳国志》所载的阆中灵台，即天文台，其文化意义与楚庄王时尚保留的"匏（葫芦）居之台以观国氛"的观象台和彝族的向天坟有相似相同的文化内涵，阆中灵山云台山即是古巴賨板楯蛮的神山灵台，即天文台。

落下闳为古巴人，源出巴人天文世家，与其巴人居"下里"独特的"落下"文化密码相关。巴人是中华民族中一个极为古老的族群，相传中华人文始祖伏羲便出自该族群。上古奇书《山海经》有"太昊生咸鸟，咸鸟生乘厘，乘厘生后昭，后昭是始为巴"的有关巴人族群演变的记载。"太昊"亦作"太皞"，"皞"即"皋"，"皋"是"皞"的本字，"昊"是"皞"的引申字，太昊即太皋伏羲。同时该书还有"夏后开（启）有个叫孟涂的大臣事神于巴，巴人在丹山西"的记载，丹山即大巴山，一说巫山。说明禹夏之时巴人就已栖于四川盆地东部的秦巴山区一带，即今天的西汉水嘉陵江流域和汉江之间。

《列子》和《路史》等典籍又曾记载阆中上古有华胥氏之国，华胥在阆中渝水践大足感孕而生人祖伏羲，至今阆中仍留下众多有关华胥伏羲传说。三代之时，阆中是巴人重要支系賨人板楯蛮（又称彭人）世代累居之地，留下彭道将池、彭道鱼池和巴渝舞众多名胜古迹和人文传统。春秋之时巴子国与楚杂处，后巴楚庸三国相攻伐，楚国逐渐强大，巴子国受楚逼压西迁，最后定都阆中，直到秦汉阆中嘉陵江流域仍是巴人累居之地。"渠江"便因板楯蛮所使用武器木楯又称"渠楯"而得名。板楯蛮之史迹见诸《后汉书》《华阳国志》。三国之时阆中仍有巴夷王、賨夷侯的称谓著称于史。巴人支系廪君蛮，唐宋以来又称五溪蛮，《后汉书》称源于武落钟离山，祭奉武罗神，又称白虎神。武落山、武落钟山难以稽考，但它确保留了古老昆仑墟丘，虎山神巫文化密码，古夷人称虎为罗罗，视虎为武罗神，并形成了虎化天地的虎宇宙观，有学者认为钟离山，乃钟山和黎山之合称，"钟离"通"重黎"，"重黎"正是上古著名的天文学家，钟离（重黎）山也乃天文观测之神山灵台，与开明神兽栖居的昆仑山灵山极为相似。武落山、武落钟离山便是古巴夷族群的神山和聚落。中国传统"刑德观"表明，虎主刑，"刑为武"，武落钟离山源于虎图腾。

汉应劭《风俗通义》佚文说：落下氏，即皋落氏，是古狄（夷）国，为赤狄别种，以国为姓。"狄"通"逖"和"翟"。许倬云先生认为"狄"代表的就是牧养文化的人群，就是带着狗在火边上围坐的人群。这一点与"夷"的持弓狩猎形象非常契合，故"夷"与"狄"相通，并称为"夷狄"。汉字中"皋落氏"之"皋"乃水岸、水边地及沼泽之义，通"高"，太昊即太皞、大皞，"太"通"大"，太皋伏羲氏也即皋落氏，"皋落"即水岸边地及平坝台地上的聚落。"皋落"也乃武落，"落"乃聚落、里落，是滨江临水或依山傍水的台地聚居地，也称村邑、村落，或称为成或廓，这种村落、村邑、里闾、里邑，在嘉陵江流域又俗称为"坝""坝里""下里"，坝里及下里，下里巴人的典故证明了巴人居"下里"的历史事实。至今从重庆的"菜园坝""沙坪坝"一直到阆中的"彭城坝""白沙坝""七里坝"以及广元的"上溪坝""中坝""下溪坝"，无处不以"坝"统称其里落。"下里"即"落下"，"皋落"也即"坝里"，"里落"。徐中舒先生认为"巴"即"坝"，巴人源于聚落"坝里""坝""皋落""武落"之称谓，"皋落""武落"又有"依落"（伊洛）之称，"洛"通"落"，义即"络""罗"，乃指山环水绕、藏风聚气、水草丰茂、物产丰盛的半岛曲流地形或山坳、山阿，是上古先民理想的栖居之地。伊落（依落）便是古夷聚落宅居的秘密。中原洛阳古有伊水洛水，至今仍叫此名，甘陕和巴蜀也多有伊水、洛水（雒水），有可能与皋落氏族群移动相关，伊洛瓦底江，则以独特的地名概念表明了古夷族群的文化印记。至今阆中仍存留有文成、高成、灵城、重成、七里、五里、彭城等古地名。五里，即武里、武落，七里即赤里、孳里，今阆中"七里坝"秦汉时又称为孳凫乡，徐中舒先生认为"孳凫"即"凫孳"之倒语，孳凫乡乃"伏羲乡"之义，是巴人板楯蛮世代累居之地，七里与赤里，赤狄、孳里因谐相通，"七里"有可能是"孳凫、孳里、赤里、赤狄"之音义演变而成，孳里、赤里正说明巴人源赤狄。"狄"从"犭"从"火"表明赤狄的犬图腾，伏羲及高辛氏传说，伏羲与高辛氏正是中国古史文献中记载犬图腾族群，伏羲一词从"羊"从"犬"正契合"赤狄"之本义。近古苗瑶民族的盘瓠神话反映了这一史事，伏羲即盘瓠已为人类学民俗学相证实，考古史表明：世界最早的驯化犬的历史起源于中国西南部，而这正与民俗学、人类学的古巴人及苗瑶族群的历史相契合，高辛氏抑或是皋落氏之别称。汉代并在阆中设有彭道少数民族行政区划，并留下彭道将池、彭道鱼池等名胜古迹。谭继和先生认为"成"是构木为巢的干栏宅居形式，是水滨聚落成邑的重要方式，彭廓、彭城、高成、文成、灵城皆是皋落聚居的孑遗，"皋落"乃"高（皋）成"也。阆中东河及附近的七里坝、彭城坝、郑家坝、白沙坝、阆中古城的兰家坝，正是阆中古代土著族群巴人和賨人的累居地，被誉为"伏羲所都"，高成、文成、灵成、鱼成、白沙坝一带的高岸台地、平皋最有可能是落下闳及其族群栖居之地，不仅已出土多个史前文化遗址和商周文化遗址，而且用着观星历象的上古灵山灵台皆在其附近。

落下闳的天文背景还可以从《史记·楚世家》及《楚辞》中有关彭文化的记载和描述得以佐证。《史记·楚世家》云："楚之先祖，出自帝颛顼高阳。高阳者，黄帝之孙，昌意之子也。高阳生称，称生卷章，卷章生重黎，重黎为帝喾高辛居火正，甚有功，能光融天下，帝喾命曰祝融。共工氏作乱，帝喾使重黎诛之而不尽。帝乃以庚寅日诛重黎，而以其弟吴回为重黎后，复居火正，为祝融。吴回生陆终，陆终生子六人，坼剖而产焉。其长，一曰昆吾，二曰参胡，三曰彭祖，四曰会人，五曰曹姓，六曰季连、芈姓，楚其后也。昆吾氏，夏之时为侯伯，桀之时汤灭之。彭祖氏，殷之时尝为侯伯，殷之末世灭彭祖氏。"

先秦典籍记载表明颛顼乃帝之商阳，重黎及祝融吴回陆终和大彭彭祖皆其后裔。《山海经》载帝颛顼高阳乃黄帝后裔居甘青高原若水（今川西北雅砻江）曾与蜀山氏联姻，其部分后裔东迁，部分后裔留守古昆仑甘青高原，三代秦汉时逐渐迁徙到四川盆地和云贵高原，成为后世巴濮等西南少数民族的重要来源，东迁之一部成为东夷重要族群，生活在海岱地区，尧舜至夏商周之时逐渐迁徙到江淮荆楚巴蜀之地，与当地土著杂处，春秋战国时楚人就主要是祝融八姓之后裔，而巴人中廪君之巴人所居之地武落钟离山，顾名思义"钟离者，重黎也"，钟离，又作"童离"，多与重黎有关，春秋之时，江淮之地就有钟离国，楚地也多有钟离之地名，大彭、老彭、彭祖一系也是颛顼、祝融之后，尧时被封于大彭（今徐州一带），是重要的天文巫史家族，殷时彭祖（巫彭）便为守藏史，负责卜甲卜骨的管理，与巫咸构成殷商历史文化中最重要的神巫，巫医集团，并称为"彭咸"，殷末大彭古国被商所灭，其族向西迁徙，殷周之时彭作为"西土之人"，参与了周武王灭商行动，春秋战国之时巴蜀地区成为彭人彭文化的大本营，为楚人和楚文化所敬仰，《楚辞》中常提到"指彭咸以为仪""思彭咸之故也""托彭咸之所居"，成为屈原等士人追逐的王道乐土，居于嘉陵江流域的彭人在秦汉被称为賨人板楯蛮，彭祖即彭祖氏，彭人擅用渠盾为兵器，称彭排，至今仍留下賨城，彭城、彭池、彭水、宕渠、渠江、渠县等众多历史文化遗迹，徙居于川西的彭人成为蜀文化的重要族群，至今仍留下了彭山、彭州、天彭等众多历史文化遗迹，故杜光庭等有彭祖晚年徙居于西蜀之说。

阆中历史上族群极为复杂，既有古远的华胥伏羲传说，战国之时又曾为巴子国别都，秦汉时又有中国历史上唯一的挚枭乡（伏羲乡）之称谓，同时三代时又是賨人板楯蛮世代累居之地，《华阳国志》《后汉书》等典籍载，阆中板楯蛮擅长彭排为兵器曾助武王伐纣，留下了著名的巴渝舞，板楯蛮又称为賨人和彭人，西周铭器中有周昭王伐虎方时，路过一个叫"賨"的地方，可知西周初年彭人就生活在华阳之地的巴汉之域。

史载古蜀开明王朝丛帝鳖灵又曾登过阆中灵山，在灵山留下了众多开明氏文化遗迹及传说，灵山新石器文化遗址考古表明早在距今五千年时灵山就有人类活动，并具有天文历象和原始宗教文化特质。

古巴人及賨人自古以来就是尚天文的民族。春秋之时苌弘便是出生于古巴蜀资中的著名天文历法学家，精通律历，传说孔子曾问乐律于苌弘。战国晚期的鹖冠子是著名的政治学者和天文学家，史料记载是一位隐居深山以鹖为冠的賨人，以鹖为冠而号鹖冠子与隐于皋落之下而名落下闳的落下闳，其名来源方式一致，这正是古巴賨人巴人姓名称谓的特点，鹖冠子早落下闳近两百年左右，后人根据他的著述整理而成《鹖冠子》一书，《鹖冠子》一书中有许多系统的天文论述，在这一点上先秦诸子无人能与之相比。

《鹖冠子·环流》中的"斗柄东指，天下皆春，斗柄南指，天下皆夏，斗柄西指，天下皆秋，斗柄北指，天下皆冬"的以斗建时、定四季的方法，与《夏小正》的"正月初昏，斗柄悬在下"，"六月初昏斗柄正在上"的记载相一致，说明战国阆中古巴賨的地方天文历法思想与《夏小正》所揭示的夏代历法相一致，这也可能是落下闳主张《太初历》

"行夏正，以正月为岁首"的渊源。《鹖冠子》中的"中参成位，四气为政，前张后极，左角右钺"所说的天区的划分及"春用苍龙，夏用赤鸟，秋用白虎，冬用玄武"的四象成四神四灵天象观，与《太初历》历法中的天象分部相一致。同时"四气为政""散以八风""天始于元，地始于朔，四时始于历"等天文认识明显讲的是一年四时（四气）八节（八风）或二十四节气的天文传统。为落下闳和《太初历》天文文化的重要背景，这些反映了战国之时古巴地和阆中有高度发达的天文文化。

汉代阆中天文人才辈出，不仅出现了落下闳，而且还产生了任文公、任文孙，周舒、周群、周巨以及谯隆、谯玄、谯瑛、谯周等具有家学渊源的天文世家，汉唐传天数者热衷于阆中，便与这种天文传统有关。张道陵到阆中传道，于文成山作玄坛，立二十四治，创立五斗米道，归真阆中云台山，让天下道脉出云台，张申、壶公、葛洪、袁天纲、李淳风、杜光庭、吕洞宾等到阆中参验天文或弘扬道学，陈抟到阆中云台山修道近十年，并将河图洛书传出巴蜀，都与阆中厚重的天文文化背景相关。

正因为落下闳是属巴夷人，他才能承绪伏羲颛顼古彭人天文历法传统而参与太初改历的工作。同时，也正因为他是巴夷人，他才能提出浑天说宇宙观。

巴人是一个极为复杂的族群，史载古巴人中有一支源出巫诞，又称诞民、蜑人、蛋人，或称獽蜑，巫蛋之来源源于古夷人，亦说百越，在这个族群中有卵生生殖神话和宇宙卵生殖图腾文化及感生神话。

人源于卵生神话极为古远，也是一个世界性的文化母题，氏族时代不管是亚欧大陆还是非洲美洲皆有卵生神话。在中国，道家及神话中的"混沌生物"思想，其本质是卵生神话的体现。《诗经》有"天命玄鸟，降而生商"之说。《尚书》也有殷祖"契之卵生"说。《诗经·生民》在叙述周人始祖后稷是在其母姜嫄践大足后感孕而生下后稷，后稷之生类似同于华胥践大足而生伏羲的感生神话，证明巴人与周文化有关联性，姜嫄生下后稷是"诞弥厥月，先生如达"，生下的是一个胎衣未脱的肉球，后把后稷弃之于野，由于牛马不欺，百兽不加害，并有神鸟覆翼化卵，后稷最终存活下来，又被从野外捡回来进行抚养。这一神话与《魏书》所载高句丽朱蒙生于卵的神话如出一辙，高句丽之先祖朱蒙生下时也是一个大如五升的巨卵，后弃之于野，猪犬不食，牛马不相害，后朱蒙破壳而出。这一神话便是后来"天地混沌如鸡子"的盘古开天辟地和混沌神话的来源。人类文化学研究表明，盘古与伏羲在神话中乃同一人物，上古读音相同相近，近古由于地域族群分野而造成盘古与伏羲成为两个神话人物，"天地混沌如鸡子"的宇宙卵生化观，正是落下闳浑天说的来源。巴人自称为巫诞、蛋民、蛋人其源在此，今布依族源自古巴人，他们仍自称为蜑人，将天称为"浑蛋"或称为"浑"，浑蛋即是圆天之义，蛋成为宇宙生命和天球的喻象。浑蛋、浑球、浑人初义具有以天之圆喻义吉祥美好，也具有天之子民之义，但在今民俗中却将"浑蛋""浑球""浑人"作为人的一种贱称。《山海经》及古文献所载殷商时的大神巫巫咸、巫彭等灵山十巫，源出于古巴人巫蛋之民，巫咸则是殷商重要天文学家，有学者认为巫咸与巴人的"咸鸟"相关，与殷祖的"天命玄鸟，降而商"

的"契生于卵"的神话一脉相承。土家族也乃巴人后裔，在其民俗中至今仍有卵玉化人神话。春节民俗中"吃蛋""吃馄饨"，或许源于古老的"天地混沌如鸡子"宇宙生化观，人们把吃蛋吃馄饨作为年岁更替，交于子时的春节民俗，寄托着对新年的美好祝福。

春节文化研究

汉族与藏族春节比较研究

黄全毅 田 巧①

（西华师范大学巴基斯坦研究中心暨印度研究中心；
四川省中国特色社会主义理论体系研究中心）

汉武帝太初元年（前104），汉武帝确立正月初一为农历一年开始。元世祖忽必烈至元四年（1267），藏族以藏历正月初一为一年开始。过新年成为汉藏民族千百年来的共同习俗，民国建立后（1912），国民政府确立公历为官方历法，公历1月1日成为一年的开始，民间则继续依据农历、藏历过新年。1914年，国民政府将农历新年改称春节，从此春节过年成为汉族民间习俗。藏历新年本质上与农历新年一致，本文为方便起见称为藏族春节。

大家会发现，农历新年、藏历新年会出现四种情况：1.农历新年与藏历新年是同一天（2019年农历、藏历新年都是2月5日）；2.农历新年与藏历新年差一天（2016年农历新年为2月8日、藏历新年为2月9日）；3.农历新年与藏历新年差一个月（2011年农历新年为2月3日、藏历新年为3月5日）；4.农历新年与藏历新年差一个月零一天（2020年农历新年是1月25日、藏历新年是2月24日）。这主要由于藏历深受农历影响，但在学习的历史中又出现差异，最终形成现在习俗。

（一）阳历、阴历、阴阳历

本文一开始先简单介绍相关天文知识，以帮助理解汉藏历新年形成差异的原因。年主要有两种，恒星年，地球绕太阳一周，历时365天6小时9分9.5秒，365.25636天；回归年，也称为太阳年，由地球上观察，太阳平黄经变化360°，即太阳再回到黄道（在天球上太阳行进的轨道）上相同的点所经历的时间，回归年历时365天5小时48分46秒，365.2421990741天。

月主要也是两种，恒星月，月球相对天球上的群星回到相同位置所经历的时间，27.321661天（27天7小时43分11.5秒）；朔望月，在天体测量学中，是指月球连续两次合朔的时间间隔。因为摄动的关系，朔望月的长度大约在29.27至29.83天之间变动，长期的平均长度是29.530588天（29天12小时44分2.8秒），由于月相的变化易于观

① 本文为2019年度国家社科基金冷门"绝学"和国别史等研究专项项目"清代西藏地区与喜马拉雅南麓区域交往研究"研究成果（编号：19VJX046）；四川省社会科学研究"十三五"规划2019年度项目"清代中国与尼泊尔交往研究"研究成果（编号：SC19B132）；西华师范大学巴基斯坦研究中心暨印度研究中心2022年重点项目研究资助成果（编号：PSC22ZD02）。

察，所以阴历历法以朔望月的平均长度作为太阴月的长度。

在现实生活中，为照顾日月运行的现实，历法分为阳历、阴历、阴阳历三种。阴历是单纯根据月亮圆缺的周期制定的，不管因太阳与地球的关系而产生的季节变化，伊斯兰教历（回历）就是阴历。阳历以太阳的视运动周期，也就是地球绕太阳运行周期为基础，它的历年近似回归年，每一个历年中的月份、日期都比较符合太阳在黄道上的位置。

阳历中的月与月亮圆缺的变化周期无关，格里高历即现在的公历也叫"西历"就是阳历。阴历与阳历在现实中差距极大。如回历中 12 个朔望月为 1 年，回历 1 年为354.367056 天，每年比公历少 10.8751430741 天，32.6 年就与公历相差 1 年，16.3 年就与公历相差半年。开斋节是回历十月一日，2019 年的回历十月一日是 6 月 5 日，2003 年的回历十月一日是 11 月 26 日。而汉藏历法则是阴阳合历，对日月运行都要兼顾。但藏历学习汉历计算时出现差异，形成现在汉历与藏历的局面。

（二）唐代藏历学习汉历

汉族人民通过千百年的摸索，到汉武帝的太初历时历法已经比较成熟，落下闳将二十四节气、无中气置闰、正月初一为新年都引入历法，成为传统。

藏族人民则形成自己的物候历。《雍仲苯教源流大成》中记录一种古老的物候历"象雄老人口算"，其是一种典型的阳历，以冬至、夏至为核心计算日期，一年约 365 天。公元前 100 年左右，西藏山南雅砻地区产生"纺线老女人之月算"，记载于《亚桑的故事》中。这种算法以月圆为初一，七天算一周，区分出四季与太阳运行规律。这种物候历已经相当成熟了，说明当时藏族人民已经掌握了阴阳双历。但藏族的物候历与汉族历法相比精确度不高，汉历就成为藏族人民学习借鉴的对象。

唐朝时期，汉藏民族交流频繁，汉族的历法传入藏区。松赞干布建立吐蕃王朝，迎娶文成公主，文成公主带着大量历法书籍进入西藏，包括《博唐八十数理》《五行珍宝包罗》《密意根本之精》等。赤德祖赞迎娶金城公主，金城公主也带着大量历书入藏，包括《算学七续圣典》《八支》《三部释解》《九部读》等。

两位公主所携带的历算书籍，将汉历中阴阳五行、七星、八卦、九宫、十二生肖、二十四节气、二十八星宿、六十花甲介绍到西藏，使藏历深受影响。藏族人民吸收了汉历中比较形象容易理解的六十花甲纪年，开始使用六十花甲循环纪年。十个天干，藏历采用汉历的阴阳加五行记载。汉历中乙为阴木，甲为阳木；丁为阴火，丙为阳火；己为阴土，戊为阳土；辛为阴金，庚为阳金；癸为阴水，壬为阳水。金在藏历中改为铁，所以藏历中庚为阳铁，辛为阴铁，其他与汉历一致。十二地支，藏历同汉族一样采用十二生肖记载。子对应鼠，丑对应牛，寅对应虎，卯对应兔，辰对应龙，巳对应蛇，午对应马，未对应羊，申对应猴，酉对应鸡，戌对应狗，亥对应猪。天干中丙、甲、庚、壬、戊为阳干，丁、乙、己、辛、癸为阴干。地支中寅、子、辰、申、戌、午为阳支，卯、丑、巳、酉、亥、未为阴支。阴干配阴支，阳干配阳支，阴干不配阳支，阳干不配阴支，组成六十个组合，为"六十花甲"。

从唐朝开始到现在，藏历纪年采用了汉历的六十年周期。唐穆宗长庆三年（823）立于拉萨大昭寺的唐蕃会盟碑，记录时间就使用六十花甲纪年，如立碑时间用藏文刻在碑东面，为"大蕃彝泰九年，大唐长庆三年，即阴水兔年春二月十四日"。① 按天干地支算阴水兔年就是癸卯年。这种纪年法从唐朝流传到现在，如 2019 年是农历己亥年、藏历第十七饶迥历阴土猪年，但其实己亥与阴土猪是一回事，所以藏历与农历纪年完全是一样的。

六十花甲循环纪年在现实中存在每隔六十年就相同的缺点，汉历采用了与朝代、年号相配合的方法；而藏历采用了饶迥历，即以时轮经传入西藏的北宋仁宗天圣五年（1027）为起始计算。1027 年为丁卯年（阴火兔年），为第一饶迥历开始，每过六十年就加一次。如 1087 年为第二饶迥历开始，1987 年为第十七饶迥历开始，以此类推，然后注明天干地支，如 2014 年为第十七饶迥历阳木马年。1027 年以前藏历纪年用"火－空－海"纪元，从唐高祖武德七年（624）开始计算。

（三）宋代藏历与汉历形成差异

汉历与藏历皆为阴阳历，要兼顾回归年与朔望月，解决办法就是设置闰月。汉历与藏历设置闰月方法不同，造成有时月份相同，有时相差一月。汉历设置闰月方法与二十四节气密切相关。

二十四节气是依据阳历划定，依据太阳在黄道上运行的位置，把一年划分为二十四个彼此相等的段落，太阳通过每等份的时间几乎相等，二十四节气的阳历日期每年大致相等。而十二宫是从太阳运行的轨道——黄道附近选定的一些星座，与天上十二星座同名，汉历中十二宫与二十四节气有固定的对应关系。

农历	正月		二月		三月	
地支	寅虎		卯兔		辰龙	
中气	雨水	双鱼宫	春分	白羊宫	谷雨	金牛宫
公历	2月18—20日		3月20—22日		4月19—21日	
节气		惊蛰		清明		立夏
公历		3月5—7日		4月4—6日		5月5—7日
农历	四月		五月		六月	
地支	巳蛇		午马		未羊	
中气	小满	双子宫	夏至	巨蟹宫	大暑	狮子宫
公历	5月20—22日		6月20—22日		7月22—24日	
节气		芒种		小暑		立秋
公历		6月5—7日		7月6—8日		8月7—9日
农历	七月		八月		九月	

---

① 王尧：《吐蕃金石录》，北京：文物出版社，1982年，第44页。

地支	申猴		酉鸡		戌狗	
中气	处暑	室女宫	秋分	天秤宫	霜降	天蝎宫
公历	8月22—24日		9月22—24日		10月23—24日	
节气		白露		寒露		立冬
公历		9月7—9日		10月7—9日		11月7—8日
农历	十月		十一月		十二月	
地支	亥猪		子鼠		丑牛	
中气	小雪	人马宫	冬至	摩羯宫	大寒	宝瓶宫
公历	11月21—23日		12月21—23日		1月19—21日	
节气		大雪		小寒		立春
公历		12月6—8日		1月5—7日		2月3—5日

两个中气之间就是一个宫，每一个中气必然对应一个汉历月，十二节可能落入相邻两个月中。如雨水必然在汉历正月，立春则可能在十二月，也可能在正月。大寒和雨水之间为宝瓶宫。二十四节气对应的公历日期在表中已注明。汉历月份对应的地支也已注明，正月为寅虎。

落下闳制定太初历时将无中气置闰引入汉历。汉历闰月设置按"无中气置闰"实行19年7闰。一个回归年是365.242天，有12个节，12个中气。节与节、中气与中气之间平均为30.44天，这是一个平均数，称为"平气"。一般朔望月里都有一个节和一个中气，但一个朔望月是29.53天，比平气短0.9天，因此每隔大约33个月就会有一个月里面有中气无节，或有节无中气。前文表1中已注明，汉历中每一个中气必然对应一个汉历月，如果某个月里只有节没有中气，只能作为上个月的闰月。如甲午年（2014），公历10月23日为霜降对应汉历九月，11月22日为小雪对应汉历十月，这两个中气之间的朔望月只有一个节立冬（11月7日），这个朔望月就成为闰九月。

现实中太阳轨道是椭圆的，间隔不相等，二十四节气相互之间的距离也就无法相等。太阳在黄道上的实际位置计算的节气叫作"定气"，汉历按"定气"定节气。按定气计算，地球在冬季过近日点时运行得快，一节加一中气只有29.74天，和朔望月长度相当，很少设闰月，所以汉历中很少出现闰十一月、闰十二月、闰正月。有的书说汉历没有闰十一、十二、正月，其实不对，只是很罕见。顺治十六年（1659）闰正月，公历1659年1月23日是农历己亥年（阴土猪年）正月初一，2月21日为闰正月初一，3月23日为二月初一。相反，地球在夏季过远日点时运行得慢，一个节气要16天之多，因而夏季及其前后几个月闰月就比较多。

唐代藏历成功学习汉历，但唐末、五代中原与藏区都战乱频发，藏区的众多典籍被毁。众多藏族历算大师对"无中气置闰"推崇有加，可必须精确推算出一年中二十四节气的时间日期，才能"无中气置闰"。可战乱后许多历算知识在藏区失传，已无法推算如何"无中气置闰"。

北宋仁宗天圣五年（1027），印度僧人达瓦贡布来到西藏，译师卓希绕札同他合作翻译了《时轮本续注疏》，这一年为阴火兔年，也即胜生年，胜生藏语音译饶迥，藏历即以这一年为饶迥历的开始。印度时轮历有完整的天文历算体系，包括日月食和五大行星运行方位的推算方法，超过了当时藏历的水平。经过噶玛巴·让琼多吉、布顿仁钦竹、宗喀巴大师肯定推广，时轮历被广泛认可，时轮经地位也越来越高。现在藏历就以时轮历为基础而演算。

藏历按时轮历的闰月的周期，65 年 24 闰，也就是隔 32.5 朔望月置一个闰月，现实中不可能闰 0.5 月，所以 32 个朔望月和 33 个朔望月相互间隔着安置闰月，就是说：两个闰月，这一次相隔 33 个月，下一次相隔 32 个月，再下一次相隔 33 个月，这样循环计算。如第十七饶迥历中，阴木鸡年（2005）闰六月，隔 33 个朔望月，阳土鼠年（2008）闰三月，再隔 32 个朔望月，阳铁虎年（2010）闰十一月，再隔 33 个朔望月，阴水蛇年（2013）闰八月。藏历用"平气"，一年 12 个月置闰的机会是均等的，而汉历用"定气"，12 个月里置闰的机会不是均等的。

这里特举一例来说明汉藏历的月份之间关系：从丙戌年（2006）汉历八月开始，汉藏历月份相同；戊子年（2008）藏历闰三月，汉历无闰月，从此年汉历四月开始，藏历比汉历晚一个月；己丑年（2009）汉历闰五月，藏历无闰，从此年汉历六月开始，汉藏历月份相同。以此类推，由于闰月设置方法不同，汉藏历月份出现相同或藏历晚汉历一个月。藏历新年也就出现可能与农历新年是同一天或差一个月两种情况。

时轮历还引进重日与缺日，造成汉历与藏历在纪日上也出现差异。汉藏历都是朔望月，朔望月平均长度 29.53 天，形成 29 天、30 天两种情况，汉历采用了大小月，小月 29 天，大月 30 天；而藏历没有大小月，每月固定为 30 天，再采用重日与缺日。

重日，就是这个日序（日期）要重复一次；缺日，就是这个日序（日期）要跳过去，空缺出来。重日和缺日有无和多少，决定该月是 30 天还是 29 天。一个月 29 天情况有：1. 包括一个重日、两个缺日；2. 包括一个缺日，没有重日。一个月 30 天情况有：1. 包括一个重日、一个缺日；2. 包括 2 个重日、2 个缺日；3. 没有重日也没有缺日。

重日与缺日设置与地月运行密切相关，在藏历中，日分两种，太阳日、太阴日。太阳日即一昼夜，而太阴日是藏历特设的一个概念。太阴日为月亮在空间里所行弧长的三十分之一所需的时间长度，每一个太阴日中，月亮所行的弧度是相等的。由于月亮运行的轨道是椭圆的，其运行速度有快有慢，所以在相等的弧长中运行的时间是不相等的，有长有短。月球运行快时太阴日比太阳日短，最短时间 1 太阴日＝0.9 太阳日；月球运行慢时太阴日比太阳日长，最长时间 1 太阴日＝1.066 太阳日。

每个太阴日开始和结束的时刻落在一昼夜的任何不同时刻都有可能。藏历规定太阴日与太阳日要有一定的对应关系，每个太阴日结束所在的太阳日的日序，应该与那个太阴日的日序相同。于是出现两种情况：一种是太阳日比太阴日长，有时两个相邻的太阴日的结束时刻，都在同一个太阳日内。藏历规定，依前一个太阴日的日序命名，于是就缺少了与后一个太阴日日序相对应的太阳日序数，缺掉的那个太阳日序数就称为"缺日"。另一种是太阴日比太阳日长，造成某一个太阳日内没有一个太阴日结束时刻落在其内，也就是说该太阳日缺少与他相对应的太阴日序。这个太阳日的日序只好把前一个太阳日的日序重复一下，这种日子称为"重日"。[①]

重日与缺日设置使汉历与藏历在同一个月内出现或者日期相同、或者差一天两种情况。设置闰月方式不同，重日与缺日的计算，最终使汉历与藏历新年出现前文所述四种情况。

（三）元以后藏历新年的形成

元代，元世祖忽必烈统一了中国，中原与藏区都归属中央政府统治，这方便了藏族人民与汉族人民的文化交流。

忽必烈于中统元年（1260）封八思巴为帝师，中统四年（1264）设总制院统领西藏，八思巴任总制院使。八思巴以中原内地《皇历》（农历）为体例，结合藏族传统历算和《时轮经》内容，制定了《萨迦历书》，西藏第一次有了完整的历法。现在藏历的各个特点都在这个历书中有所体现。这个历书中纪年使用六十花甲纪年，纪月接受汉历寅月为正月（与汉历一致），十二个月对应十二地支，寅月初一为新年，还引入如何精确计算二十四节气等汉历知识。

《萨迦历书》颁布后，在元中央政府的支持下，藏历正月初一成为新年，藏族人民也正式欢度藏历新年。这一习俗保留到现在。这一时期，由于学习汉历，藏族人民已能够精确计算出二十四节气在一年中的分布时间，可以"无中气置闰"。但时轮历在藏区已推行 200 余年，藏族人民已经习惯使用这个历法，改变起来很难。最终藏族人民还是在纪月上依据平气设置闰月，纪日上设立重日、缺日。

康熙二十六年（1687），第悉·桑结嘉措著《浦派历算白琉璃论》，简称《白琉璃论》[②]。此书共三十五章，前十九章内容和天文相关，主要讲天文历算，占全书五分之一；后十六章主要讲星占，占全书五分之四。

《白琉璃论》第十三、十八章主要讲藏历纪年，第十五、十六章主要讲藏历纪月相关内容。第十四章讲制订历书中详、中、略三种方法，对每种都列举了其应该包括的具体项目，并逐月给出了表格的模式。以中等规模为例，分三部分：1. 全年总说；2. 分月概说；3. 逐日细说。

第悉·桑结嘉措请求西藏的天文学者对《白琉璃论》提出意见和疑问，山南地区的学者达日译师阿旺和鲁郭拉钦对该书提出二百零八条疑问，为了回答这些疑问，第悉·桑结嘉措专门著《白琉璃论献疑答案·除锈复原》，简称《白琉璃论除疑》[③]。

《白琉璃论》与《白琉璃论除疑》两书成为西藏天文历法的标准，现在藏历的年、

---

① 王尧、陈庆英主编：《藏族历史文化辞典》，拉萨：西藏人民出版社，1998 年，第 42 页。

② 第悉·桑结嘉措：《白琉璃论》（藏文版），北京：中国藏学出版社，1996 年。

③ 第悉·桑结嘉措：《白琉璃论除疑》（藏文版），北京：中国藏学出版社，2002 年。

月、日大多都依据这两本书演算。现在藏历的历书也大多依据这两本书演算，藏族人民依据历书计算新年到来的日期与其他节日的日期，依据历书欢度藏历新年与其他节日。

（四）藏历新年习俗

藏历新年的设立深受农历新年的影响，汉藏民族文化交流频繁，藏历新年习俗也深受汉族过年习俗的影响。

藏历十二月二十八、二十九日，家家户户都要对房间和院子进行清洁打扫，平时被忽视的小角落也要仔细清洁。这是迎接新年的环卫大扫除。打扫后，将垃圾扔到远方，既迎接新的一年，也意味着将旧的一年中所有的不吉利的事物都扔掉。打扫干净后，家人们重新装修屋子，将屋子里的坐垫都换成新的。在农村和老城区，许多家庭在厨房里画蝎子来辟邪，人们还用糌粑粉、白漆、石灰石在大门前画上吉祥图案。

藏历除夕夜，藏族人依据传统在家里供上各种新鲜水果和青稞苗，祈求新年五谷丰登。每家每户还需要准备一个雕刻精美或彩绘的"切玛"，"切玛"主要象征过去一年的丰收，也祝新的一年五谷丰登、风调雨顺。

"切玛"是一个由木头制成的斗型木盒，木盒中间用隔板分开，半盒装炒过的麦粒，半盒装糌粑面，木盒外面绘有各种图案。木盒上插上几根染色的青稞穗，点缀一些小酥油，再插上两片箭形的木牌。

除夕夜，最有趣的仪式是吃面糊羹。主妇们在制作除夕夜的面糊羹时，特意在这些面糊羹里放了各种小东西，以测试家人的运气。所以大家在吃面糊羹时总是格外小心。吃到辣椒表示为人直爽，吃到羊毛表示为人心软，吃到炭表示为人黑心，吃到石头表示为人意志坚强，吃到油菜象征为人喜欢奉承别人，吃到肉象征为人敬老爱幼等等。每个人吃面糊羹的时候，一定要留一点剩余的残渣倒入破碎的旧碗或破碎的陶罐中。晚上，家里的大人们还会点燃绑成十字的麦秸秆，用点燃的麦秸秆将家里的房间都熏一遍。最后，家里的人将燃烧的麦秸秆与残羹冷炙扔到三岔路口。当天晚上，所有家人按习俗都必须留在家中。

藏历正月初一的早晨，人们在家里将发芽的青稞苗浸泡后放在盆里，以祈求新的一年五谷丰登。在西藏的有些农牧区还保留着新年的清晨挑吉祥水的传统。按习俗，谁挑到新年的第一桶水，新的一年此人就非常幸运。有的人凌晨三点就出发挑水。挑水回来后，全家换上新衣，一起吃吉祥饭。这顿米饭里有酥油、糖、人参果。饭后，家里老人端出"切玛"，每个人先抓几粒撒向四周，表示祈福，然后吃一点。老人们祝大家吉祥如意，其他人祝老人身体健康。初一这一天所有人都不许出门，只允许在家里活动。

藏历正月初二，大家开始相互拜年。客人到主人家后，客人和主人相互祝吉祥如意，互献哈达。大家一起进屋，主人端出"切玛"，客人抓几粒撒向四周，表示祈福。然后，主人会向客人敬青稞酒，主人还会唱祝酒歌，客人必须喝完酒以示尊重。正月初二开始，藏族男女会穿上节日的礼服在广场等开阔的地点跳舞，以祝贺新年。

藏历正月初三，许多藏族人会登高祈福。大家到屋顶挂新的经幡，在屋顶煨桑。众人集聚在院子里或屋顶唱歌跳舞，相互祝福，一起喝青稞酒。很多人还会到周边的高山上朝山。

藏历正月初五，藏族农民会举行隆重的春耕仪式。大家穿上春节的礼服，给耕牛装饰一新。牛角挂上五颜六色的羽毛与旗帜，用黄油在牛额头上画上图案，牛尾巴挂上五颜六色的缎子。牛轭上也挂上五颜六色的缎带，缎子上用贝壳和绿松石进行装饰。在农田中央，农民会摆一块白色的石头。农民在白色的石头边犁出五条沟。每条沟种一种农作物，如青稞、油菜、豌豆、小麦、蚕豆等。春耕仪式后，大家聚在一起唱歌跳舞，一起喝酒，直到太阳落山，大家才会尽兴而回。

藏历正月十五，藏族人过酥油花灯节。大家一起点酥油灯，观赏酥油花。青藏高原在藏历正月温度较低，酥油凝结不化。藏族艺术家与工匠们利用这个特点，将石绿、朱红等矿物颜料加入酥油里，用五颜六色的酥油制作各种图案与艺术品。这些酥油花是藏族人民的艺术瑰宝。正月十五这一天晚上，大的城镇街道上会挂上酥油灯、展览酥油花。大家在酥油灯下观赏酥油花，在灯下唱歌跳舞，欢庆新年。

根据传统习俗，庆祝藏历新年通常需要十五天。汉族春节与藏族春节习俗上极其相似，藏族人民学习了汉族的过年习俗从而形成了自己的过年习俗。

附：

汉族、藏族春节大事年表

汉武帝太初元年，前 104 年：

落下闳制成《太初历》，农历正月初一成为新年。农历按无中气置闰法设置闰月。

唐太宗贞观十五年，641 年：

唐文成公主与松赞干布联姻，带来汉历典籍，汉藏历法开始交流。

唐穆宗长庆三年，823 年，阴水兔年：

唐蕃会盟碑被立于拉萨大昭寺前，使用了汉历六十花甲纪年，这种纪年在藏历中流传至今。

北宋仁宗天圣五年，1027 年，第一饶迥历阴火兔年：

达瓦贡布来到西藏翻译了《时轮本续注疏》，将时轮历引入西藏，藏历即以这一年为饶迥历的开始。藏历依据"平气"法设置闰月，重日与缺日引入藏历，农历与藏历形成差异。

元世祖中统元年，1260 年，第四饶迥历阳铁猴年：

忽必烈封八思巴为帝师，统领西藏政教，八思巴以内地《皇历》为体例，制定了《萨迦历书》，西藏第一次有了完整的历法。纪月对应地支与汉历相同，以寅月初一为新年开始。

清圣祖康熙二十六年，1687 年，第十二饶迥历阴火兔年：

第悉·桑结嘉措著《浦派历算白琉璃论》，《白琉璃论》成为西藏天文历法的标准，现在藏历的年、月、日大多都依据此本书演算。

春节之源在阆中

李文福

（阆中市图书馆、阆中市名城研究会）

春节，阆中人俗称过年，是阆中最为重视的一个传统民俗节日，也是阆中所有节庆活动里最隆重、最热烈、欢庆时间最长久的节日。故，春节是最能集中反映阆中民族风情文化的重大节日。春节作为阆中的传统节日，它凝聚着广大人民群众辛勤劳动后丰收的喜悦，也寄托着人们对未来美好生活的憧憬的祝愿。

春节之所以能成为阆中人民的盛大节日，被阆中人民所重视，其根本原因就在于春节期间的各种民俗活动中蕴涵着丰富的民族文化内容，是阆中文明的缩影和标志。

一、春节的含义与由来

《中国风俗辞典》《中国大百科全书》《民俗文化》《中国年节文化》《辞海》等辞书俱载："春节，俗称'新年'。中华民族最隆重的节日。即夏历元旦（正月初一）。"那么，其含义是什么？又有无别的称谓？

《说文解字》中对"旦"字的解释为"从日见一上，一，地也"，表示太阳刚刚从地平线升起，就是早晨的意思。因为它分别表示一年的第一个早晨、正月的第一个早晨，所以称为"元旦"或"正旦"。

宋吴自牧在《梦粱录》中解释说："正月朔日，谓之元旦。"

元日，夏历正月初一。《书·舜典》载："月正元日，舜格于文祖。"

正日，夏历正月初一。东汉崔寔《四民胲》："正月之朔，是为正日。"

岁首，《史记·天宫书》载："正月旦，王者岁首。"后亦称夏历正月初一。"四始者，候之日。"《正义》："谓正月旦，岁之始，时之始，日之始，月之始，故云四始。"《汉书》载："正月朔岁首。"汉成公绥《椒华铭》曰："肇惟岁首，月正元日。"

岁旦，夏历正月初一。《后汉书·吴良传》载："初为郡吏，岁旦与掾史入门下。"《宋书·礼志》载："旧时岁旦，常设苇茭、桃梗、磔鸡于宫及百寺门，以禳恶气。"

岁元，夏历正月初一。隋代杜台卿在《玉烛宝典》中说："正月为端月，其一日为元旦，亦云正朝，亦云元朔。""元"的本意为"头"，后引申为"开始"。因为这一天是一年的头一天，春季的头一天，正月的头一天，所以称为"三元"；还因为这一天是岁之朝，月之朝，日之朝，所以又称"三朝"。又因为它是一年中的第一个朔日，所以又称

"元朔"。

岁朝，夏历正月初一。《后汉书·周磐传》载："岁朝会集诸生，讲论终日。"

由此可知，不同时期岁首（元旦）的称呼不尽相同。《尔雅·释天》载："夏曰岁，商曰祀，周曰年，唐虞曰载。"

古时，不仅岁首（元旦）的名称不同，而且时间也不尽相同。

夏朝岁首与今相同，以北斗所指的时辰，由子至亥，每月迁移一辰，定夏历正月庆贺新岁。

商朝把四季大祀中的冬祀视为新年节日，当时甲骨文中已有卜年辞句的记录。即夏历十二月初一为岁首（元旦）。

周朝民间有喝春酒庆丰收之俗，《诗·周颂·丰年》曰："丰年多黍多稌，亦有高廪，万亿及秭，为酒为醴，烝畀祖妣，以洽百礼，降福孔皆。"以夏历十一月为岁首（元旦）。

秦朝以秦历建亥，及夏历十月初一为岁首（元旦）。

古时，所说的春节，意为春天的节序，汉朝就曾指二十四节气中的"立春"叫春节。《后汉书·杨震传》曰："又冬无宿雪，春节未雨，百僚燋心。"南北朝时期，则把整个"春季"叫春节。

《周易·系辞》云："古者包牺氏之王天下也，仰则观象于天，俯则观法于地，观鸟兽之文与地之宜，近取诸身，远取诸物，于是始作八卦，以通神明之德，以类万物之情。"

《淮南子·天文篇》讲："东方木也，其帝太皞，其佐句芒，执规而治春。"

《说文》云："羲，气也。""元气起于子"。伏羲被尊为"三皇之首，百帝之先"。是春神司春，安排春天，管理春天，孟春岁首当在其中。

据《中国风俗辞典》载："至汉武帝时，落下闳、邓平等创制'太初历'，才明确规定以夏历正月初一为岁首，《史记》《汉书》称正月初一为'四始'（岁之始，时之始，日之始，月之始）和'三朝'（岁之朝，月之朝，日之朝，朝亦始也），并定为夏历新年。"

辛亥革命后，我国采用公历纪年，以公历元月一日为新年节日，以夏历正月初一为春节。

春节，亦称"过年"，那么，年的含义又是什么呢？

"年"在甲骨文中上面部分写法为"禾"字，下面部分为"人"字。在金文中，"年"字写法与甲骨文相同，亦从禾、从人。"年"的小篆写法为"上禾下千"。《说文解字·禾部》称："年，谷熟也。从禾，从千声。"小篆将"人"字讹变为"千"字，故许慎沿用此说。而"千"字本为有饰之人，此解也并非矛盾。"禾"乃谷物的总称，不能仅解为"小麦"。

《穀梁传·桓公三年》曰："五谷皆熟，为有年也。"年成的好坏，主要由"禾"的生长与收成情况来决定，而现在已经发掘出的甲骨文中的"禾"字，几乎都是看上去沉甸甸地被压弯了腰，可见，它是象征着获得谷物的大丰收。

据史建平、李先亮考证，"年"有三层含义。一是指计时单位，即一年365天，春夏秋冬，周而复始，谓之一年。"年"与历法有关，而历法的形成又是天体运行和万物生长规律的产物。二是指收成。一年分为四季，是根据农作物生、长、收、藏的循环规律而逐渐被人类所认识的。故，"年"与农作物之间关系很密切。三是指节日名称，丰收之后，祭祀神灵和祖先，祈求来年再获丰收。

春节的由来，学术界有三种不同的说法。

一是腊祭说。"腊祭"说的来源是《左传·僖公五年》："虞不腊矣。"西晋杜预注："腊，岁终祭祀众神之名。""腊（zhà）祭"是古人在年终举行的庆祝农业丰收的报谢典礼。即一年农事完毕，为报答神的恩赐而举行的祭祀礼仪。先民们于这天杀猪宰羊，祭祀神鬼与祖灵，祈求新的一年风调雨顺，免灾除祸。

二是巫术之说。王文娟在《中国的春节》一文中说："春节应该源于古代巫术仪式，是古代人原始信仰之——巫术的具体体现。"

三是鬼节之说。徐华龙在《春节源于鬼节考》中说，春节的欢庆是因为鬼神的缘故。

二、春节文化源于阆中

中国春节文化的源头究竟在哪里？笔者以为，中国春节文化的源头在阆中。其依据是：

1. 伏羲治春置元日

春节文化最早起源于伏羲时代。出土史简《竹书纪年·太昊》记载："太昊之母居于华胥之渚……生帝于成纪。"唐司马贞《补史记·三皇本纪》记载："太皞疱牺氏……母曰华胥，履大人之迹于雷泽，而生疱牺于城纪。"宋罗泌《路史》考证："太昊伏羲氏，母华胥，居于华胥之渚"，"所都国有华胥之渊，盖华胥居之而名，乃阆中渝水地也"。明学佺《蜀中广记》注记："所都国有华胥之渊，乃阆中渝水地也。"清川北道台黎学锦《保宁府志序》明言："夫阆中渝水为华胥之渊，伏羲所都。"

在阆中历史上，还可确切查知雷泽大池、渝水之渊、阆中渝水，秦代阆中的慈凫乡（乃伏羲倒读异写），有关华胥的妈皇山，有关伏羲女娲的二蛟寺，有关伏羲"观象于天"的三台山等相关地名及传说。

由此可知，早在太古时候，人祖伏羲之母华胥就是阆中人，华胥在这里孕育了伏羲。……伏羲在阆中云台山创绘八卦，在灵山执规而治春。正因如此，"春"的概念才得以在阆中演绎绵延。

李文明先生执编的《春节之乡》一书中指出：春节的三大里程碑，第一个里程碑就是伏羲治春置元日。《文子·精诚篇》称伏羲之王天下，"杀秋约冬"。《淮南子·览冥篇》称女娲"和春阳夏，杀秋约冬"。人祖祭典辞曰：（伏羲）演为八卦，开启性灵；推定历度，初置元日；分别八节，四季以适，而开创历法先河。

相传，伏羲在阆中云台山创绘八卦，执规治春。《古微书》卷十二引《春秋内事》称："至伏羲乃有消息祸福，以制吉凶，始合之以为元。"筮术、皇策、置元日、制吉凶等均反映了文化初创时期的成就，结合后世夏之《连山》、殷之《归藏》到周之《周易》的发展进程来看，卜筮之学在上古社会早已流行，而《古史考》提道："庖牺氏作卦，始有筮。其后殷时巫咸善筮。"

殷商甲骨文的大量出土表明殷人重筮。殷人卜筮之盛极有可能受到伏羲的影响。

五方帝之说中，太昊伏羲有春皇之称，又号木皇，《淮南子·天文篇》中说：东方木也，其帝太皞，其佐句芒。《左传》注引服虔说，太皞以龙名官，春官为青龙氏，夏官为赤龙氏，秋官为白龙氏，冬官为黑龙氏，中官为黄龙氏。《广博物志》卷四引《物原》说，伏羲执规而治春，初置元日。

上古伏羲自龙马背负的《河图》而演成八卦，而涵"天人合一"之理，始创岁首之制，开启中国春节文化之先河，为中华文化的原点。《世本·作篇》说：伏羲推策作甲子，伏羲有甲子元历。治春置元与甲子元历，其实就是历法的创立。历法的创制有赖于天文观测，因为历法对于诸如时、日、月、季、年等等时间段落的划分，依据的是对日月星辰运行的天文观测；根据随时随地的对于自然现象的观察来确定，就是观象授时，即物候历和天文历。

《春节之乡》记载了伏羲一生的地理轨迹：伏羲孕于雷泽（四川阆中），生于仇池（甘肃西和县），成就于成纪（甘肃天水市），路经陈仓（陕西宝鸡市），与母亲定居蓝田（陕西蓝田县）。所不同的，伏羲比母亲更东进一步，建都河南淮阳，并终老于此。古成纪即天水，渭河上游和西汉水为天水之域，是氐羌最早活动的区域。渭河与西汉水，是历史早期两条最亲密的河流。据称，瓢勺为陶制量具衡器，显示出数的思维。如把瓢勺放置在八卦盘上，并与天空呈勺状的大熊星座的斗柄季节位置相对应（斗柄指东是春，指南是夏，指西是秋，指北是冬），观测星象，指定季节，研制历法……这一系列复杂的文化关系，总是与地域之殊胜有着种种关联。典籍说阆中山川奥秘，奇踪奥迹之地多"仙圣游集，多王气，多灵异人"（明·任瀚）。阆中是中国古代黄河文明与长江文明之间的巴蜀文明中一块世所认知的文化富集带。

中华本源文化研究学者王星泉提出了人祖伏羲孕育于四川阆中，生于甘肃成纪，成就王者事业于河南陈州的本源文化"链条论"。在他所著《开天辟地》一书中，有十七处讲到阆中与本源文化的密切关系。王星泉说："尊伏羲为三皇之首，人文始祖，以他孕育出生地和建功立业区域为阆中、天水、都广之野（成都平原）、淮阳，作为中华民族和所有宗祖伏羲民族朝圣的'圣地'，可以说名至实归。"持迁徙论观点的现代本源文化研究专家王献唐在《炎黄氏族文化考》一书中作了精辟的概括，而当代考古、本源文化专家徐自强在《伏羲女娲初论》中又进一步引证阐述："由于伏羲时代各氏族中，如崇拜风之族，牛羊之族（后转成羌蛮之族）等等不断西移。"他们转移到了豫州河南地区后，其代表性后裔在淮阳地方有伏羲崇祀；他们转移到雍州甘陇后，则形成了代表性的坐落在天水地区的"伏羲故里";他们转移到益州地方后,其中一支则形成了四川阆中地区为代表的古文化遗存,成为当今国家级历史文化名城,也成为研究本源文化的代表地区。同时,我们还应充分注意到,在中华民族纪念共同的先祖伏羲活动中,"各地相沿以祭,筑庙、设祠者屡见,其中尤以阆中等地区为最盛矣"。

相传,阆中三台山曾因有华胥台、伏羲台、女娲台而闻名。相传,灵山为女娲补天采五彩石的地方,江边为伏羲教民结网捕鱼地,国内堪舆专家考察为"中华祭祖坛"最佳地。阆中名寺长青寺,又名伏王观,千百年来供奉伏羲、女娲圣像,且香火不断;阆中古城之东南有蚂蝗山(传为妈皇山),建有华胥亭;在嘉陵江边建有二交寺,寺内有伏羲、女娲兄妹塑像;古城关帝庙设有三皇殿,中天楼和风水馆有伏羲木雕塑像。阆中多有伏羲女娲和他们的母亲华胥的美好传说,如华胥作天帝藏书窟女司、伏羲铸钟、羲皇执规治春、伏羲三回故乡、燧人氏在阆中玉台火石洞发明火种、女娲顶巨石臼、禹迹石遗迹、禺律山独能之祸等传说故事,在民间广为流传。

张治平先生在《阆中春节文化的渊源》一文中说:"春节文化的源头,当上溯到伏羲。伏羲是传说中的中华人文始祖。《山海经》等载,生活在今川东北阆中一带的巴人、賨人,是伏羲后裔。战国时,阆中为巴子国,有伏羲所都和伏羲乡之谓。传伏羲曾在阆中观天,创八卦、立元日,初定春节,而为春神。至今,阆中云台山和灵山还遗存有上古之时的观星台。伏羲所创八卦,也称作自然八卦历,源于观星历象和祭祀。伏羲先天八卦中坤卦,位于正北方位,与北斗星回黄道轮回的自然节律相契合。所表述的就有对'年关顺、大地大母生春(坤)'的期盼和祈求意味。正因为此,逐渐形成了年关之时,远方的游子需回到母亲身边、回到家,合家团聚,以获得庇佑和祝福。"

2. 落下闳拨乱归正,恒定岁首,明确春节

中国统一的春节是从《太初历》开始的。据《中国风俗辞典》载:"汉武帝时,阆中人落下闳创制'太初历',才明确规定以夏历正月初一为岁首,《史记》《汉书》称正月初一为'四始'(岁之始,时之始,日之始,月之始)和'三朝'(岁之朝,月之朝,日之朝,朝亦始也),并定为夏历新年。"

吕子方《中国科学技术史论文集》载:"落下闳在天文、历法上的贡献,主要有三:一是制定的《太初历》是一个比较完整系统的,初具规模的历法其采用的八十一分法是结合日食周期的在理论上极为优良的历法。二是他制造的浑天仪和浑天象在测天学上起了推动作用。三是他奠定了测二十八宿的基础。""落下闳要改《颛顼历》,必先要把二十八宿相距数弄清楚才能动手改。落下闳精确测定,才确定了季节。明确了春节。"

《四川古代科技人物·历算学家落下闳》载:"太初历取得的科学成就很多,集中起来主要有四点:一是坚持天象实测,考定历代重大的天文数据,使太初历的制定建立在科学实践的基础上。二是确立以孟春正月为岁首的历日制度。历代封建统治阶级,都是以封建迷信来愚弄人民,秦至汉初推行的颛顼历就是这样。颛顼历虽比其他历法较合天象,但却是一个以冬季十月作为岁首的政治年度,即每年开始的第一个月为十月。按照

这个顺序安排下去，是十月，十一月，十二月，端月（因避秦王政之讳，故称端月，到了汉朝才改称正月），二月到九月终。遇到闰年的闰月就置于岁末，称为后九月。至于史实发生的年月，也完全按冬、春、夏、秋的顺序安排。据《史记·秦始皇本纪》说：'始皇推终始五德之传，以为周得火德，秦代周德，从所不胜。方今水德之始，改年始，朝贺皆自十月朔'，这是根据五行学说推演来的。战国时齐人邹衍等人提倡五行学说，他们论证周期是火德，谁灭周朝呢？'能灭火者水也'，所以'始皇采用'。《史记·封禅书》还说：'昔秦文公出猎，获黑龙，此其水德之端也。'秦始皇听了五行学派的意见，自以为他得了水德，遂以十月为岁首，并规定每年十月朔日受百官朝贺。汉高帝刘邦于公元前206年冬月十月入关，在灞上接受了秦王子婴的投降，西入咸阳，为汉王朝奠定了基础，故仍以十月为岁首，保留了十月朔日百官朝拜的旧制度。"

尽管封建专制帝王强迫推行这种日历制度，但劳动人民为了正确掌握农时，一直仍以正、二、三月为春，四、五、六月为夏，七、八、九月为秋，十、十一、十二月为冬的顺序安排生产、生活，根本不理睬他们强制推行的那一套，这就和统治阶级颁行的政令措施造成了对立的局面。落下闳在制定太初历时，就根据当时的政治经济发展的形势，结合人民群众的要求，改变了旧的历日制度。规定每年以孟春正月朔日为岁首，到冬季十二月底为岁末，使政治年度与四季的顺序、人民群众的要求统一起来。落下闳确立的这一历日制度，两千多年来一直沿用到今，这不能不说是他的伟大功绩。三是改革闰法，以无中气之月置闰。四是太初历在数学上取得了辉煌的成就。

著名作家老舍先生之子舒乙先生说，将来国家要推出第一批以四川阆中为核心的春节文化的传承之地，阆中市还对涉及春节文化的7个名称、21件有关春节文化的商标进行了注册申报。

阆中是华夏五千年文明的重要发祥地，"五千年文明看阆中"；中国年文化是中华文明的缩影和标志。

舒乙先生以中国史前天文学、神话学、历史学、民俗学、甲骨学为背景，结合阆中特有的史前天文台遗址（灵山祭祀遗址）、神话传说、民俗学、方言学等诸多方面进行了论证，最后得出中国年最早发源于阆中这一论断。

查有梁《世界杰出天文学家落下闳》载："落下闳的贡献有：研制浑仪和浑象，开创'浑天说'，制订《太初历》……《太初历》确定了'以孟春正月为岁首'的历法制度，使国家历史，政治上的年度与人民生产、生活的年度协调统一起来，改变秦和汉初'以冬十月到次年九月作为一个政治年度'的历法制度。"

他在答中央电视台节目主持人石琼璘时说：春节的来历与汉武帝和天文学家落下闳直接有关。所以，人们称落下闳是春节老人。秦始皇于公元前221年统一中国之后，统一了全国的历法。秦朝采用的历法规定：农历十月为新年的第一个月。公元前206年，汉高祖元年之后，也沿用秦朝的历法。秦始皇统一天下和汉高祖打下江山，都在农历十月。两位皇帝都乐于将农历十月初一定为岁首。到了汉武帝时代，秦朝的历法已经一百多年，人们发现历法与天象明显不合，必须改历。

汉武帝在全国招募二十多位天文学家到京城长安。在天文学家们制定的十八种历法之中，巴郡阆中（今四川阆中）的天文学家落下闳制定的历法最好，最合符天象，被汉武帝采纳，取名为《太初历》。

公元前 104 年，即汉武帝太初元年，颁布了《太初历》，规定"春季的第一天就是新年的第一天"。从此，中国人迎接春天与迎接新年统一起来，过春节就是过新年。于是，春节这个民间的节日，成为"法定"的节日，一直沿用到现代，已经两千多年了。这是有正式文字记载的"春节的来历"。所以，人们尊称落下闳是春节老人、春节先祖，称四川阆中为中国春节文化之乡。

2009 年春节，四川电视台制作了电视节目《我们的春节》（共三集）。第一集是《春节溯源》，以阆中春节文化研究机构出版的《春节文化探源》专著，作为电视节目《春节溯源》的依据。

张治平《春节之乡、中国春节的故土原乡》一文中说："春节成为华夏文明实现自然节律与社会节奏和谐相生的重要节点，成为生生不息的宇宙生命大道万物更新的标志，成为荷载华夏民族情感的重要纽带，成为民族文化的重要基因。阆中也因此成为中国春节文化的重要发源地，落下闳则成为中国农历春节的创始人，被誉为春节老人。至今，在阆中每逢春节都有一些德高望重的老人装扮成落下闳形象，在大街小巷向过往客人送春祈福。

上述大量资料证明，阆中人落下闳所创制的《太初历》拨乱归正，恒定岁首，才有今日的春节。

三、绵长的年味，独具特色和魅力

两千多年来，阆中所积累而形成的春节文化，内容非常丰富，底蕴深厚。阆中春节文化既有中华民族传统文化的共性，又有突出的属于阆中地方独有的特色，许多民居古院和乡村农家凸显着春节文化的原生态气息，堪称绝版，弥足珍贵。

多彩的年节，绵长的年味，从头一年的冬至如年起，到吃腊八粥、祭灶、扫尘、吃年夜饭和坨坨肉、守岁、烧福纸祭拜天地祖宗、贴春联、燃放爆竹烟花、耍龙灯、元宵节，到下一年的"二月二"，阆中城乡民俗原汁原味，盛行不衰。尤其是正月十四至十六，有放河灯、灯会、倒灯和游百病活动，更有诸如亮花鞋、提灯会、巴渝舞、击鼓匏襄、示春牛、演灯戏等活动。春节老人在鞭炮声和锣鼓声中游春，给小孩子、游客发压岁钱，寓意赐福。阆中春倄说春，先圣巡春，乡民参与报春、扎春、迎春、祭春、游春、打春、耕春、闹春八个环节的民俗文化活动，在全国堪称唯一。

阆中保存着丰富的中国传统文化元素，也是中国春节文化的一个重要载体。阆中的许多人文景观和文物，如中天楼、观星楼、管星街、天纲墓、淳风墓、天宫院、长青寺和二交寺，青铜浑天仪模型、伏羲像、落下闳像和任文孙父子、周舒祖孙三代、袁天罡、李淳风雕塑等都展示着深厚而独特的春节文化。特别是阆中有年神伏羲、春节老人（春节先圣）落下闳的故事广为流传，还有以春节文化为底蕴的年绣坊、春眠牌丝棉制品、阆苑春年酒等产品。丰富的春节活动习俗，使"阆中——中国春节文化之源"更具现实说服力。

2004 年国际天文学界将 16757 号小行星命名为落下闳星，2009 年阆中成为中国春节文化之乡。阆中人亲切地称落下闳为"春节老人""春节先圣""春节先祖"。

春节与阆中落下闳

李 艳

（西华师范大学文学院）

　　农历正月初一的春节是我国一个重要的传统节日，有着悠久的历史，承载着中华民族的民族认同和文化认同，是联结中华儿女的精神纽带。春节历经世世代代的发展，已经成为我们的"集体无意识"，中华儿女对这一节日总是有着天然的归属感。

一、春节与阆中

　　春节古代称为"元旦"，定于每年农历初一，春节的叫法源于辛亥革命以后。辛亥革命之后，不用农历而采用公历，将公历 1 月 1 日定为元旦，为了和农历元旦区分，因而把农历元旦称为"春节"。因此，需要注意的一点是春节的形式及活动历史悠久，但是春节的叫法却是后起的。

　　1911 年爆发的辛亥革命推翻了清朝统治，建立中华民国。中华民国决定使用公历，以公历 1 月 1 日为元旦，官方和学界都有取消农历元旦的声音。

　　不过，中国民间并不买账，仍然继续过元旦节，元旦仍然是农历正月初一。中国出现两个元旦，势必乱套。

　　为此，1914 年 1 月 21 日，民国政府内务总长朱启钤在《定四季节假呈》中写道：

　　　　拟请定，阴历元旦为春节，端午为夏节，中秋为秋节，冬至为冬节，凡我国民均得休息，在公人员亦准给假一日。

　　此呈报大总统，并获批照准。

　　1914 年 1 月 23 日，内务部转发各省执行。于是，在 1914 年 1 月 26 日（农历正月初一），中国人第一次度过了一个名叫春节的农历新年。从此，公历 1 月 1 日为元旦，农历正月初一为春节，被官方正式确定下来，农历新年开始以春节的面貌出现。

　　换言之，春节的历史很长，但以"春节"为称呼的节日历史并不长，这点值得我们注意。

　　关于春节的起源有多种说法，如"崇拜、迷信、禁忌"说、"蜡祭"说等等。《中国古代节日风俗》提到春节起源于"原始崇拜、迷信与禁忌"。① 古代生产力低下，人们抵抗天灾的能力差，对很多自然现象不能做出合理的解释，就会将这些现象神秘化，进而产生崇拜，随之而来的就是各种各样的祭祀活动。如"社祭"源于对土地的崇拜，随之而来就有多种形式的祭祀方法，《礼记·祭法》中就提到"瘗埋于泰折"，《周礼·大宗伯》曰"以血祭社稷"。祭祀的层次也丰富鲜明，上自皇帝进行的隆重的全国性的祭祀活动，下至民间一村一社、一家一户于某一个固定的日期进行的种种祭祀活动，种类多样。不管怎么说，祭祀仪式总是盛大的，尤其是皇帝举行的全国性的祭祀尤为盛大，而弥年举行的祭祀活动，往往聚集于某一个场合，各乡各村的人从四方八方赶来，参加这个活动，从而带动相应的产业发展。祭祀有固定的程序和仪式，这些程序、仪式固定下来，演化发展到今天，有的变化了，有的在某些节庆活动中存有遗留痕迹。也就是说，一个盛大的节日的形成不是一朝一夕的事情，祭祀活动造成人员、物品等各方面的集中，从而带动相关活动的盛行。祭祀是春节或者说年节形成的推动力，古代先民的崇拜是内在动因，这种崇拜心理促使他们做出相应的形式，采取相应的应对手段。

古代春节称"元旦"。

《梦粱录·元旦》载："正月朔日，谓之元旦，俗呼为新年。"杜台卿《玉烛宝典》说："正月一日为元旦，亦云三元，岁之元、时之元、月之元。"

一旦提到元旦、正月一日，就不能不和历法相联系，我国古代使用了多种历法，不同的历法对元月、正月一日具体的界定不同。如夏朝用孟春的元月为正月，商朝用腊月十二月为正月，秦始皇统一六国后以十月为正月，汉朝初期沿用秦历。商代是以十二月初一为元日，周代定在十一月初一，秦始皇统一六国后又以孟冬为正月，以十月初一为元日。也就是说，这一日期是有着"变性"的日子，使用不同的历法界定不同，这种不同给生产生活以及各项活动的进行、文化的传承、节日的固定都带来了极大的不便。

落下闳参与编制《太初历》，运算转历，重新确定了春、夏、秋、冬的顺序，将农历孟春正月定为岁首，以孟春正月朔日为一年的开始。以孟春正月为岁首，即是规定春季的第一个月，就是新年的第一个月，以正月初一为一年的第一天，就是元旦，而元旦就是现在的春节。

阆中是川北重镇，全国四大古城之一。这里山川形胜，历史悠久，文人鼎盛，是全国历史文化名城。它地处四川东北部，嘉陵江中游，北接秦陇，南达潇湘，东枕巴山之余脉，西倚剑门之臂腕，是巴蜀之要冲。阆中处于川北低山区向川中丘陵区的过渡地带，平坝众多。其气候属亚热带湿润季风气候，气候温和，雨量充沛，光照适度，在历史上最宜传统农桑种植。

阆中悠久而先进的农耕文明，在继承和发扬远古伏羲观天测象的基础上，在西汉武帝时涌现出了著名的天文学家、历算学家落下闳。落下闳所取得的巨大成就，也代表了阆中为中华民族做出的伟大贡献，落下闳的后继者和追随者也为阆中赢得了民间天文研

---

① 韩养民、郭兴文：《中国古代节日风俗》，西安：陕西人民出版社，2002年，第3页。

究中心的美名。

西汉天文学家、历算学家阆中人落下闳主创的《太初历》，将24节气纳入历法，定正月为岁首，正月初一从此成为新年"元日"（元旦），相沿两千余年演变为现在的"春节"。落下闳被民间尊称为中国"春节老人"，阆中成为中国春节文化的渊源之地。阆中春节文化氛围浓厚，整个春节从年前的腊月初八一直持续到年后的二月二，"腊八粥""发天烛""抢银（寅）水""亮花鞋""游百病"等民俗流传至今，独具特色。2009年，阆中被授予"中国春节文化之乡"称号。从春节文化主题公园等文物景观可认知体验阆中春节文化。动人心魄的巴相鼓、烧花舞龙，朴实酣畅的灯戏、钱棍、车灯，风情万种的剪纸、川北皮影，被誉为戏剧活化石的阆中傩戏，深情优美的亮花鞋舞蹈和阆中民歌，字正腔圆的川剧坐唱，抑扬顿挫的茶馆评书，与丰富多彩的工艺美术，民间说唱等等，共同构成了阆中民俗文化的瑰丽长廊。

阆中得天独厚的山川地理环境和源远流长的本源文化和农耕文明，共同推动和促进了阆中古代天文科学的绵延发展。阆中被不少专家学者评价为古代最方便最理想的天文观测圣地，也是开启最早失传的古代"地平历系统"探究的钥匙。

虽然历史对西汉武帝时期巴郡阆中人落下闳其人的载记少之又少，但对他"运算转历"成功创制的《太初历》的卓越贡献，却从不绝于古今难以尽数的史志典籍的记载中。古代天文历法知识具有相对的专业性，对落下闳的研究势必带来了不少困扰。

有关落下闳，文献记载虽然不多，但也有一些：

《史记·历书第四》：

　　至今上即位，招致方士唐都，分其天部，而巴落下闳运算转历，然后日辰之度与夏正同。乃改元，更官号，封泰山。因诏御史曰："……以至子日当冬至，则阴阳离合之道行焉，十一月甲子朔旦冬至已詹，其更以七年为太初元年。年名焉逢摄提格，月名毕聚，日得甲子，夜半朔旦冬至。"

《昭明文选》卷四十九《公孙弘传赞》：

　　历数则唐都、落下闳。《汉书》曰：造汉太初历，方士唐都，巴郡落下闳与焉。《益部耆旧传》曰：闳字长公，巴郡阆中人也，明晓天文地理，隐于落亭。武帝时，友人同县谯隆荐闳，待诏太史，更作太初历，拜侍中，辞不受。

晋陈寿的《益都耆旧传》：

　　落下闳，字长公，明晓天文，隐于落下。武帝征待诏太史，于地中转浑天，改颛顼历，作太初历。拜侍中不受。日后八百岁，此历差一日，当有圣人定之。

《隋书》卷十七也有类似的记载：

> ……愿募治历者，更造密度，各自增减，以造汉太初历，乃选治历邓平，及长乐司马可，酒泉侯宜君侍郎尊，及与民间治历者凡二十余人。方士唐都巴郡落下闳与焉。都分天部，而闳运算转历，其法以律起历，曰律容一龠，积八十一寸，则一日之分也。与长相终，律长九寸百七十一分而终复，三复而得甲子，夫律阴阳九六，爻象所从出也。故黄钟纪元气之谓律。律，法也……①

《隋书·天文上》又云：

> 古旧浑象，以二分为一度，周七尺三寸半分，而莫知何代所造。今案虞喜云：落下闳为汉武帝于地中转浑天，定时节，作《太初历》，或其所制也。

由此可见，落下闳在《太初历》的编制中占有重要地位，而他编制的这部历法，对中国产生了极大影响。

首先是将历法和节气联系起来，对农业生产的科学化、合理化产生了较大影响。

其次，确定具体的日期，具有"变性"的正月初一被固定化，解决了各种历法相互龃龉的情况。具体日期固定化，关于这一日期的活动也就随之固定化，这种固定的模式随着时间的流逝、历史的发展演变，久而久之成为人们的一种"先验"意识，成为一种"集体无意识"，成为流淌在中华儿女体内的精神血脉。中华儿女通过这一形式连接在一起，形成属于中华民族的独特的文化风格和面貌，以独特的中国文化姿态屹立于世界民族之林，丰富了世界文化，这些的基础，首先都在于承载这一形式的日期的固定化，而这一固定化，离不开落下闳，落下闳又是阆中人，因此，在一定程度上也可以说，春节离不开阆中。当然，一个节日的形成不可能只是因为历法，但历法是一个影响因素。可以说，春节因历法而定期，历法因落下闳而步趋科学。

落下闳参编的《太初历》改变了这种旧的历法制度，重新确定了春、夏、秋、冬的顺序，将农历孟春正月定为岁首，以孟春正月朔日为一年的开始。以孟春正月为岁首，即是规定春季的第一个月，就是新年的第一个月，以正月初一为一年的第一天，就是元旦，而元旦就是现在的春节。

春节的形式多种多样，人们庆祝的方式也多种多样，主要包括"守岁""拜年"等。

《诗经·七月》："五月斯螽动股，六月莎鸡振羽，七月在野，八月在宇，九月在户，十月蟋蟀入我床下。穹窒熏鼠，塞向墐户。嗟我妇子，曰为改岁，入此室处。六月食郁及薁，七月亨葵及菽，八月剥枣，十月获稻，为此春酒，以介眉寿。七月食瓜，八月断壶，九月叔苴，采荼薪樗，食我农夫。九月筑场圃，十月纳禾稼。黍稷重穋，禾麻菽麦。

---

① ［宋］徐天麟：《西汉会要》，北京：中华书局，1955年，第242页。

嗟我农夫，我稼既同，上入执宫功。昼尔于茅，宵尔索绹。亟其乘屋，其始播百谷。二之日凿冰冲冲，三之日纳于凌阴。四之日其蚤，献羔祭韭。九月肃霜，十月涤场。朋酒斯飨，曰杀羔羊。跻彼公堂，称彼兕觥，万寿无疆。"

在这些活动中寄托着人们的美好期待，如"以介眉寿"，祈望长寿，人们以邀请亲朋共同饮酒聚会庆祝这一节日。

王安石《元旦》诗："爆竹声中一岁除，春风送暖入屠苏。千门万户曈曈日，总把新桃换旧符"。可见，宋代庆祝新年的方式也有"放爆竹"，我们现在的这一形式也是对古代方式的继承和发展。另外，还有拜年。在春节，人们还会吃汤圆和饺子，当然，南方一般吃汤圆，北方一般吃饺子，但这些形式都寓意着美好，寄托着人们对来年的期盼。

《紫金县志》中记载："春节，又称'过年'，是一年中最隆重的传统节日。"[①] 除此之外，其中还记录了"入年假""除夕""守岁""点年光""探亲日"（又称"转门"）等多种形式和活动。

前面提到，落下闳和历法的关系，最开始的时候，因为立法的使用不同，元月与春节并不完全一致，元月是元月，春节是春节，迎接新年与迎接春天，两者不是合在一起的。真正从历法规定"元月即春节"，将"迎接新年"与"迎接春天"直接联系、法定统一起来的人，是汉武帝刘彻和天文学家落下闳。因此，常称落下闳为"春节老人"，而在阆中，春节庆祝形式多种多样，其中最为特别的是"春节老人送祝福"的活动，这一形式是对古代形式的继承和保留，具有明显的文化特点。春节历史悠久，而春节之源在阆中。

春节这一形式源远流长，历史悠久，随着这一形式的发展，又形成了独具特色的春节文化，春节文化又是中华文化的重要组成部分。提到春节，中华儿女总会有一种源于血脉里的认同和归属感，特别是远在异国他乡，哪怕看到一点相似的情景，也总会勾起浓重的思乡之情，勾起对祖国的怀念，春节成为联系中华儿女的纽带，生长在中华儿女的生命中。这样一个民族认同感和归属感、民族荣誉感，同时又有利于国家的稳定和发展繁荣。对外而言，中国文化现在逐步走出国门，不仅仅在国内发展传承，而且以更昂扬的姿态走向世界，"中国年""孔子学院"等承载中国文化的形式已经走出国门，进入世界的大舞台，与此同时，发掘文化内部更深层次的感染力和独特魅力，以中国文化感染世界各国人民，各国人民感受到中华文化的魅力，需要更有活力、生命力的东西，而要探寻更深层次的东西，需要了解源头，去发源地了解、感受和挖掘，而春节的源头，在阆中，"春节老人"等文化形式现在还在保留，可以为文化内涵发掘提供新的启示。可以说，阆中和春节的关系和牵扯是很深的。

二、从《太初历》观古代农业思想

落下闳是西汉时期一位杰出人物，他精通天文、算术等多个方面的知识，改造过浑

---

① 紫金县志地方志编纂委员会编：《紫金县志》，广州：广东人民出版社，1994 年，第 822 页。

天仪，曾参与编制《太初历》。

众所周知，落下闳作为我国封建社会初期的一位卓越科学家，他在天文、历法、数学方面有精深造诣，为祖国科学技术发展做出了杰出贡献。不过，由于他是一位民间学者，淡薄于利禄，在他的一生中虽曾一度奉诏入朝治历，但功成身退，迹隐乡僻，老死不仕，正史未予列传，只有只言片语。其确切的生卒姓氏，详细的身世经历，均难以查考。

（一）史籍记载中的落下闳

史籍中有关他的记载过于零星，多有错讹，给今人研究工作也带来困难，导致了不少误会和讹传。

《史记·历书》载：

　　至今上即位，招致方士，唐都分其天部，而巴落下闳运算转历，然后日辰之度与夏正同。乃改元，更官号，封泰山。

南朝宋裴骃《集解》引《汉书音义》曰："谓而巴落下闳运算转历。"《集解》引徐广曰："陈术云：征士，巴郡落下闳也。"

唐司马贞《索隐》引姚氏条："《益部耆旧传》云：'闳字长公，明晓天文，隐于落下。'"[①]

《益部耆旧传》乃魏晋时期巴西郡安汉县（今四川南充）人陈寿所写，陈寿与落下闳算老乡，陈寿所言当有当时的文献根据，不过现在文献散佚，无法证实。

晋陈寿的《益部耆旧传》指出：

　　落下闳，字长公，明晓天文，隐于落下。武帝征待诏太史，于地中转浑天，改颛顼历，作太初历。拜侍中不受。日后八百岁，此历差一日，当有圣人定之。

《汉书》卷二十一《律历志》中有记载：

　　……治历者，凡二十余人。方士唐都、巴郡落下闳与焉，都分天部，而闳运算转历，其法以律起历……[②]

即落下闳参与编纂历法，负责推演转历。

《华阳国志·梁益宁州先汉以来士女目录》载："文学：聘士落下闳，字长公，阆中人也。"《华阳国志》所言并不准确，落下闳并非文学方面的名人。

---

①　［汉］司马迁：《史记》，北京：中华书局，2014 年，第 1505 页。
②　［汉］班固：《汉书》，北京：中华书局，1998 年，第 347 页。

《隋书》卷十七也有类似的记载："方士唐都巴郡落下闳与焉。"

《艺文类聚》载："巴郡落下闳，汉武帝时，改《颛顼历》，更作《太初历》。"

《中国大百科全书·天文学家落下闳》载："中国西汉民间天文学家，生卒年不详。活动在公元前100年前后。字长公，巴郡阆中（今四川阆中）人。"

范文澜《中国通史简编》载："大历数学家落下闳（巴郡隐士）是主要的造历者。"

明嘉靖《保宁府志·人物列传》载："洛下闳字长公，阆中人，善天文星历之学，隐居洛亭。"

清道光《保宁府志·人物方使》载："洛下闳，字长公，巴郡人。明晓天文。"

清咸丰《阆中志·人士志》载："落下闳，巴郡人，明晓天文。"

1926年《阆中县志·方使志》载："洛下闳，巴郡人，明晓天文。"

1982年《阆中县志》载："落下闳，巴郡阆中人，姓落下，名闳，字长公（落或作洛），明晓天文，隐于落下，是民间杰出的天文学家。"

从上述历史资料、近代资料以及阆中地方志都可以得知，落下闳是巴郡阆中人。

蒙文通说，《寰宇记》十六说："落下闳字长公，阆中人，隐于洛亭，武帝征待诏太史，改造太初历。"《舆地纪胜》卷一百八十五落下闳条，即是用《寰宇记》原文，惟作"隐于上亭"为异。应该是地名落下亭，《寰宇志》作"洛亭"，是脱了"下"字。《纪胜》作"上亭"，是脱了"洛"字，而又误"下"为"上"。引《耆旧传》或作"隐于洛下"，是省"亭"字，或脱"下"字。《常志》陈寿传"寿遂卒洛下"，足知地名本作洛下。

张澍作《蜀典》说："按君山所言，黄阆即撰太初历之落下闳，是落下闳姓黄也。颜师古以为'姓落下名闳'，误矣。历世相沿，莫知其非。林宝、郑樵辈遂增落下一姓，直是目不视书者。"又说应劭《风俗通》"落下姓出皋落，亦误"。又说："《汉书》落字不从草"，而不察《史记·历书》《汉书·律历志》皆从草，仅《公孙宏传赞》不从草。清人好以类书为学，自矜淹博，而好丑诋宋人，口不择言。张澍《蜀典》亦今世研究四川史者喜读之书，以落下闳深有关于研究巴蜀早期文化，故不辞烦琐，辩之于此。非吕先生之深思勤究，是不能发二孙、张氏之覆的，好诋宋人如张澍者可以休矣。"张澍以未参加修《四川通志》，于《通志》成书后作《蜀典》，是专和通志作对的。但《蜀典》的错误也就多了，这里不过是因落下闳而略谈到他的可笑而已。

（二）落下闳《太初历》的成书

陈寿所作《益部耆旧传》里，也明确提及落下闳"明晓天文地理，隐于落亭"。

《汉书·律历志上》提到汉武帝刘彻感到历纪太乱，议造汉历，从民间征聘天文学家：

乃选治历邓平及长乐司马可、酒泉侯亘君、侍郎尊，及与民间治历者，凡二十余人。方士唐都、巴郡落下闳与焉。

元封年间（前110—前104），经同乡、太常令谯隆推荐，落下闳被征召入京，由故乡到京城长安（今陕西西安），与邓平、唐都等一起研制历法。

正如《汉书》所记，这次从民间招聘天文学家，先后从全国各地招来20多人，因为观察天象，在阆中已经小有名气的落下闳，此时在同乡、太常令谯隆的推荐下，被征召入京，参与研制历法。

为各尽其才，或路径与方式殊异，参与制历的人各自为政，和落下闳一起合作的是邓平、唐都。三人各有所长，互为补充。

唐都是司马谈的天文学老师。司马谈是汉武帝的太史，负责掌管天文工作。邓平是天文官员，善于协调和辩论。落下闳一心一意制作浑天仪，观测日月五星，运算转历。《太初历》中各种天文观测的数字以及各种推算的数字，至今仍完整保存在《汉书·律历志》之中。《太初历》以前的历法大都没有完整保存下来。

根据《汉书》的记载，在《太初历》的制定过程中，落下闳起了关键的作用。由落下闳"运算转历"，即他负责各种计算，这是历法中的重要部分。他还"观新星度、日月行，更以推算"，即造浑天仪，测定星度，进行推算等，做了重要的工作。其他合作者做的工作很少有具体介绍。在世界科学史和中国科学史中，都以落下闳为制定《太初历》（数据后载于《汉书》的《三统历》）的代表人物。

也就是说，落下闳与邓平、唐都合作，编制成《太初历》。在研制历法的过程中，落下闳、公孙卿、壶遂等来自官方民间的专家们，各有方案，相持不下，最后形成了18家不同的历法。

《太初历》在行用后，出现了争执，受到包括司马迁、张寿王等人的反对，张寿王甚至提议改回到殷历。但究竟那个历法更适合，还要以实测为准。为此朝廷组织了一次时间长达3年的天文观测，同时校验《太初历》和古六历的数据，结果表明，《太初历》更为符合天象。

经过仔细观天测地进行比较，汉武帝认为落下闳与邓平的历法优于其他17家，遂予采用。

落下闳参与定制的新历于元封七年（前104）颁行，汉武帝改元封七年为太初元年，因而新历又称为《太初历》（相关信息数据后载于《三统历》），《太初历》共施行188年。

中国历法是阴阳历，称为汉历，又称为农历。阴阳历的特点是：既包括太阳的运行，表现在二十四节气；又包含月相的变化，初一和月末看不见月亮，十五月亮圆。中国的阴阳历通过置闰方法来协调日月的运行周期。太阳的周期直接影响农业、气象；月亮的周期直接关系夜晚亮度和潮水的涨落。阴阳历有其特殊的优点，故中国一直在使用。现在，世界通行的公历是阳历，只反映太阳的运行，不包含月亮的相位。优点是简单准确，误差较小。

与过去的历法相比，《太初历》确定了"以孟春正月为岁首"的历法制度，依照春、夏、秋、冬顺序，至冬季阴历十二月底为岁终，使农事与四季的顺序相吻合，有利于农业生产发展。同时，也规定了"以没有中气的月份为闰月"。置闰方法的改革，使节令、物候与月份安排得更为准确。《太初历》采用的岁首和置闰法，随中国的汉历一直沿用至今，置闰法后来历经一点小改。

（三）落下闳《太初历》蕴含的农业思想

《太初历》直观来看，是一部比较完善、科学的历法，产生了比较大的影响。《太初历》的背后蕴含了古代朴素的农业思想。

所谓《太初历》，其实就是西汉时期通行的一种历法，这种历法更符合古代农业及耕作的规律，为中国古代农业生产带来了极大的便利，其内容将二十四节气纳入历法。

值得注意的是，二十四节气并非落下闳等人的发明，二十四节气名称及具体内容完整记载于《淮南子》一书中。《淮南子》一书中"二十四节气"的顺序依次是"冬至""小寒""大寒""立春""雨水""惊蛰""春分""清明""谷雨""立夏""小满""芒种""夏至""小暑""大暑""立秋""处暑""白露""秋分""寒露""霜降""立冬""小雪""大雪"，名称与后世完全一样，顺序也一致。

同时，《太初历》中还隐含着"天干地支"的思想，这些观念的背后在一定程度上都表明了中国古代朴素的农业观念。

《太初历》是对中国古代朴素农业观念的系统化。中国古代社会生产力相对而言比较低下，对抗自然和各种天灾的能力还比较弱，对世界上存在的各种各样的自然现象还没有意识，只有朦胧的一点感觉，或者说还停留在朴素的认识阶段。

比如，"中"。

《说文·丨部》对其解释为："和也。"[1]《说文解字注》解释说："内也。""俗本和也，非是，当作内也……正皆内之伪，《人部》曰：'内者，人也。人者，内也。'然则中者，别于外之辞也，别于偏之辞也……"[2] 从这里我们可以看到，无论是训释为"内"还是"和"，"中"都有"中正"的含义在其中。

对于"中"的意义还有另外一种看法。我们知道，"中"的甲骨文写法为"![中甲骨文]"，《现代训诂学探论》对其解释为"日晷"：

> "○为日晷的表面，为日晷的表杆，为表杆的投影……中之本义不管是日晷，还是测日影的杆，有一点是可以肯定的，这根杆必须垂直地立在地面上。因而引申出正、直之义。"[3]

这里对"中"的理解其实就蕴含着朴素的自然观，说明古代先民已经注意到在不同

---

① 许慎：《说文解字》，北京：中国书店，1989 年，第 7 页。
② 段玉裁：《说文解字注》，郑州：中州古籍出版社，2006 年，第 20 页。
③ 陆忠发：《现代训诂学探论》，杭州：浙江大学出版社，2008 年，第 28—29 页。

的时候太阳会发生不同的变化，而这样的思维方式中，就蕴含着"二十四节气"（即立春、雨水、惊蛰、春分、清明、谷雨；立夏、小满、芒种、夏至、小暑、大暑；立秋、处暑、白露、秋分、寒露、霜降；立冬、小雪、大雪、冬至、小寒、大寒）、"四季"（即春、夏、秋、冬）概念出现的可能。中国古代社会以农耕为主，人们改造和利用自然的能力还比较低下，希望作物丰收，只能祈求"风调雨顺"。

同时，古代先民们在不断从事农业生产的过程中，可能还注意到了某些现象，比如什么时候某种作物会取得比较好的收成。这其实都是古代先民一种朴素的农业观，而落下闳将二十四节气和历法相结合，其实就是这种朴素农业观的系统化过程。将零散的、琐碎的经验，进行系统化的整理，发现其中共有的规律，并将这种规律记录下来，使农业观念由感性层面上升到理性层面，并且将由现实生活经验中升华出来的理念指导农业生产，推动农业生产的进步。

落下闳编制和改革《太初历》，并将二十四节气进行调整，不仅仅使农业生产活动逐步走向科学化，还是"以农为本"的集体无意识的体现，表现了农业的重要性，同时也是统治阶级意识形态的渗透、合理化和其统治地位确立的过程。落下闳参制的《太初历》也因此影响了中华民族民族性格的形成和文化心理的建构。

"集体无意识"的概念出自西方文艺理论，指的是人们对于某种现象习以为常而毫无察觉，从而认为某种规定理所当然，并且以这种规定或者思想指导实践活动。

中国古代封建社会推行的政策多为"以农为本""重农轻商"或者"重农抑商"，通过这样的方式将人们留在土地上从事农业生产。为了维护政权的稳定，不仅对民众这样要求，统治阶级对于政策的制定也围绕这一目的，从《太初历》的编纂、修订就可以看出来：古代曾经使用过《颛顼历》等多种历法，每种历法都存在细微的差别。不变的是，每种历法指定的一个比较重要的依据就是农业，这在古籍中早有例证。

《太初历》的编纂使得国家的政治活动和人民生产相协调，政治去适应农事生产，其实质就体现了一种"以农为本"的思想。人类刚开始产生的时候，处于"刀耕火种"的原始社会，人们最需要解决的问题就是温饱，所以人们重视农业，到后来，中国社会发展到封建社会，为了维护国家和政权的稳定，保障人们的基本生活，农业生产也占据着十分重要的地位，对于农业生产的重要性，古代先民有着一种"集体无意识"。

在人们的日常生活交往、农业生产过程中，时间、时节也同样重要，落下闳参编《太初历》，使《太初历》和二十四节气相结合。落下闳修改二十四节气，使得节气、历法、农事生活三者三位一体，在人们日常生活中，无时无刻、随时随地产生它的影响，从而使得民众思想潜移默化的受到影响。我们现在仍存留的"农历"、节气都是其影响的表现。

自古以来，中国每年第一个月叫元月，或称正月，秦代避秦始皇讳改称端月。事实上，不同朝代，元月日期不相同。例如，夏朝用孟春的元月为正月，商朝用腊月十二月为正月，秦始皇统一六国后以十月为正月，汉朝初期沿用秦历。商代是十二月初一为元日，周代订在十一月初一，秦始皇统一六国后又以孟冬为正月，以十月初一为元日。元日成了一个不固定的"变日"，缺乏科学性与恒定性。这就是说，元日与春节，并不完全一致。元日是元旦，是岁首。春节是迎春。明清县志仍然元旦指春节。元旦即大年初一，并非公历的一月一日，两者并不相同。

落下闳参编的《太初历》改变了这种旧的历法制度，重新确定了春、夏、秋、冬的顺序，将农历孟春正月定为岁首，以孟春正月朔日为一年的开始。以孟春正月为岁首，即是规定春季的第一个月，就是新年的第一个月，以正月初一为一年的第一天，就是元旦，而元旦就是现在的春节。

二十四节气中的"立春"就经常会出现在春节前后。这样国家历史、政治上的年度与人民生产、生活的年度协调统一，改变了秦代和汉初"以冬十月到次年九月作为一个政治年度"的历法制度。

年文化习俗小考

宋森林

（阆中市水务局，阆中市名城研究会）

年，是一个冬春季节交替时特定的时间概念。年是寒之尾，暖之初，春之首，岁之开端。作为中华民族的传统节日，年早已被世界所接受和公认。关于年的传说很多，儒、释、道各有其说，特别是流传几千年的中国神话，更将其渲染上神秘的色彩。相传作为东方之神的伏羲，由于和他的助手句芒一起掌管着春天，称为春神，亦即为年神。人们崇拜人祖，也更加对年产生了追崇和欢愉之理念，令人追根溯源，探其究竟。

一、关于年的含义

年亦春节，古人称元旦、元日、元辰、正日、新正、三元之日（岁之元、月之元、时之元），指一年的第一天。《公羊传·隐公元年》："元年者何？君之使年也。"旦字的意思是天亮或早晨，《木兰诗》："旦辞爷娘去，暮宿黄河边。"

年作为时间概念在《尔雅·释天》中有所反映。"夏曰岁，商曰祀，周曰年。"在汉代，人们把二十四节气中立春定为春节，南北朝时，人们又将整个春季都定为春节；殷商时，春节叫元日或祀日，汉武帝时，春节又叫朔日。后来唐天宝三年（744）曾改年为载，唐肃宗三载（758）又改载为年。中国人过"年"，很早以前不是农历腊月最后的一天，而是在腊月，也就是农历腊月初八，到了南北朝以后，才把"腊日"移到岁末。

考古学家认为，"年"的基本概念大约是从新石器时代初期开始形成的，而它最初的含义来自农业，"年"字是"稔"字的初文，是谷熟丰稔的意思。《谷梁传·宣公十六年》记载："五谷皆熟为有年。"在甲骨文中，"年"字上面是一把禾，下面是一个人的侧面形，意指稻谷成熟，人把禾举在头上庆贺丰收。在古籍中介绍的春节，起源于我国原始社会中的"腊祭"，传说那时每逢腊尽春来，人们便要杀猪宰羊，祭祀祖先和老天，祈求来年风调雨顺，免灾免祸。人们用朱砂涂脸，鸟羽装饰，又唱又跳，热闹非凡。总之，年具有多种含义，但它必须是一个时间的概念。

二、年的习俗由来

古往今来，过年有很多习俗和讲究。诸如"腊八粥""腊月扫尘""除夕""守岁"等等，这里略举一二，"窥一斑而见全豹"。

"腊八节"吃腊八粥。腊八节，在我国古代历史上，最早是以腊祭日出现的，根据《风俗通义》《史记索隐》等记载，夏朝时称腊月为嘉平，殷朝称之清祀，周朝称大腊，秦朝仍称嘉平，汉朝时正式称为腊。《荆楚岁时记》等古籍记载：每逢十二月初八腊日，村人聚在一起并击细腰鼓，戴胡头，扮金刚力士跳驱瘟舞，谚语称："腊鼓鸣，春早生。"同时，腊八节又是佛节，称为佛成道节，相传释迦牟尼苦修多年，饿得骨瘦如柴，曾打算放弃修行，后经一牧女以混合饭相救，方于腊月初八在菩提树下悟成正果，后佛教界每逢腊月初八这一天便用各种香米和果物煮粥供佛，称为"腊八粥"。

腊月扫尘之由来：过了腊月二十三，人们纷纷进行室内外大清扫。相传"扫尘"习俗起源于帝尧时代，"帚"字最早见于甲骨文。说明商周时期已通用扫帚扫尘了。《礼记》中有"鸡初鸣……洒扫室及庭"的记事。宋吴自牧《梦粱录》："不论大小人家，俱洒扫门闾，去尘秽，净庭户。"每年从腊月二十开始到大年三十为扫尘的日子，流传着"腊月二十五，扫房掸尘土""腊月二十七，里外洗一洗""腊月二十八，家什擦一擦""腊月二十九，脏土都搬走"的除尘谚语。腊月扫尘，象征着人们辞旧迎新，荡涤污秽，驱走一切不利的东西，期望来年万事如意，人畜平安的良好愿望。

"除夕"的来由："除夕"含有旧岁到此夕而除，明日即换新岁的意思。"除夕"就是一年最后一天的夜晚。"除夕"源于先秦时期的"逐除"，据《吕氏春秋·季冬记》记载：古人在新年的前一天，击鼓驱逐"疫疠之鬼"，这就是除夕节令的由来。而最早提及"除夕"这一名称的，则有西晋周处的《风土记》等书，"除夕"在古代还有许多雅称，如除傩、除夜、逐除、岁除、大除、大尽等。古往今来，我国民间在除夕有很多富有积极意义的习俗。"岁晚相与馈问"为"馈岁"，"酒食相邀"呼为"别岁"，至除夜达旦不眠为"守岁"。

"守岁"的由来：除夕守岁，源于先秦的逐除习俗。所谓逐除，即在除夕通宵玩耍、击鼓、爆竹、驱疫疠、逐邪气，随着新年习俗的发展，守岁逐渐成为除夕习俗的主体，至唐代便广为流行。

古人守岁，或谈心，或猜谜，或赋诗，颇有情趣，梁朝徐君倩写过《共内人夜坐守岁》诗："欢笑情未极，赏至莫停杯。酒中喜桃子，粽里觅杨梅。帘天风入帐，烛尽碳成灰。勿疑鬓钗重，为待晓光摧。"唐代诗人守岁情感最浓，如杜甫的《杜宅守岁》："守岁阿戎家，椒盘已颂花。磕钗喧栎马，列矩散林鸦。四十明朝过，飞腾暮景斜。谁能更拘来？烂醉是生涯！"宋代大文豪苏东坡在《守岁》中有如此警句："儿童强不睡，相守夜欢哗。晨鸡且勿唱，更鼓畏添挝。坐久灯烬落，起看北斗斜。明年岂无年，心事恐蹉跎！努力尽今夕，少年犹可夸。"

古人守岁尚有惜时如金之意，还有饮屠苏酒的风俗。（屠苏酒相传为唐代名医孙思邈所创，以年少者先饮，年老者后饮。）守岁，有留恋旧岁寄希望新岁的双重含义，真可谓"一夜连双岁，五更分两年"了。目前在日本、越南、泰国以至欧美和非洲，也有类似中国守岁的习俗。

过年的习俗很多，如过小年夜，宋代文天祥《二十四日诗》中指腊月二十四为小年夜，即腊月三十为大年夜，腊月二十四祭灶之夕为小年夜。再如除夕团圆饭，在民间很重视，出门在外的人都要回家，若亲人没回，则留下座位、碗筷、酒杯，寄寓团圆深情。还如燃放烟花爆竹，相传是远古时候为驱逐一种叫"年"的凶猛野兽，为祈保平安，早在晋朝，就有放爆竹"避邪驱鬼"迎新春的记载。又如"二月二龙抬头"，相传有二月二民间要炒苞谷拜祭玉龙降雨救民的说法。由此看来，过年，从腊月二十四到二月二，才算年过完。

三、元宵节的习俗

正月十五为元宵节，在川北有的地方称"大年"，有的地方称"小年"，过元宵也流传着很多习俗。

元宵张灯：我国民间每年元宵节都有张灯的习俗，一说是沿汉武帝时祠太一自昏至昼的故事，一说是道家所兴，因为正月十五是"三官下降之日"。而三官各有所好，天官好乐，地官好人，水官好灯，所以民间纵乐张灯。一说是佛家发明，佛教教义中把火光比作佛之威神，所谓"无量火焰，照耀无极"，既可破人世之阴暗，又可观佛之光明。传说佛祖释迦牟尼降伏神魔是在西方 12 月 30 日，即东土正月十五，这一天的燃灯之风，由此而来。

中国始行元宵张灯，是在东汉，到南北朝时，元宵张灯渐成风气。梁武帝笃信佛教，其宫中正月十五大张灯火。唐朝时，中外文化交流更为密切，佛教大兴，西方来的佛教徒广泛宣扬"神灯佛火"。佛家灯火于是遍布民间。从唐代起，元宵张灯即成法定之事，并逐渐成为民间习俗。

元宵节的灯舞：元宵灯舞，各地称呼不尽相同，有"耍灯""舞灯""闹灯""花灯"之称。据西汉董仲舒所著《春秋繁露》说，龙灯最早兴于汉代，先是作为一种祈雨的仪式，隋朝时演变成民间游艺。《隋书》上说："每当正月，绵亘八里，列为戏，百官起棚夹路，从昏达旦，光烛天地，百戏之盛，亘古无比，自是每年以为常焉。"南宋词人辛弃疾在《青玉案·元夕》中吟道："东风夜放花千树，更吹落，星如雨。宝马雕车香满路。风箫声动，玉壶光转，一夜鱼龙舞。"

龙灯舞是古代人们模拟鸟兽情态的自娱自乐性民间舞。龙灯一般用竹、木、纸、布等扎成，节数不等，但均为单数，每节内能燃烛的叫"龙灯"，不燃烛的叫"布龙"。

正月十五元宵的习俗也颇多，如"元宵喜划采莲船"，是汉族源远流长的民间舞蹈形式。它流行于唐代，当时属"百戏"之一，不仅民间流传而且还进入宫廷。又如元宵节吃粥，从东汉起已经盛行，其俗在于吃粥消灾。唐代以后，江南蚕桑产地则于正月十五由以粥祭祀土地演变为以米轧成粉做成形似蚕茧的圆子，也就是现在人元宵节吃的"汤圆"，寓意团圆，日子甜蜜。这些民间习俗充分体现了广大人民群众的节日喜庆，以此来表达辞别旧岁、喜迎新年、祈求幸福的美好愿望。

阆中落下闳与春节的"恩怨情仇"

杨小平

（西华师范大学文学院）

落下闳，一作洛下闳，复姓落下①，名闳，字长公，巴郡阆中（今四川阆中）人②。西汉景帝至武帝时期人③，约生活于公元前2世纪，汉武帝时任待诏太史，浑天说创始人之一，《太初历》的主要编制者。世界著名数学家、物理学家、农学家、天文学家。

本文拟简述春节习俗、春节称呼的演变，讨论阆中落下闳与春节、春节文化之乡等问题，以求斧正于方家博雅。

一、落下闳确定"春节"时间

春节最为隆重，历史悠久，具有极大的普及性、群众性，是全民狂欢的节日。春节在节日中持续时间最久，往往会从腊月初八的腊祭或腊月二十三左右的祭灶（又称"小年"），一直到正月十五（又称"大年"），其中以除夕（腊月廿九或者三十，俗称"大

---

① 司马迁《史记》说落下闳，难以判断其姓，唐张守节《史记正义》判断姓落下，颜师古也以为姓落下，名闳。唐代《北堂书钞》，清朝阮元撰、罗士琳等续编《畴人传》（畴人即明历算者），张澍《蜀典》等，均据桓谭《新论》误认为落下闳姓黄。蒙文通《巴蜀史的问题》十二《巴蜀文化的特征》认为姓黄是传写错误。有人误判姓王，并无证据。清徐文靖《管城硕记》卷十九："落下盖巴郡之地名也，小颜以为姓落下，非。正字通谓姓落，名下闳，亦非。"一些学者也认为，"落下"不是落下闳的姓，而是落下闳所居住之地。《隋书·天文志》、明嘉靖《保宁府志》、《华阳国志校注》也把"落下闳"写作"洛下闳"，并称"洛下，本地名，以地为氏。"《史记》点校后记认为：人名跟封号或地名连在一起的，如"落下闳"之类。这说明，落下闳是以他所居住的地方为姓。洛下当即一地名，同音变成落下。人们把"洛下"这个地名误为落下闳之姓。

② 《史记》说巴落下闳，南朝宋裴骃《史记集解》说籍贯为巴郡。西晋陈寿《益部耆旧传》、常璩《华阳国志》、萧统《文选·公孙弘传赞》、明嘉靖《保宁府志》、清代《阆中县志》说是阆中人。

③ 落下闳的生卒年不详，文献没有记载。有人认为落下闳的生卒年为约公元前156年～前87年，还有人认为落下闳的生卒年为约公元前140年～前87年，国际小行星联合会的文件写道："落下闳（140－87BC）是中国西汉著名民间天文学家。他利用自制的天文仪器长期观测星象，并借此创制出中国历史上有文字可考的第一部优良历法——《太初历》；他还是'浑天说'的创始人之一，经他改进的赤道式浑仪，在中国用了2000年。"这些看法均属于臆断，没有文献证据，仅仅根据文翁办学和汉武帝的生卒年来推断，并不可靠。

年三十"）和正月初一为高潮。① 正月初一拜年、放爆竹，初一原名"元旦"，"元"的本意为"头"，后引申为"开始"。这一天是一年的头一天、春季的头一天、正月的头一天，所以称为"三元"；因为这一天还是岁之朝、月之朝、日之朝，所以又称"三朝"。

乌丙安指出："由于春节在中国古老的农耕文明史中从来都叫做'过年'，而不叫做'过节'，所以今天把它叫做'节日'，并不贴切。"②

关于春节的起源有很多说法，一种说法是相传古时有个名叫万年的青年对国君说："现在正是十二个月满，旧岁已完，新春复始，祈请国君定个节吧。"祖乙说："春为岁首，就叫春节吧。"这就是春节的来历。③

另一种说法是，春节由虞舜兴起。公元前2000多年的一天，舜即天子位，带领部下人员，祭拜天地。从此，人们就把这一天当作岁首。这就是农历新年的由来，后来叫春节。据此记载，春节已有4000多年的历史。

"春节"一词，《汉语大词典》解释说："节名。古指立春。今指农历正月初一。"例证引宋代文献：旧题宋尤袤《全唐诗话·王起》："既遇春节，难阻良游，三五人自为宴乐，并无所禁。"宋文天祥《狱中》诗："春节前三日，江乡正小年。"我们检索了古籍，"春节"一词出现很晚，宋代以后才见使用，而且使用频率不高，多为表示"春季"义的"春节"，而不是现代意义的"春节"一词。

春节不同时代名称并不一样。先秦时称"上日""元日""改岁""献岁"等，两汉时期称"三朝""岁旦""正旦""正日"，魏晋南北朝时称"元辰""元日""元首""岁朝"等，唐宋元明称"元旦""元""岁日""新正""新元"等，清代叫"元旦"或"元日"，春节所在的这一月则称元月。④

历代元旦的日期并不一致：夏朝用孟春的元月为正月，商朝用腊月（十二月）为正月，秦始皇统一六国后以十月为正月，汉朝初期沿用秦历。汉武帝刘彻感到历纪太乱，就命令大臣公孙卿和司马迁造"太阳历"。阆中人落下闳研制浑仪，"观新星度、日月行"，由他参与制订的《太初历》，优越于其他17种历法。汉武帝采用了《太初历》，太初元年规定以农历正月为一岁之首，以正月初一为一年的第一天，就是元旦。年节的日

---

① "腊"本是祭礼名称，夏称"清祀"，殷商称"嘉平"，周改称"腊"。"腊祭"俗称"腊八"，此日也是释迦牟尼生日。除夕晚上全家团圆吃年夜饭（农历一年中最后一顿饭），年夜饭后有发压岁钱和熬年夜（守岁）的习俗，表示从农历本年的最后一天守到下一年的第一天。汉东方朔《岁占》谓岁后八日，一日为鸡日，二日为犬日，三日为猪日，四日为羊日，五日为牛日，六日为马日，七日为人日，八日为谷日。初二女儿回门，初三送年，是女娲造羊的日子，俗称"羊日"。初五破午、"送穷"（祭送穷神）。初七是人日，俗称"人过年"。汉朝始有人日节俗，戴"人胜"（又称"彩胜""华胜"）、送火神。初八是谷子日，放生。明代刘侗《帝京景物略》载："正月八日，石磴巷放生，笼禽雀、盆鱼虾、筐螺蚌，罗堂前，僧做梵语，数千相向，纵羽空飞，擎着落屋上，移时乃去，水之类投皇城金水河中网罟笋饵所希至。"初九是天日，俗称"天公生"。"天公"就是"玉皇大帝"，道教称"元始天尊"。初十是石日，因为"十"谐音"石"。十一是"子婿日"，岳父宴请子婿，民歌称"十一请子婿"。十四是青蛙节，南充西河流域有蛴蟆节，蛴蟆即青蛙，是川北方言的记音。十五是元宵节，俗称大年，点花灯。

② 乌丙安：《中国春节：祭典与庆典严密组合的传统行事》，《江西社会科学》2011年第1期，第19页。

③ 李英儒：《春节文化》，太原：山西古籍出版社，2003年，第5—6页。该书第4到5页还记载过年是因为害怕"年"这种怪兽而燃放鞭炮进行驱赶的传说。该书第2到3页记述"腊祭""巫术""鬼节"三种起源。

④ 李英儒：《春节文化》，太原：山西古籍出版社，2003年，第7页。

期由此固定下来,延续至今,长达 2000 多年。阆中人落下闳制定《太初历》,从此中国人以孟春正月朔日为一元之始,即农历正月初一为岁首。公元前 103 年 2 月 11 日,即汉武帝太初二年(夏正)正月丁巳朔(正月初一),是《太初历》施行以来中国人过的第一个农历新年。落下闳籍贯所在地阆中也因此获得中国首个"中国春节文化之乡"的称号。辛亥革命后,开始采用公历(阳历)计年,公元 1914 年 1 月 26 日(农历正月初一),中国人才第一次过上一个叫春节的农历新年;1 月 21 日,中华民国内务总长朱启钤将农历元旦命名为春节,报大总统,并获批照准。从此,遂称公历 1 月 1 日为"元旦",称农历正月初一为"春节",农历新年以春节的面貌出现。数千年绵延不断的中国春节,是中华民族传统节日中最神圣、最隆重、时间最长、内涵最宏博的盛大节日,是中国人民、世界华人和文明社会共同进步的精神家园。

二、落下闳的家乡巴郡阆中

根据《史记》《汉书》《华阳国志》等的记载,落下闳的家乡在巴郡阆中。张舜徽《三国志辞典》指出:"巴西,郡名。东汉建安六年(201)刘璋改巴郡置。治所在阆中(今阆中)。"[①]

阆中位于四川省东北部,嘉陵江中上游,古称巴西,与巴(今重庆)、巴东(今重庆万州)合称"三巴",属于巴国,曾经是巴国的国都。1991 年撤县建市,2007 年被确定为扩权强县试点县(市)。全市辖区面积 1878 平方公里,人口 87 万,辖 46 个乡镇,3 个街道办事处。

阆中于 1986 年被国务院确定为全国历史文化名城,2006 年被联合国地名遗产委员会命名为"千年古县"(除隋代称阆内、唐代称隆州之外没有更名)。自秦置阆中县起,迄今已有 2300 多年的建城历史,历代为郡、州、府、道治所,明末清初曾作为四川省会 17 年。拥有张飞庙、永安寺等 4 处全国重点文物保护单位,清代四川贡院、华光楼、巴巴寺等 13 处省级重点文物保护单位。阆中城区山围四面、水绕三方,现存"唐宋格局、明清风貌"的古城四平方公里左右,山、水、城融为一体,是全国保存完好的四大古城之一。

阆中所辖地域包括今阆中、南部、苍溪等地。阆中在汉魏时期分出充国,充国县以南设南充国县,很容易与现在的南充混淆。

阆中历代多出著名天文学家,除西汉有落下闳之外,西汉末、东汉初有任文孙、任文公父子。《后汉书·方术传·任文公》:"任文公,巴郡阆中人也。父文孙,明晓天官风角秘要。"李贤注:"阆中,今隆州县。"[②]三国时期则有周舒、周群、周臣祖孙三代。《三国志·蜀志·周群传》:"周群字仲直,巴西阆中人也。父舒,字叔布,少学术于广汉杨

---

① 张舜徽:《三国志辞典》,济南:山东教育出版社,1992 年,第 82 页。
② [南朝宋] 范晔:《后汉书》,北京:中华书局,1965 年,第 2707 页。

厚，名亚董扶、任安。"① 卢弼《三国志集解》："钱大昭曰：'《季汉辅臣赞》作字仲宣。'"②"宣"与"直"二字形近。周群跟随他的父亲周舒学习天文，又教他儿子周巨。巴西阆中人称落下闳为"前圣"，称周群为"后圣"。

三、落下闳与春节

落下闳与"春节"缘分很深。

阆中是伏羲之母华胥的故里，伏羲是中华人文始祖，也是巴人祖先。《文子·精诚篇》称伏羲之王天下"杀秋约冬"，人祖祭典辞曰："伏羲演八卦，开启性灵，推定历度，初置元日。"清道光《保宁府志》序说："夫阆中渝水为华胥之渊，伏羲所都，三巴首导神功也。"《路史》注曰："所都国有华胥之渊，盖因华胥居之而得名，乃阆中渝水之地。"伏羲设置的元日即是中国春节的发端。阆中民间有尊伏羲为年神的传说，有纪念伏羲女娲的寺庙与拜祭之地。大年三十夜，阆中习俗是在敬祖宗之前要敬天敬地敬年神，春节期间要结伴到二交寺、长青寺、武庙三圣殿拜祭年神伏羲。

阆中是著名天文学家落下闳的家乡。西汉元封七年（前104），落下闳与唐都创制的《太初历》，与邓平所研究的一样。《太初历》的内容完整地记录于《汉书·律历志》中，后称《三统历》。《太初历》"以孟春正月为岁首"，规定每年以立春正月朔日为岁首，到冬季十二月底为岁末，科学地确立定正月初一作为岁首的历制，并以立法的形式将其固定下来，传承至今，是中国春节发展史上划时代的里程碑，也充分说明了阆中是春节文化的发源地。《太初历》是中国有完整文字记载和实物数据可考的第一部科学的传世历法，其科学价值之高举世公认。公元前110年，阆中古天文学家落下闳竖竿观日，以竿影长短确定出"夏至""冬至"，又根据一年中昼夜的长短变化确定出"春分""秋分"。在此基础上，确定了立春、雨水、惊蛰等二十四个节气。从此，"春节"以固定的节日出现在中华民族的历史上。至今在阆中民间仍然尊崇落下闳为"春节老人"。为纪念落下闳在天文历算方面的巨大成就，国际天文联合会于2004年将一颗国际永久性编号为16757的小行星，命名为"落下闳星"。

24节气是中国古代农业学的一大独特的创造，完整地记载于《淮南子·天文训》（前140年左右）中，几千年来对中国的农牧业生产和人民生活起了极为重要的作用。落下闳的贡献是将24节气日期首次编入《太初历》中，并规定节气（即立春、惊蛰等24节气中是奇数项的气）可以在上月的下半月或本月的上半月出现；而中气（即雨水、春分、谷雨等24节气中是偶数项的气）一定要在本月出现，如果遇到没有中气的月份，可以定为上月的闰月。这种置闰原则一直沿用一千多年。

《史记·历书》载："至今上即位，招致方士唐都，分其天部；而巴落下闳运算转历，

① ［晋］陈寿：《三国志》，北京：中华书局，1982年，第1020页。
② 卢弼：《三国志集解》（钱剑夫整理本），上海：上海古籍出版社，2009年，第2673页。

然后日辰之度与夏正同。"《集解》引徐广曰:"陈术云征士巴郡落下闳也。"《索隐》引姚氏案:《益部耆旧传》云:"闳字长公,明晓天文,隐于落下,武帝征待诏太史,于地中转浑天,改《颛顼历》作《太初历》,拜侍中不受。"① 汉籍检索全文系统(第二版)"徐广"前脱"《集解》""《索隐》",后衍"曰"字,"不受"后衍"也"字。《汉书·历法志上》:"姓等奏不能为算,愿募治历者,更造密度,各自增减,以造汉《太初历》。乃选治历邓平及长乐司马可、酒泉候宜君、侍郎尊及与民间治历者,凡二十余人,方士唐都、巴郡落下闳与焉。都分天部,而闳运算转历。"颜师古注引晋灼曰:"三人姓名也。《史记·历书》'唐都分天部,而巴郡落下闳运算推历'。"师古指出:"姓唐,名都,方术之士也。姓落下,名闳,巴郡人也。都与闳凡二人,言三人,非也。与读曰豫。"② 汉籍检索全文系统(第二版)作"方士唐都、巴郡落下,闳与焉",标点误。由此可见,直接引用检索文献是很危险的,需要核对原文。对比《史记》与《汉书》的注释,落下闳中的"落下"有两种解释,一种是复姓,一种是地名(与"落下闳"又作"洛下闳"印证),仍需要加以研究,提出充足的证据进行说明。

阆中春节民俗文化活动独具特色,亮花鞋、磨盘饭等很多民俗文化都具有唯一性,与其他地区、民族相比,在文化量级、底蕴的蓄积和原生性上,更本真,更质实,更古老和更具备根柢性。

四川省社会科学院查有梁教授在《中国春节先祖落下闳》中把阆中定为"中国春节第一城"。

2010年2月4日下午,全国首个"中国春节文化之乡"称号于正式落户古城阆中。中国民间文艺家协会相关领导一行亲临阆中,举行了隆重的授牌仪式。同时,央视中文国际频道栏目摄制组受中宣部、中央文明办的委派,专程赶赴阆中古城拍摄时长35分的《我们的节日·中国春节文化之乡——南充·阆中》专题片。该片于虎年正月初三黄金时段在央视中文国际频道,面向国内及100多个国家及地区的海外观众播出。与此同时,央视七套军事农业频道也在阆中拍摄完成并播出了以科技为主题的春节民俗文化节目。

但我们也应该看到,阆中被授予"春节文化之乡"是好事,也是机会,但同时也存在各种非议。如"春节文化之乡"并非"春节发源地",因为"春节"的形成有多种说法,并不能够固定在某一种说法上;春节文化是中华民族共同的文化,不可能存在专属某一地方的问题。

---

① [汉]司马迁:《史记》,北京:中华书局,1959年,第1260—1261页。
② [汉]班固:《汉书》,北京:中华书局,1962年,第975—977页。

论阆中春节文化的符号建构问题

郑海涛

（西华师范大学文学院）

　　春节是中国民间最隆重的节日，是中国节庆文化的最重要节点，同时也是中国数千年文明的浓缩面影。两千年来，每一个中国人心中均有一份难以言传的春节情结。从高适《除夜作》"故乡今夜思千里，霜鬓明朝又一年"到王安石《元日》"爆竹声中一岁除，春风送暖入屠苏"，从白居易《除夜》"病眼少眠非守岁，老心多感又临春"到苏轼《守岁》"儿童强不睡，相守夜欢哗"，从孟浩然《田家元日》"昨夜斗回北，今朝岁起东"到董必武《元旦口占用柳亚子怀人韵》"陪都歌舞迎佳节，遥祝延安景物华"，从每年号称"世界最大的人口迁移"——春运到寒风暴雪中的一声声清脆爆竹。几千年来，春节承载了无数炎黄子孙的温情与牵挂。春节文化是独具中华民族特色的优秀文化，同时也是中国传统文化的重要组成部分。

　　文化离不开符号，人类生活的世界是一个充满各种符号的世界。从某种意义而言，21世纪信息时代就是符号时代。符号是文化传播的载体，也是文化最直接的附着物，文化的传承与发展往往是通过符号与符号系统实现的。符号不仅开创了民族文化，而且也传承、建构、表达民族文化。任何文化的传播与发展都离不开符号系统的建构与表达，春节文化同样也不例外。按照陶思炎教授的观点："节日若失去了文化符号，就失去了个性特色，失去了存在的标志，甚至导致了传统节日的整体淡化与衰亡。"①

　　春节文化发源于四川阆中。2010年2月，经中国民间文艺家协会认证，认为阆中市在传承春节文化与保护春节文化的各类相关资源方面均具有示范意义，阆中市被授予"中国春节文化之乡"的称号。这一声誉对文化传统历史悠久、文化特色独特显著的阆中市而言，既是实至名归，是对阆中市独特地域文化的认同，也是对阆中市政府多年重视保护春节文化资源工作的肯定。然而，荣誉同时也往往意味着责任。在全国各地区域发展方面均大打文化牌的时代背景下，阆中市如何打好"春节文化之乡"这张牌，如何更有效、更广泛地宣传阆中市的春节文化，如何让"春节文化"实实在在成为阆中市的一张亮丽名片？前路任重道远，可能面临重重险阻，荆棘密布。然而毋庸置疑的是，如何精心建构具有阆中地域特色的春节文化符号系统无疑是推广、宣传春节文化的重中之重。

---

　　① 陶思炎：《春节文化符号的释读》，《文明》2012年第1期。

以下笔者就此问题谈一些自己的思考，乖谬之处，尚望方家赐正。

首先是春节文化符号应当着重选择辨识度极高的具有浓厚中华民族特色的文化符号。春节是中华民族的特殊节日，也是民族文化心理与文化情怀的折射与体现。因此，作为华夏民族民族情怀与民族心理的重要寄托方式，就应该建立最能典型代表民族特色的相应的文化符号系统。传统的春节文化符号包括门神、桃符、年画、春联、爆竹、窗花、福字、生肖等元素①，这些元素具有典型性与普适性。所谓典型性，是指在诸多元素中最能体现该对象的特征与存在状态；所谓普适性，是指这些文化元素在任何地域的中国人心目中均建立了一致的心理认同。与西方圣诞节的符号元素相比，中国春节文化符号在多元性上是有过之而无不及，但在实际生活中其影响力不及圣诞老人、圣诞树等外来符号。导致这一现象的原因是多方面的。然而，对传统文化符号欠缺整合与宣传却是其中不容忽视的重要原因。一套完整严密的符号系统应该包括两大类元素，即基本元素与特色元素。传统的春节文化符号门神、桃符、年画、春联、爆竹、窗花、福字、生肖等就是属于基本元素的范畴。这些基本元素是民族传统文化的一部分，具有深厚的文化积淀与持久的稳定性，千百年来一直影响了中国人的生活，可以预言的是，这种恒久的影响力还将持续下去。冯骥才先生就曾经指出，之所以现在我们的春节文化处于一种尴尬地位，其原因在于"我们一直没有从文化的角度来看待民间文化，更没有从文化价值这个层面上认识民间文化"②。因此，建构具有阆中地域特色的春节文化符号离不开传统文化符号的铺垫，要以传统春节文化符号为基本元素，在基本元素的基础上凸显阆中元素。

其次是文化符号系统应该具有鲜明的阆中地域特色。阆中作为"春节文化之乡"，是一座具有悠久历史的川北历史文化名城，素有"阆苑仙境，风水宝地"的美誉。阆中境内有诸多代表阆中地域特色的文化标识，如风水古城、滕王阁、汉桓侯祠、川北道贡院、永安寺、五龙庙等，这些标识均是为阆中所独有的建筑标识。此外，阆中市还有诸多独具特色的饮食文化，如张飞牛肉、阆中蒸馍、牛肉凉面、保宁醋等，这些特色在全国同样都是具有唯一性的。既彰显了阆中市悠久灿烂的历史文化，又是阆中市人文氛围的传承载体与文化象征。因此，阆中春节文化符号系统在吸纳传统春节文化符号的基础上，应该着重凸显阆中的地域文化与特色文化。譬如阆中一些代表性的大院（如马家大院、张家大院、孔家大院等）所呈现的春节文化氛围与气息均可以照片或者绘画形式融入符号系统；阆中的很多民俗活动如打春牛、张飞巡城、秀才赶考、春节老人拜年、巴象鼓舞、游百病等，同样可以作为主体纳入阆中春节文化符号系统。此外，阆中古城的木雕窗花也有很多春节题材，对这些木雕窗花我们应该分类整理，将其作为文化符号的整合

---

① 按照胡建斌、陈先红《春节故事对外传播战略研究》（《对外传播》2018 年第 2 期）的观点，春节文化符号可以概括为四部分：第一部分是艺术符号，如春联、窗花、福字、红灯笼、年画、中国结等等；第二部分是生肖符号，即十二生肖；第三部分是娱乐符号，如舞龙狮、元宵花灯、高跷、花鼓等；第四部分是饮食符号，如饺子、年糕、腊味等。

② 冯骥才：《留住我们的根——从春节文化谈起》，《求是》2005 年第 2 期。

元素。2014 年 10 月，中华"春节符号"全球征集活动正式在北京启动。2015 年 2 月，获奖作品正式揭晓。最终入选的作品是首都师范大学两名学生李冬雪、宋珊联合创作的作品，其图案是设计案中的图形，是将汉字"春"与"福"依托中国结的编织元素结合在一起，中轴线上点缀三个圆点，象征春节时处于同一直线上的太阳、月亮和地球。五处白色圈象征"金木水火土"五行①。其设计理念是"依托中国传统元素的图形，将中国传统的天文历法科学与传统精神诉求结合，渲染节日气氛的同时传递出中国文化"（同上）。然而，我们要看到的是，这一符号标识的构思固然巧妙而富蕴深意，但是该符号代表的是一种大众性、泛化性的春节文化意识，是与阆中春节文化无关的文化标识。因此，我们应当建构一套具有浓郁的阆中风情的春节文化符号系统。这套符号系统的基本设计理念是以传统春节文化符号为背景，有意凸显阆中地域特色文化。应该在以传统春节文化符号为底色的前提下，融入阆中建筑文化与饮食文化，以此架构阆中文化与春节文化的联系。

再次，文化符号系统应该着重凸显落下闳文化要素。按照潘鲁生先生的观点："从根本上说，符号的首要功能在于展示和传播源文化。并以共有的价值观念和行为规则约束或聚合不同文化背景的受众。"② 2013 年 2 月，中央电视台制作的专题片《我们的节日春节——中华长歌行》之所以选择在阆中拍摄，是因为阆中是春节文化之祖落下闳的故乡。落下闳所制的太初历为汉武帝采用，颁行天下。太初历作为中国历史上第一次有完整文字记载的历法，其影响一直沿袭至今。因为有了落下闳，所以方才有春节的诞生。从这一角度而言，落下闳就是春节文化的源头，所以也方有阆中人民心目中的"春节老人"之誉。春节是每一个中国人熟悉的节日，但落下闳不一定是每一个中国人熟知的对象。甚至可以说不知落下闳为何人者大有人在。人们在生活中能够感知到各种文化，但对该文化的来龙去脉与渊源流播的信息了解必定有一个滞后的过程。就目前一般人的认知情况来看，我们对春节文化符号中落下闳元素宣传的力度是不够的。因此，建议在建构文化符号系统时可以将落下闳雕塑、故居、太初历、浑天说等相关的元素糅合进来，凸显阆中特色的"落下闳气息"。

春节文化符号是传统文化的重要内容，其间蕴含了丰富而深广的文化内涵。春节文化符号系统的建构从小的方面说有利于宣传阆中地域特色文化，提升阆中文化形象；从大的方面说有利于传播中华民族的传统文化与价值观念，增强民族的自信心、凝聚力与影响力。阆中春节文化符号系统的整体建构是一项功在当代、利在千秋的文化工程，它不是一蹴而就的。随意敷衍的态度可能会适得其反，需要在认真论证、反复推敲的基础上再三斟酌考量。民俗艺术的客观规律有二：一是稳定性；二是变异性。阆中春节文化

---

① 转引自中国教育新闻网张婷《中华"春节符号"全球征集活动揭晓》，文章网络地址为 http://www.cdedu.gov.cn/news/Show.aspx? id=47787。

② 潘鲁生：《从春节符号谈文化的传承与创新》，《山东社会科学》2012 年第 1 期。

符号应该在继承传统春节符号要素的基础上凸显阆中地域文化，以适应阆中文化发展与文化认同的基本要求。春节文化符号的建构不仅要具有地域眼光，同时还要具备宏观视野。将阆中春节文化符号作为中华民族文化战略的有机组成部分，弘扬传统美德，增强民族自信。切实推动文化的传承创新，践行社会主义核心价值观，真正实现习总书记"文运与国运相牵，文脉与国脉相连"的号召，以文化自信走向伟大复兴。

天文历法研究

说"益州分野有天子气"

曹鹏程

（四川省社会科学院历史研究所）

东汉灵帝中平五年（188），太常刘焉目睹朝政紊乱，王室多故，向朝廷建言："刺史、太守货赂为官，割剥百姓，以致离叛。可选清名重臣以为牧伯，镇安方夏。"时任侍中的广汉绵竹人董扶，私下向刘焉透露："京师将乱，益州分野有天子气。"刘焉闻言，乃设法谋得益州牧之职。董扶也求为蜀郡西部属国都尉，同往益州。[①] 与此同时，巴西安汉人赵韪辞去太仓令，追随刘焉入蜀。刘焉在益州站稳脚跟后，随即派遣张鲁遮断栈道，"意渐盛，造作乘舆车具千余乘"[②]；又将州治自绵竹移至雒县，于其地建阙门，大概是要营造"两宫遥相望，双阙百余尺"[③] 的京师气象，后因"［占］云其地不王，乃留孙修据之"[④]。显然，在董扶谶语的鼓动下，刘焉已经沉迷于闭门作天子的美梦中。

董扶是当时著名学者，"究极图谶"，又精通天文，[⑤] 其所谓"益州分野有天子气"是信口开河？抑或确有渊源？下文将尝试论之。[⑥]

---

① ［晋］陈寿：《三国志》卷三一《刘二牧传》，北京：中华书局，1959 年，第 865 页。

② 《三国志》卷三一《刘二牧传》，第 867 页。

③ ［梁］萧统：《文选》卷二九《古诗十九首·青青陵上柏》，上海：上海古籍出版社，1986 年，第 1344 页。

④ ［晋］常璩撰，任乃强校注：《华阳国志校补图注》卷三《蜀志》，上海：上海古籍出版社，1987 年，第 163 页。引文中"占"字据任乃强先生校补。

⑤ 《三国志》卷三一《刘二牧传》裴松之注引《益部耆旧传》，第 866 页；《华阳国志校补图注》卷三《蜀志》，第 146 页。

⑥ 研究者很早就注意到中国古代天文学所蕴含的政治目的，但针对这一问题展开的专题研究始于 20 世纪 80 年代。黄一农发表系列论文，追索古代天文与当时社会的互动关系，特别是天文学对政治和战争的影响，后以《社会天文学史十讲》的名义结集出版（复旦大学出版社，2004 年）。江晓原鉴于中国古代天文学的特征，以"天学"称之，先后出版《天学真原》（辽宁教育出版社，1991 年）、《星占学与传统文化》（上海古籍出版社，1992 年）、《历史上的星占学》（上海科技教育出版社，1995 年）、《星占》（香港中华书局，1997 年）、《天学外史》（上海人民出版社，1999 年）、《中国天学史》（上海人民出版社，2005 年）等专著，系统研究了中国古代星占学的历史线索、思想基础、政治运作等诸多层面的问题。两位先生在跨学科的交叉渗透研究方向上做出了具有典范意义的成绩，对本文启发良多。具体到对三国时期星占学与政治关系的研究，范发伟的《受禅与中兴：魏蜀正统之争与天象事验》（《自然辩证法通讯》1996 年第 6 期）、《三国正统论与陈寿对天文星占材料的处理——兼论寿书无〈志〉》（文载《结网编》，台北东大图书有限公司，1998 年）已经注意到，天文星占之学在这一时期成为政治宣传的有力工具。至于本文探讨的"益州分野有天子气"这一谶语，前人论著往往一笔带过，对其星占学渊源和社会背景未加深究。

一、益州分野问题

益州为古蜀国之地，很早就被秦国兼并，故在二十八宿分野体系中附见于秦地，对应井、鬼二宿。汉武帝元封三年（前108），重新区划天下，改九州岛为十二州，[①] 益州为十二州之一。不久之后，又"招致方士唐都分其天部"，[②] 目的之一是重建星官体系，以与新行十二州制相配合。唐代星占文献《天文要录》所列《采例书名目录》中有《天文分野》十二卷，署名前汉唐都，[③] 应该就是此次划分天部的成果。司马迁之父司马谈曾"学天官于唐都"[④]，《史记·天官书》中的十二州分野系统殆导源于此。在《天官书》中，益州分野是"觜觿、参"，至于蜀地原来所属的东井、舆鬼二宿，此时则独归雍州。唐都区划天区的依据虽然不可得而知，却有迹可循。[⑤]《吕氏春秋·有始览》云："西南方曰朱天，其星觜觿、参、东井。"《淮南子·天文训》亦如之。益州地处西南，唐都以觜、参二宿为益州分星，大概就是由此而来。[⑥]

然而，在唐都的十二州分野系统之前，十三国分野系统早已行用多年。[⑦] 在后一地理系统中，觜、参二宿为晋国分野。《左传·昭公元年》："昔高辛氏有二子，伯曰阏伯，季曰实沈，居于旷林，不相能也，日寻干戈，以相征讨。后帝不臧，迁阏伯于商丘，主辰，商人是因，故辰为商星。迁实沈于大夏，主参，唐人是因，以服事夏、商。"[⑧]《国语·晋语》亦曰："实沈之墟，晋人是居。"[⑨] 实沈（实沉）是十二星次之一，对应于二十八宿中的觜、参两宿。可见，参宿至晚在春秋时代就已经与晋地产生了联系。马王堆帛书《日月风雨运气占》在提及参、伐、井、鬼等星宿时说："此（觜）觿（觿），赵氏西地。罚，

---

① 关于此次改行十二州的确切时间及背景，参见辛德勇《两汉州制新考》，《文史》2007年第1期，特别第四一六节。

② ［汉］司马迁：《史记（修订本）》卷二六《历书》，北京：中华书局，2013年，第1499页。

③ ［唐］李凤：《天文要录》卷一，收入《中国科学技术典籍通汇·天文卷》第4分册，郑州：河南教育出版社，1993年，第31页。

④ 《史记（修订本）》卷一三〇《太史公自序》，第3965页。

⑤ 《开元占经》引魏人石申说："觜觿者，内主梁，外主巴、汉。"（唐）瞿昙悉达：《开元占经》，卷六二引"石氏曰"，《四库术数类丛书》第五册，上海：上海古籍出版社，1991年，第615页。所谓"梁"，应指魏国，"巴、汉"之地即使不与后世的益州完全重合，至少也是益州的一部分。二十八宿之中，觜宿跨度最小（二度），几乎完全落在参宿十星的分布区域内。如果这条引文确实出自石申之口，则说明早在战国时代，紧邻参宿的觜宿已经被视为巴地分野。然而《开元占经》《天文要录》等书所引用的先秦时期人物神灶、梓慎、石申、甘公等人的说法，多属汉魏星士的假托之辞，因此只能视为汉魏时期的知识和观念。参见钱宝琮：《甘石星经源流考》，《浙江大学学刊》第一期，1937年。

⑥ 可以作为旁证的是唐都对并州分野的区划。并州同样是元封三年新置之州。《史记·天官书》云："营室至东壁，并州。"从地理方位上看，并州处于西北方的雍州和北方的幽州之间，而营（营室）、壁（东壁）二宿在《吕氏春秋·有始览》中恰恰与此方位对应："北方曰玄天，其星婺女、虚、危、营室。西北方曰幽天，其星东壁、奎、娄。"唐都从相邻的"玄天""幽天"各抽调一个星官，就组成了并州分星。

⑦ 邱靖嘉：《"十三国"与"十二州"——释传统天文分野说之地理系统》，《文史》2014年第1辑（总第106辑），第5—24页。

⑧ 杨伯峻：《春秋左传注（修订本）》，昭公元年，北京：中华书局，1990年，第1217—1218页。

⑨ 《国语》卷十《晋语四》，上海：上海古籍出版社，1998年，第365页。

赵氏东地。东井，秦上郡。舆鬼，秦南地。"①《淮南子·天文训》同样如此："觜觿、参，赵；东井、舆鬼，秦。"蜀地在两书中均未被提及，盖因其地被视为秦地附庸，是以不必单列。

司马迁之后，原有的十三国地理系统仍然存在，且与后出的十二州系统长期并行，蜀地在前一系统中为秦地附庸，在后一系统中则升格为独立的地理单元——益州。与此对应，益州分野时而为井络，时而为觜、参，并无一定之规。前引《史记·天官书》以觜觿、参为益州分野，在另一处却说："晋之疆……占于参罚。"参宿②于此又对应于晋地，有别于唐都的划分。《汉书·天文志》以觜觿、参为益州分野，③同书《地理志》则说："秦地，于天官东井、舆鬼之分野也。……南有巴、蜀、广汉、犍为、武都。"④可知班固同样依违于两者之间。

益州分野未能整齐划一，让蜀地士人在这一问题上得以左右逢源。2010年，成都天府广场出土"李君碑"，碑立于汉顺帝阳嘉二年（133），内称益州"井络之地，上为参辰"，⑤就是糅合了前述两种分野模式。东晋史学家常璩在述及益州分野时，或云"仰禀参伐"，或云"舆鬼、东井"，⑥显然也是兼取井、参两宿作为蜀地分星。

然而，在盛行于东汉的谶纬学说中，参宿属益州分野的观点明显占据了上风。《洛书》将十二次与分野理论联系起来，文称："毕十二度至井十五度属实沈，在申，益州，晋、魏也。井十六度至柳八度为鹑首，在未，雍州，秦也。"⑦虽然仍在试图调和两种分野系统，但已经把益州排除在秦地之外，而与实沈之次对应。关于实沈之次的起止度数，《晋书·天文志》在《洛书》之外又引用了另外两家的说法："费直，起毕九度。蔡邕，起毕六度。"⑧三家之说稍异，但觜二度和参九度都完整落在实沈之次。这样看来，觜、参二宿与益州的对应关系已趋于固定。是以《春秋元命苞》径称："觜、参流为益州。"⑨又，三国魏人宋均注《春秋感精符》，指大禹为"参星之精"。⑩在此之前，由于"禹生石纽"传说的广为流传，大禹与益州早已结下了不解之缘。⑪可以推测，正是有了益州分野为参宿的知识作为前提，才有了禹为"参星之精"的说法。魏晋时期的天文学家陈卓甚至详细规定了益州属郡的躔次："广汉入觜一度，越嶲入觜三度，蜀郡入参一度，犍为入

①　刘乐贤：《马王堆天文书考释》，广州：中山大学出版社，2004年，第189页。
②　"参罚"，即"参伐"。"罚"或"伐"，即参宿中的伐三星，位于参宿七星区域之内。古人往往"参伐"连称，作为参宿的异名。
③　[汉]班固：《汉书》卷二六《天文志》，北京：中华书局，1962年，第1288页。
④　《汉书》卷二八下《地理志》，第1641页。
⑤　冯广弘：《天府广场出土汉碑略考》，《南方民族考古（第八辑）》，北京：科学出版社，2012年，第9页。引文或作"井落之地，上为炎辰"[成都文物考古研究所：《成都天府广场东御街汉代石碑发掘简报》，《南方民族考古（第八辑）》，第5页]，"炎辰"无义，当为"参辰"，参宿为"三辰"之一（见下文），故称"参辰"。
⑥　《华阳国志校补图注》卷一《巴志》，第1、4页。
⑦　（日）安居香山、中村璋八辑：《纬书集成》，石家庄：河北人民出版社，1994年，第1287页。
⑧　[唐]房玄龄等：《晋书》卷十一《天文志》，北京：中华书局，1974年，第308页。
⑨　《纬书集成》，第642页。
⑩　《纬书集成》，第741页。
⑪　参见冯汉骥：《禹生石纽辨》，《说文月刊》第四卷合刊本，1944年，第204-205页。

参三度，牂柯入参五度，巴郡入参八度，汉中入参九度，益州（此益州为郡名——笔者注）入参七度。"① 可谓对益州分野最明确的定位。

二、"天帝布治房心，决政参伐"的由来

如果董扶所谓"益州分野"是指参宿而言，那么，参宿的"天子气"从何而来？关于这一问题，益州名士秦宓有一段话值得注意，他说：

> 天帝布治房心，决政参伐，参伐则益州分野。②

在这里，秦宓不仅明确指认"参伐"为益州分野，而且认为参伐（即参宿）就是天帝"决政"之所，若果如此，则董扶所谓"益州分野有天子气"就不能简单地视为无稽之谈。

然而，在辰宿列张的星空中，为什么只有房、心、参三宿被特别拈出作为天帝"布治""决政"的地方？

参宿十星③，除了伐三星之外的七星都是二等以上的亮星，在星空中异常醒目。在黄道上与参宿遥相对应的是心宿。心宿三星中的心宿二（即大火星、商星，西名天蝎座 α）则是一颗红色的一等亮星，同样引人瞩目。公元前 2800 年左右，大火星位于秋分点附近，因此，大火星昏见于东方的时间正好在春分前后，此时正值中原地区草木萌发，年复一年，往复不已。古人发现二者之间的联系后，就把大火昏见之时定为岁首，从此开始新一轮农事活动。据此制定的历法，庞朴先生谓之"火历"，④ 大火在其中扮演了授时主星的角色。与大火共同承担授时功能的是参宿。大火昏见约半年后，参宿从东方冉冉升起，成为接下来半年农事活动的指示星。《夏小正》中的夏历，以参星昏中作为岁首，即所谓"正月初昏参中"。⑤ 火历与夏历的行用，无疑凸显了参、心二宿在二十八宿中的地位。正因为如此，春秋时晋人董因就将大火与参宿称为"天之大纪"⑥。《公羊传·昭公十七年》："大辰者何？大火也。大火为大辰，伐为大辰，北辰亦为大辰。"东汉何休注

---

① 《晋书》卷十一《天文志》，第 312 页。同书又称："魏太史令陈卓更言郡国所入宿度，今附而次之。"（第 307 页）是益州各郡躔次出自陈卓。

② 《三国志》卷八《许麋孙简伊秦传》，第 975 页。

③ 或谓参宿七星，乃指伐三星之外的其余七星而言，与西方的猎户座大致相当。

④ 庞朴：《"火历"初探》，《社会科学战线》1978 年第 3 期；《"火历"续探》，文载丁守和、方行主编：《中国文化研究集刊》第 1 辑，上海：复旦大学出版社，1984 年。另，法国汉学家德莎素（Leopold de Saussure）也认为，参宿和心宿之所以混入二十八宿，是由于它们在成体系的天文学开始时正好分据二分点，见李约瑟：《中国科学技术史》第四卷《天学》，第二十章《天文学》，北京：科学出版社，1975 年，第 182 页注⑤。

⑤ 庞朴：《"火历"续探》，文载丁守和、方行主编：《中国文化研究集刊》第 1 辑，上海：复旦大学出版社，1984 年；《火历钩沉——一个遗失已久的古历之发现》，《中国文化》1989 年第 1 期。参见郑文光：《中国天文学源流》，北京：科学出版社，1979 年，第 31 页。

⑥ 《国语》，卷十《晋语四》，上海：上海古籍出版社，1998 年，第 365 页。

曰："伐，谓参伐也。大火与伐，天所以示民时早晚，天下所取正，故谓之大辰。"① 大火、参伐能荣登"三辰"之列，显然也是火历孑遗。

由于岁差的存在，大火、参宿昏见的时期逐渐推迟。关于汉魏时代的大火方位，东汉经学家郑众（郑司农）曾指出："以三月本昏时，心星见于辰上……九月本黄昏，心星伏在戌上。""月本"即月初。但唐人贾公彦认为郑众所指"皆据月半后而言"；② 清人孙诒让据"三统历"每月中星推算，证实了贾公彦的说法。③ 也就是说，汉时大火星约于三月下旬昏见于东方，九月下旬黄昏伏于西方。至于参宿，三国魏人王肃曾指出，其昏见于东方之时在十月。④《后汉书·律历志》则记载，雨水（正月中气）昏中星为参六半弱退四。⑤ 由此推断，汉魏时期参宿十月初昏见于东方，三月下旬黄昏伏于西方。

虽然汉魏时代的大火、参宿的出没时间较之《夏小正》已有明显变化，但人们还是习惯性地仰观大火和参宿，作为推断时令的参照。如《易林·离之大有》："大树之子，同条共母。比至火中，枝叶盛茂。"⑥ 就记录了当时大火昏中的物候。《四民月令》引当时农谚："三月昏，参星夕；杏花盛，桑叶白。"⑦ 则是以参星指示天时的例子。

更有甚者，在当时人的观念中，大火与夏季长期以来似乎存在着明确且固定的对应关系。孔子有弟子名卜商，"商"即大火别称，故卜商字子夏；东汉顺帝时的权臣梁商，字伯夏。联系到《尚书大传》中"主夏者火"⑧ 的说法，可证两人名、字的对应亦非偶然。如同大火之于夏季，参宿与冬季相对应。王充曾指出："阴物以冬见，阳虫以夏出。出应其气，气动其类。参伐以冬出，心、尾以夏见。参伐则虎星，心、尾则龙象。星出而物见，气至而类动，天地之性也。"⑨ 参、商与冬、夏两两相对，当大火成为夏季的标志星时，参宿就顺理成章地成为冬季的标志星。

冬夏交替，阴阳消长，物候随之变化，从而启发古人将四季与刑、德联系起来，《管子》有云："德始于春，长于夏。刑始于秋，流于冬。"⑩ 汉代以春夏、秋冬比附刑、德的

---

① ［汉］何休解诂，［唐］徐彦疏：《春秋公羊传注疏》卷二三"昭公十七年"，上海：上海古籍出版社，2015年，第969页。

② ［汉］郑玄注，［唐］贾公彦疏：《周礼注疏》卷三五《夏官司马第四·司爟》，上海：上海古籍出版社，2010年，第1158页。引文"昏时"原作"时昏"，据孙诒让《周礼正义》校改。

③ ［清］孙诒让：《周礼正义》卷五七，北京：中华书局，1987年，第2398—2399页。

④ ［唐］孔颖达：《毛诗注疏》卷六之二《唐风·绸缪》孔疏引王肃说，上海：上海古籍出版社，2013年，第552—553页。

⑤ ［南朝宋］范晔：《后汉书·律历志下》，北京：中华书局，1965年，第3077页。又，唐人孔颖达据"三统历"所载各月中星推断，汉时参星昏中的日期为立春之后第六日（《礼记正义》卷二一《月令第六》，第596页）。

⑥ 旧题［汉］焦延寿撰，徐传武、胡真校点集注：《易林汇校集注》，上海：上海古籍出版社，2012年，第1126页。

⑦ ［明］杨慎：《风雅逸篇》，卷八《四民月令引农谣》，第191页，收入王文才、万光治主编《杨升庵丛书》第五册，成都：天地出版社，2002年。按，这首农谣未收入中华书局《四民月令校注》（石声汉辑本，其三月部分仅有"参星夕"），但元明人仍多见之，《风雅逸篇》之外，又见于元人陶宗仪《说郛》卷七四下崔寔"农家谚"（其中"三月"作"二月"）及冯惟讷辑《古诗纪》卷十"四民月令引农语"。

⑧ ［清］皮锡瑞：《尚书大传疏证》卷一《唐传·尧典》，光绪乙未师伏堂刊本，第一叶下。

⑨ 黄晖：《论衡校释》卷十六《遭虎篇》，北京：中华书局，1990年，第708页。引文标点有改动。

⑩ 黎翔凤：《管子校注》卷十四《四时》，北京：中华书局，2004年，第857页。

做法更为常见。如《十大经·观》："春夏为德，秋冬为刑。"① 《春秋繁露》："天道之常，一阴一阳。阳者天之德也，阴者天之刑也。"② "庆赏罚刑与春夏秋冬，以类相应也，如合符。"③ 《盐铁论》记桑弘羊语："春夏生长，利以行仁。秋冬杀藏，利以施刑。"④ 可见依天时施政的观念之普遍。

寒往暑来与大火、参宿在星空中的此起彼伏同步进行，物候之于星象如影随形，在古人看来，这样的景象无异于天帝在星空中布政施教。经学大师郑玄谓："三光，三大辰（大火、参伐、北斗）也。天之政教，出于大辰焉。"⑤ 就是这种观念的反映。

每当大火出现于夜空，阳气来复，草木畅茂，有如天帝之布施仁政。古人有见于此，故称："心为明堂，中大星，天王位，前后小星子属，以开德发阳。"⑥ 所谓"中大星"，即心宿二，亦即大火，大火为天王之位，前后的心宿一、心宿三则是天王之二子，而整个心宿则被视天王布施仁政的地方——"明堂"。明堂有时也包括心宿附近的房宿⑦，如《开元占经》所谓："房为天子明堂，王者岁始布政之堂。"⑧ 纬书中的房、心二宿往往共享明堂之称，如《春秋说题辞》："房、心为明堂，天子布政之宫。"⑨ 《春秋文曜钩》："房、心为天帝之明堂，布政之所出。"⑩ 皆属其例。

而参宿出现时，则是草木摇落，天地肃杀，有如天帝严酷的刑罚。古时兵刑合一，刑之大者为兵，⑪ 二者同属阴政，均与参宿有关。如《史记·天官书》云："参为白虎，……下有三星，兑，曰罚，为斩艾事。"⑫ 是将斩伐之权落实在伐三星上。而《开元占经》有占辞："参伐动者，有斩伐之事。"⑬ 同书引《春秋元命苞》："参主斩刘，所以行罚也。"⑭ 东汉天学家郗萌亦称："参为天刑，主伐。"⑮ 则是将斩伐之权扩展至整个参宿。更有甚者，随着这一观念的流行，参宿与秋冬的联系趋于固化。《天文要录》占辞："参

---

① 马王堆汉墓帛书整理小组编：《马王堆汉墓帛书 经法》，北京：文物出版社，1976 年，第 49 页。
② 苏舆：《春秋繁露义证》卷十二《阴阳义第四十九》，北京：中华书局，1992 年，第 341 页。
③ 《春秋繁露义证》卷十三《四时之副》，第 353 页。
④ 《盐铁论校注（定本）》卷九《论灾》，第 557 页。
⑤ 《礼记正义》卷六八《乡饮酒》，第 2299 页。
⑥ 《开元占经》卷六〇《心宿五》，第 604 页。
⑦ 大火旁边的房宿也可行使指导农事的职能，《说文解字》："辰者，农之时也。故房星为辰，田候也。"房宿与农事高度相关，因而有"农祥"之称。《国语·周语上》："古者太史顺时觌土，阳瘅愤盈，土气震发，农祥晨正，日月底于天庙，土乃脉发。"三国吴人韦昭注："农祥，房星也。晨正，谓立春之日，晨中于午（正南方）也。农事之候，故曰农祥。"（《国语》卷一《周语上》，第 15—16 页。）东汉人张衡《东京赋》云："农祥晨正，土膏脉起。乘銮辂而驾苍龙，介驭间以剡耜。"（张衡撰，张震泽校注：《张衡诗文集校注》，《二京赋·东京赋》，上海：上海古籍出版社，2009 年，第 135 页。）描绘的就是立春之日房星晨见于南中天，大汉天子亲耕籍田的情景。
⑧ 《开元占经》卷六〇《房宿四》，第 604 页。
⑨ 《纬书集成》，第 863 页。
⑩ 《纬书集成》，第 663 页。
⑪ 参见顾颉刚：《古代兵、刑无别》，载《史林杂识初编》，北京：中华书局，1963 年，第 82—84 页；钱钟书：《管锥编》，《史记会注考证》九，中华书局，1979 年，第 285 页。
⑫ 《史记（修订本）》卷二七《天官书》，第 1553 页。
⑬ 《开元占经》卷六二《参宿占七》引"甘氏曰"，第 617 页。
⑭ 《开元占经》卷六二《参宿占七》，第 616 页。
⑮ 《开元占经》卷六二《参宿占七》，第 617 页。

者，惨也，孟秋之始宿也。是时阴气起，万物愁惨也。"① 因此参宿并不能整夜照临秋季
的夜空，这可以说是"参为天刑"说的一个"破绽"。星占家为了弥缝其失，置实际星象
于不顾，径自指认参宿为"孟秋（七月）之始宿"。作为观念的星占学知识居然遮蔽了现
实星象，恰从反面说明"参为天刑"在当时已经是通行常识。

并非巧合的是，东汉元和二年（85）七月，章帝曾下诏：

> 律十二月立春，不以报囚。《月令》冬至之后，有顺阳助生之文，而无鞫狱断刑
> 之政。朕咨访儒雅，稽之典籍，以为王者生杀，宜顺时气。其定律，无以十一月、
> 十二月报囚。②

在此之前，死刑的执行期为十月至十二月。③ 经过章帝改制，死刑执行期仅限于十
月。如前所述，十月正是参宿昏见于东方的时节（秦汉时期）。天象与人间政治实践如此
密合无间，不能不令时人对参宿产生种种联想。

既然参宿与兵刑之政联系如此紧密，比照"心为明堂"的说法，参宿也开始与宫室
发生了联系。《天文要录》引郑人裨灶占辞："流星白苍入参中，宫室天火惊起。"④ 隐约
透漏出参宿与天子宫室的对应关系。在现实星空中（见图1），参宿之北是觜宿（又名觜
觿），据《天文要录》，觜觿者，"天子之武门也"。⑤ 参宿西南有九颗小星曰"九斿"（或
"九游"）。九斿本为天子或上公所用旌旗，《荀子·礼论》："故天子……龙旗九斿，所以
养信也。"故晋陈卓称九斿九星为"天子之旗"，⑥ 唐张守节《史记正义》亦谓："九游九
星，在玉井西南，天子之兵旗。"⑦ 参宿之东、井宿之南，则是"阙丘"二星，又名"天
阙"。据《开元占经》引甘德说："阙丘双塾，外屏罘罳。（原注：阙丘，门外象魏也。天
子谓之阙，诸侯谓之两观。）"⑧《石氏星经》亦云："阙丘二星在南河［南］，主天子门
阙，诸侯之两观也。"⑨ 西汉初年，萧何"营作未央宫，立东阙、北阙"⑩，其"东阙"与
参宿之东的"阙丘"二星之间或存在对应关系。在汉墓壁画中，阙丘二星也曾以双阙的

---

① 《天文要录》卷三一《参占》，第184页。

② 《后汉书》，卷三《章帝纪》，第152—153页。

③ 薛梦潇：《东汉的行刑时间——以〈月令〉的司法实践为中心》，文载武汉大学中国三至九世纪研究所编：
《魏晋南北朝隋唐史数据》第28辑，武汉大学文科学报编辑部，2012年，第4页。

④ 《天文要录》卷三一《参占》，第194页。

⑤ 《天文要录》卷三〇《觜觿占》，第173页。

⑥ 《晋书》卷十一《天文志上》，第306页。《晋书·天文志》："后武帝时，太史令陈卓总甘、石、巫咸三家所
著星图，大凡二百八十三官，一千四百六十四星，以为定纪。今略其昭昭者，以备天官云。"以下详列各主要星官。
可见关于九斿的说法来自陈卓。

⑦ 《史记（修订本）》卷二七《天官书》，第1560页。

⑧ 《开元占经》卷七〇《甘氏外官·阙丘星占三十二》，第693页。

⑨ 《太平御览》卷六《天部六》引《石氏星经》，第31页。又，《晋书·天文志》："南河南二星曰阙丘，主宫门
外象魏也。"唐张守节《史记正义》："阙丘二星在南河南，天子之双阙，诸侯之两观，亦象魏县书之府。"［《史记
（修订本）》卷二七《天官书》，第1548页。］

⑩ 《史记（修订本）》卷八《高祖本纪》，第481页。

形象出现在代表参宿的白虎附近。① 这样看来，布列于参宿北、西、东三个方位的三个星官，觜宿为"天子之武门"，九斿为"天子之旗"，阙丘"主天子门阙"，则参宿对应于天子宫室确乎无疑。陈卓或有鉴于此，故对参宿做出了明确的定位："参十星，左二星为天子之正堂也。□□□（阙字或为'右二星'——笔者注），女后之为后宫也。中央三星，君臣之为政罚行庭也。"② 参宿十星中的左二星与阙丘二星距离最近，既然阙丘二星"主天子门阙"，则陈卓以参宿左二星为天子正堂可谓理所当然。

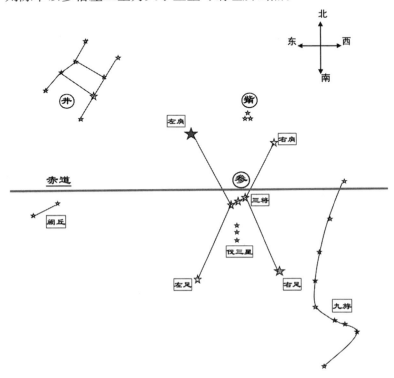

图 1　参宿及其附近的觜宿、阙丘、九斿

由是观之，关于心、参二宿的知识和信仰，来源于一个相当久远的星占学传统。在这一传统中，参宿和心宿分别被视为冬、夏半年的标志。汉代谶纬家由此对二宿进行了"神化"：心宿代表春夏两季，因此被视为天帝布施仁政的明堂；而参宿则代表了秋冬两季，象征着天帝决策兵刑之政的场所。当"心为明堂"的说法广为流传时，作为益州分野的参宿也被赋予天子"决政"之庭的名义，"天帝布治房心，决政参伐"的谶语就是在此基础上出现的。

---

① 冯时：《洛阳尹屯西汉壁画墓星象图研究》，《考古》2005 年第 1 期，第 71—72 页。
② 《天文要录》卷三一《参占》，第 184 页。无独有偶，心宿附近的尾、箕二宿同样被赋予后妃的内涵。《史记索隐》引《春秋元命包》云："尾九星，箕四星，为后宫之场也。"《晋书·天文志》的规定更为明晰："尾九星，后宫之场，妃后之府。上第一星，后也；次三星，夫人；次星，嫔妾。第三星傍一星名曰神宫，解衣之内室。尾亦为九子，星色欲均明，大小相承，则后宫有叙，多子孙。"（卷十一《天文志上》，第 300 页。）

三、东汉季年的益州学风与士人心态

东汉末年的益州士人，对心、参二宿在上古天文学中的地位或许不甚了然，但有证据表明，他们浸淫于谶纬星占之学，熟知心、参二宿的星占学意义。"天帝布治房心，决政参伐"的出现，与这一群体密切相关。

刘备夺取益州后不久，广汉太守夏侯纂慕名拜访秦宓，两人之间有一场意味深长的对话。在夏侯纂看来，益州惟以"养生之具"见长，至于人物之盛，似不及他州。秦宓乃回应道：

> 愿明府勿以仲父之言假于小草，民请为明府陈其本纪。蜀有汶阜之山，江出其腹，帝以会昌，神以建福，故能沃野千里。淮、济四渎，江为其首，此其一也。禹生石纽，今之汶山郡是也。昔尧遭洪水，鲧所不治，禹疏江决河，东注于海，为民除害，生民已来功莫先者，此其二也。天帝布治房心，决政参伐，参伐则益州分野。三皇乘祇车出谷口，今之斜谷是也。此便鄙州之阡陌，明府以雅意论之，何若于天下乎？①

秦宓明言这段话转述自"本纪"。关于"本纪"，常璩尝言："司马相如、严君平、杨子云、阳成子玄、郑伯邑、尹彭城、谯常侍、任给事等，各集传记以作本纪。"② 可知这类汇集蜀地掌故的著述在当时为数不少，秦宓称引的"本纪"或即其中之一。而这段议论中提到的四件事也都有据可依。其一，"帝以会昌，神以建福"，出自《河图括地象》："岷山之地，上为井络。帝以会昌，神以建福。"③ 其二，"禹生石纽"，流行于当时的益州，已见前述。其三，"天帝布治房心，决政参伐"，与纬书关系密切，常璩径谓其语出自《蜀纪》。④ 其四，"三皇乘祇车出谷口"，常璩谓出自《蜀纪》⑤；与此相近的说法，有《河图》及《春秋命历序》："人皇九头，驾六羽，乘云车，出谷口。"⑥

---

① 《三国志》卷三十八《许麋孙简伊秦传》，第 975 页。引文中"本纪"二字，中华书局点校本没有标以专名号，看来并不视为书名。

② 《华阳国志校补图注》卷十二《序志》，第 723 页。八人之中，谯常侍（谯周）、任给事（任熙）均在秦宓之后，可以排除被引用的可能性。任乃强先生认为《蜀纪》就是扬雄的《蜀本纪》（《华阳国志校补图注》卷十二《序志》，第 728 页注①），似不确。扬雄《蜀都赋》尝谓："蜀都之地……上稽乾度，则井络储精。"（《全上古秦汉三国六朝文》卷五一，第 402 页）是扬雄以井宿为蜀地分星，与引文"参伐则益州分野"不合。

③ 《文选》卷四《蜀都赋》注引《河图括地象》，第 189 页。这一谶语流行于蜀地，东汉时立于郡学前的"李君碑"（见前述）就有"汶山会昌，皇以建福"的说法［成都文物考古研究所：《成都天府广场东御街汉代石碑发掘简报》，四川大学博物馆、四川大学考古学系、成都文物考古研究所编：《南方民族考古》（第八辑），北京：科学出版社，2012 年，第 5 页］。

④ 《华阳国志校补图注》卷十二《序志》，第 727 页。

⑤ 《华阳国志校补图注》卷十二《序志》，第 727 页。

⑥ ［唐］司马贞：《三皇本纪》，《史记（修订本）》附录二，第 4026 页；《太平御览》卷七八《皇王部三·人皇》，第 363 页。

秦宓信手拈来纬书以申己说，显示出他对这类知识颇为熟稔。如所周知，自汉光武帝"宣布图谶于天下"①，谶纬之学获得皇权加持，盛行一时。而谶纬之学在益州地区同样拥有悠久的传统和深厚的土壤。两汉之际的杨春卿，"善图谶学，为公孙述将"。公孙述败亡，春卿自杀，临终嘱其子杨统："吾绨囊中有先祖所传秘记，为汉家用，尔其修之。"杨春卿的后裔新都杨氏在蜀中长期设帐授徒，门生中任安、董扶、周舒世称大儒，一时学者翕然向风。② 谶纬之学向来与天文星占关系密切，谶纬家造作谶语，每以天象为依据。王莽时的西门君惠，"好天文谶记，为（王）涉言：'星孛扫宫室，刘氏当复兴，国师公（刘歆）姓名是也。'"③ 即为显例。益州地区也不例外。新都杨氏自杨统开始，也修习天文推步之术。汉安帝永初三年（109），太白入斗，邓太后承制垂询杨统之子杨序，杨序对以"诸王子多在京师，容有非常，宜亟发遣各还本国"，太后嘉纳，"星寻灭不见"。④ 杨序的弟子之一董扶，即首倡"益州分野有天子气"者；另一弟子周舒，曾"言西南数有黄气，直立数丈，见来积年，时时有景云祥风，从璇玑下来应之，此为异瑞"，⑤ 成为后来益州士人向刘备劝进的祥瑞之一。周舒之子周群，窥测星变不遗余力，"于庭中作小楼，家富多奴，常令奴更直于楼上视天灾，才见一气，即白群，群自上楼观之，不避晨夜。故凡有气候，无不见之者，是以所言多中"⑥。新都杨氏学统之外，南郑人李固"明于风角、星算、河图、谶纬，仰察俯占，穷神知变"。⑦ 广汉雒人翟酺"尤善图纬、天文、历算"⑧，"以明天官为侍中、尚书"⑨。其他如任文公、杨由、段翳、折象、段恭、张裕、何随等人，均以天文占验名世。⑩ 众多学者集谶纬、星占之学于一身，成为东汉季年益州学术的显著特征。故王文才先生指出："……蜀学以五经通图纬，以天文为占验，虽天下皆然，而此间流风特着。"⑪ 日人吉川忠夫也认为，蜀地的谶纬学以重视天文或候气等自然观测为特色。⑫

① 《后汉书》，卷一下《光武帝纪》，第 84 页。
② （日）吉川忠夫：《蜀地的谶纬学传统》，洪春音译，载"高雄师范大学"经学研究所《经学研究集刊》第三期，2007 年，第 193—210 页。
③ 《汉书》卷九九下《王莽传》，第 4184 页。
④ 《后汉书》卷三十上《苏竟杨厚列传第二十上》，第 1048 页。
⑤ 《三国志》卷三十二《先主传第二》，第 887 页。引文原作"臣父群未亡时言……"云云，任乃强先生认为其中"臣父群"三字是"臣群父"三字之误倒，表中所言"西南数有黄气，直立数丈，见来积年"的人应是周群之父周舒。见《华阳国志校补图注》第 377—378 页注释③。并参见《三国志集解》卷三二所引钱大昕、潘眉等人对此所作考证，上海：上海古籍出版社，2012 年，第 2376—2377 页。
⑥ 《三国志》卷四二《杜周杜许孟来尹李谯郤传》，第 1020 页。
⑦ 《后汉书》卷六三《李杜列传》李贤注引《谢承后汉书》，第 2073 页。
⑧ 《后汉书》卷四八《杨李翟应霍爰徐列传》，第 1602 页。
⑨ 《华阳国志校补图注》卷十中《广汉士女》，第 563 页。
⑩ 吕子方：《天数在蜀》，文载氏著《中国科学技术史论文集》，成都：四川人民出版社，1983 年，第 260—268 页；王文才：《两汉蜀学考》，文载李大明主编《巴蜀文学与文化研究》，北京：商务印书馆，2005 年，第 10—48 页。
⑪ 《两汉蜀学考》，第 47 页。
⑫ 《蜀地的谶纬学传统》，第 208 页。

秦宓本人虽然师承不详，但与任安、董扶同为广汉绵竹人①，有同乡之谊。刘焉任益州牧时，秦宓曾举荐任安，称其"仁义直道，流名四远，如令见察，则一州斯服"；蜀汉时，任、董二人离世已久，秦宓应诸葛亮之请追述两人德行，仍然赞誉有加。②可知秦宓与任安、董扶有过直接交往。③吴国张温聘蜀时，秦宓在筵席之间与其辩论天学，虽然语涉戏谑，亦足见他对这类知识留心已久。④秦宓的弟子谯周"具传其业"⑤，曾续撰《汉书·天文志》⑥。谯周的天学，极有可能就是得自秦宓。

显然，秦宓与上述益州星占家群体关系密切。在这一群体内部，谶纬、星占之学互相发明，最终促成了"天帝布治房心，决政参伐"之说的出现。出现的时地，应该就在东汉晚期的益州。作为杨氏门人，董扶对此并不陌生，其所谓"益州分野有天子气"，与"天帝布治房心，决政参伐"之说在星占理论上显然是自洽的。⑦

从"天帝决政参伐"到"益州分野有天子气"，是星占学知识的逻辑推演；而在这些饱含政治寓意的谶记表象之下，则是益州士人群体心态的暗潮涌动。

东汉时期，由于山川阻隔，远离政治中心，益州士人在朝廷上崛起较晚，整体政治地位不高，连蜀人自己都不否认，"乃自先汉以来，其爵位者或不如余州"。⑧但是，益州士人在地方政务上的表现则是另外一番景象。按照当时惯例，各级地方政府的属吏皆由长官辟用本地人，⑨益州当然也不例外。汉和帝时，沛国人陈宠任广汉太守，自陈："臣任功曹王涣以简贤选能，主簿镡显拾遗补阙，臣奉宣诏书则已。"⑩颇为和帝称许，陈宠由此显名。可见时人心目中的循吏理当如是。更重要的是，益州官吏的地方化尚不止于僚佐层面。东汉时期的益州颇具边区性质，因此朝廷在处理当地事务时对当地士人尤为倚重。据刘增贵先生统计，东汉一代益州出身的127任守相中，在本州岛任职者达54任，比例为诸州之冠。这样的治理方式，无疑使益州士人与地方事务产生了较之其他地区更为紧密的联系。另一方面，益州士人群体在婚姻、交游、举荐等社会关系中，往往也局限于益州范围，表现出较强的同州意识。即使身处朝堂之上，他们的政治立场也较

① 《华阳国志校补图注》卷十中《广汉士女》，第564页。
② 《后汉书》卷八十二下《方术列传》，第2734页。
③ 任安年七十九卒于家，时在建安七年（202）（《后汉书》卷七十九上《儒林列传》，第2551页）。董扶年八十二卒于家，在刘焉之世（《后汉书》卷八二下《方术列传》，第2734页）。秦宓卒于蜀建兴四年（226），享年不详，以常理推断，秦宓生年在任安和董扶之后。
④ 《三国志》卷三八《许麋孙简伊秦传》，第976页。
⑤ 《华阳国志校补图注》卷十《广汉士女》，第567页。
⑥ 《后汉书》卷十《天文志上》，李贤注引谢沈《后汉书》，第3215页。
⑦ 东晋时期的常璩也曾根据同一占辞作出类似的推断："案《蜀纪》：'帝居房心，决事参伐。'参伐则蜀分野。言蜀在帝议政之方，帝不议政，则王气流于西；故周失纪纲，而蜀先王；七国皆王，蜀又称帝。"见《华阳国志校补图注》卷十二《序志》，第727页。
⑧ 《三国志》卷三十八《许麋孙简伊秦传》，第975页。
⑨ 参见［清］顾炎武撰，黄汝成集释：《日知录集释》，卷八"掾属"，上海：上海古籍出版社，2006年，第479页；严耕望：《秦汉地方行政制度》，"中央"研究院历史语言研究所专刊，1997年，第352页。
⑩ 《后汉书》卷七六《循吏列传》，第2468页。

为接近，关注益州地方利益，显示出浓厚的地域观念。① "天帝决政参伐"的提出，显然就是这种益州本位意识与本地流行的谶纬星占之学长期酝酿的结果。根据这一占辞，参伐是天帝决政之所，上应参宿的益州由是具备了"天赋"地位，这就意味着益州的地位较之他州非但不相形见绌，甚至有凌驾其上的可能。从这个意义上来说，"天帝布治房心，决政参伐"之说正是益州本位意识的自然流露。

降至东汉末年，中原丧乱，益州悬隔的地理位置又让这里成为远离风暴中心的庇护所。颍川人荀攸为躲避战乱，"以蜀汉险固，人民殷盛，乃求为蜀郡太守"②，惟因道路断绝而未能成行。南郡枝江人董和率领宗族西迁入蜀，③ 显然也是为了避乱。对于这样的情势，益州士人的体会当然更为削切，强烈的地方本位意识一经时势震荡，遂激发出保境自守的政治要求。董扶以"益州分野有天子气"鼓动刘焉入蜀，既迎合了刘焉避乱的意愿，更是企望借助其宗室身份在益州树立权威，安靖一方。在当时的益州，同情董扶立场的人不在少数。刘焉入蜀之前，巴蜀地区爆发以马相、赵祗为首的黄巾起义，声势浩大，刘焉只得暂驻荆州，观望局势。不久，蜀郡豪族贾龙率领部曲击败黄巾军，迎接刘焉入蜀。④ 贾龙的举动，应与董扶出于同样的动机。

但贾龙等人期望的"益州天子"并没有如其所愿般行事。刘焉入主益州后，刻意扶持东州士人，裁抑土著势力。任歧、贾龙和赵韪等人心生不满，两度举兵反抗，企图驱逐刘焉父子，虽然以失败告终，却也显示出其力量不可轻忽。刘璋统治后期，调整了统治策略，双方关系趋于缓和。⑤ 至此，相当一部分益州士人仍将保境自守的愿望寄托在刘璋身上。刘璋曾有意联合关中马超，广汉人王商劝阻道："超勇而不仁，见得不思义，不可以为唇齿。老子曰：'国之利器，不可以示人。'今之益部，士美民丰，宝物所出，斯乃狡夫所欲倾覆，超等所以西望也。若引而近之，则由养虎，将自遗患矣。"⑥ 王商是郡县大姓⑦，当初以刘璋温仁，遂与赵韪合谋，拥立璋继任州牧，此时又极力阻止马超这一外来势力入蜀。不久，刘璋又欲迎刘备入蜀，以御张鲁，巴西阆中人黄权同样不以为然，劝刘璋"可但闭境，以待河清"⑧。可见在保境自守的心态支配下，益州士人对外来势力始终心存警惕。

总之，面对天下大乱的局面，益州士人表现各异，迎立豪杰入主者有之（董扶、贾龙、赵韪），企图自立者有之（贾龙、赵韪先迎立后起事），与益州当局合作者亦有之

---

① 本段内容除特别注明外，均概括自刘增贵：《汉代的益州士族》，《"中央"研究院历史语言研究所集刊》第60本3分，1989年9月，第536—548页。

② 《三国志》卷十《荀彧荀攸贾诩传》，第321页。

③ 《三国志》卷三九《董刘马陈董吕传》，第979页。

④ 《三国志》卷三一《刘二牧传》，第866页。

⑤ 参见田余庆：《李严兴废和诸葛亮用人》，《中华学术论文集》，北京：中华书局，1981年，第110页；刘增贵：《汉代的益州士族》，第552—553页；伍伯常：《方土大姓与外来势力：论刘焉父子的权力基础》，《汉学研究》，第19卷第2期，2001年，第206—215页。

⑥ 《三国志》卷三八《许麋孙简伊秦传》裴松之注引《益州耆旧传》，第967页。

⑦ 《华阳国志校补图注》卷三《蜀志》，第166页。

⑧ 《三国志》卷四三《黄李吕马王张传》，第1043页。

（王商等）。各方立场虽有差异，但保境自守、维护自身利益无疑是其最大公约数。① 这样的群体心态，正是支撑"益州分野有天子气"的社会心理基础。

余　论

唐长孺先生曾指出，东汉时期的地方政权在一定程度上是由当地大姓、冠族控制的，各地大姓凭借政治地位和文化修养的优越性，长期垄断地方僚佐之职，从而构成了东汉末年割据政权的阶级基础。② 与此有关的另一方面，就是汉魏时期地方意识高涨，各地士人矜夸乡邦，胪列乡贤，蔚成风气。顺帝时，颍川人郑凯称："鄙颍川，本韩之分野，豫之渊薮。其于天官，上当角、亢之宿，下禀嵩少之灵……是以贤圣龙蟠，俊彦凤举。"③ 三国时会稽人虞翻亦称："夫会稽上应牵牛之宿，下当少阳之位。……昔禹会群臣，因以命之。"④ 可见引据天文分野为桑梓故里壮大声势，为当时所习见。秦宓向夏侯纂所陈"本纪"，同样属于这类言论；所不同者，秦宓发言陈词的立场已经超越其所身处的广汉郡，而扩大到整个益州。究其原因，与其他地区相比，益州士人在东汉政坛崛起较晚，政治地位整体不高，与乡里联系更为紧密，从而使得这一群体的地域色彩尤其鲜明；加之益州与外界相对隔绝，导致益州士人的交游圈以同州为主，从而使其地域意识多在同州层面展开。

关于益州分野问题，自西汉以来就有井、鬼抑或觜、参的分歧。按照前一方案，益州不得不与雍州共享分野，而后一方案则意味着参宿为益州所垄断。参宿曾发挥过授时主星的作用，两汉时余威犹在，被视为天帝罚罪之庭。东汉后期的益州，谶纬、星占之学互为表里，盛极一时，益州学者利用参宿的星占学意义，将其确定为益州分野，并结合"心为明堂"的说法，制作出"天帝布治房心，决政参伐"的占辞，企望借此宣示益州的天赋形象，提升益州士人的政治地位。⑤

东汉末年，面对中原乱局，保境自守、维护自身利益成为益州士人的共识。董扶提

---

① 如果将视野稍微放宽，可以发现益州士人保境自守的心态贯穿了前后几个动乱时期。两汉之际，公孙述就曾以"保郡自守，以待真主"的口号动员临邛豪杰，得到后者支持；其后公孙述不甘于仅作"西伯"，欲发兵与光武帝刘秀争夺天命，"蜀人及其弟光以为不宜空国千里之外，决成败于一举，固争之"（《后汉书》卷十三《隗嚣公孙述列传》，第534、540页）。到了蜀汉末年，谯周撰《仇国论》，声称此时"既非秦末鼎沸之时，实有六国并据之势，故可为文王，难为汉祖"，如果一意黩武，则国家势必土崩瓦解；其后邓艾兵临成都，谯周首倡出降之议，其存蜀之功颇为州人称颂，如陈寿所言："刘氏无虞，一邦蒙赖，（谯）周之谋也。"（《三国志》，第2029、1031页）

② 唐长孺：《东汉末期的大姓名士》，载《魏晋南北朝史论拾遗》，北京：中华书局，1983年，第26—31页。

③ ［南朝梁］殷芸撰、周楞伽辑注：《殷芸小说》卷五，上海古籍出版社，1984年，第96页。《后汉纪》也有类似的记载，惟未论及颍川分野，见（晋）袁宏撰，周天游校注：《后汉纪校注》卷十八《孝顺皇帝纪》，天津：天津古籍出版社，1987年，第495页。

④ 《三国志》卷五七《虞陆张骆陆吾朱传》裴松之注引《会稽典录》，第1325页。

⑤ 同样的动机也导致了两汉时期蜀人攀附大禹的行为，东汉益部碑刻述及族源，多追溯至大禹，究其原因，如任乃强先生所言："汉世重士族，故碑文与传记，率有如此繁文，而梁益等近夷边州之人为尤甚。盖恐人以夷族后进目之也。"（任乃强：《樊碑文义》，载《任乃强藏学文集》，第310页）参见顾颉刚：《古代巴蜀与中原的关系说及其批判》，文载氏著：《论巴蜀与中原的关系》，成都：四川人民出版社，1981年，第9—18页。

出的"益州分野有天子气"，既是"天帝决政参伐"的逻辑推衍，也是保境自守这一政治要求的星占学表述。两则谶语出现的时机虽然稍有不同，但其中的益州本位意识却是一以贯之。究其实质，"天帝决政参伐"与"益州分野有天子气"是益州士人浓厚的地方本位意识在不同情境中的表达。

洞悉"益州分野有天子气"的意蕴，就可以对相关史实多一层理解。建安二十五年（220），曹丕篡汉的消息传至益州，群臣纷纷向刘备劝进。在谶纬星占之学弥漫上下的氛围中，此类预言自然是劝进表中不可或缺的元素，然而，"益州分野有天子气"之谶却未见提及。作为点缀，劝进表中出现了几条不甚"切题"的星占预言，如"……（建安）二十二年，数有气如旗，从西竟东，中天而行，《图》《书》曰'必有天子出其方'"①。"益州分野有天子气"的缺席，固然与刘焉父子在益州的失败有关，但这远非问题的关键，因为劝进诸臣完全可以像后来的南朝人范晔那样，把董扶谶言的"事应"落实在刘备身上："后刘备称天子于蜀，皆如（董）扶言。"② 问题的关键在于，董扶谶言所蕴含的益州本位意识，与刘备集团以荆楚人为班底的格局③并不合辙；而且，刘备既以汉家正统自居，也不需要借助参宿的星占学意义再造天命。此时旧话重提，不但画蛇添足，而且不合时宜。劝进诸臣多为刘二牧政权的亲历者，深谙其中玄机，因此在劝进表中有意回避"益州分野有天子气"的话头，也在情理之中。反观范晔，因为时过境迁，对当时语境已经相当隔膜，才会把董扶谶言与刘备称帝强行撮合在一起。

---

① 《三国志》卷三十二《先主传》，第 887 页。
② 《后汉书》卷八十二下《方术列传》，第 2734 页。
③ 关于刘备集团的构成，一百多年后的益州人士龚壮即认为："昔豫州入蜀，荆、楚人贵。"（《华阳国志校补图注》卷九《李特雄期寿势志》，第 501 页）参见毛汉光：《三国政权的社会基础》，《"中央"研究院历史语言研究所集刊》第 46 本第 1 分，1974 年 12 月，第 21－23 页；田余庆：《李严兴废和诸葛亮用人》，第 110 页；《蜀史四题》，《文史》第 35 辑，北京：中华书局，1992 年。

阆中古城"地平历"系统的初步测量与构想

黎 耕 徐 斌

（中国科学院国家天文台；故宫博物院）

阆中古城的营建历经多次变迁，目前的格局应为唐代晚期以后逐渐形成。在古城中心的中天楼上进行观测，发现阆中本身就是一个十分良好的"地平历"系统。另外，观星台、中天楼与金耳山又恰好出于同一轴线上，此轴线乃是夏至日出与冬至日落的方向。阆中古城的南北基线也并非基于圭表测影方法获得，而是采用罗盘来确定基线。阆中古城的格局融合了"天人合一"与"象天法地"的思想，是探讨中国古代天文、风水与城市规划的极佳案例

一、背景

通过日出方位来确定节气，是一种最简单而又有效的天文方法。陶寺观象台的发现，揭示出这种"地平历"系统早在公元前两千年便已真实存在。自尧帝以降的数千年间，随着天文观测的不断积累以及天文理论的不断进步，观测日出方位定节气的"地平历"系统早已不是观象授时的重要依据，不过作为文化传统却依然具有重要的意义。阆中古城的营建自战国以来几经变迁。现有研究显示，阆中的建城史经历了战国、东汉、唐、宋、明清几个高峰期，秦惠文王时期（前314），张仪于阆中筑城，其位置大约在今古城处。阆中西汉仍隶巴郡，东汉改巴郡为巴西郡，阆中为郡治。明嘉靖《保宁府志》载："郡城在嘉陵江北，与锦屏山相对，为后汉建安六年（201）益州刘璋所筑。"刘璋所筑的阆中城，位于张仪城西北，其位置在阆中半岛的中部西侧。据考古发现与文字记载的综合分析，大约在今王家嘴与兰家坝一带，依地势构筑，平面呈矩形，南北长1200米，东西宽900米，平面布局基本规则对称，在东南西北四方位置城门，因嘉陵江水逼城，故西城门位置偏南，南城门位置偏东，东北角临古河床处地势低洼，城垣呈弧形向内收，西北隅为嘉陵江水所逼迫，城垣边线呈30°角向东转折。[1] 考古发现证实，汉城建筑基础多为条石，墙体多用砖砌，屋面为青瓦修成。[2] 唐代以降，阆中有三次城市迁移，唐太宗贞观十一年（637）迁至汉城东，唐高宗咸亨三年（672）迁至蟠龙山侧，武后载初元年

---

① ［清］徐继畬：《阆中县志》。
② 四川省阆中市地方志编纂委员会编纂：《阆中县志》，成都：四川人民出版社，1993年。

（689）迁至张仪城，也就是今天阆中古城的位置。宋代在唐城基础上改里坊为街巷制，于东西南北大街交汇处建中天楼。明清恢复了宋城格局，将土城改筑为石城，新筑城楼，形成了保留至今的"九里三分"的城市平面。

二、阆中"地平历"系统

在明清县志记载的阆中古城中，有一重要楼阁名为"中天楼"。咸丰版《阆中县志·城池志》中有多处提及中天楼。阆中"四城街道东为东大街，西为西大街，南为南大街，北为北大街。南大街偏东与北大街相错不相直，惟东西两大街一条横亘而踞东西北三大街之中者，则为中天楼。'中天楼'旧名四牌楼，嗣毁于火。嘉庆十三年，川北道黎学锦知府戴三锡建今楼，按凤凰楼，一名中天阁，此袭其名耳"。在《阆中县志·山川志》中，则进一步解释道："黄华山在锦屏山右。山上旧有奎星阁，嘉庆十三年，川北道黎学锦折移城中，建中天楼。"由此可见，中天楼的位置早在有清以前，便是阆中古城南来北往的交汇节点以中天楼作为候选观测点来构想阆中古城的"地平历"系统，缘于两个偶然。其一是"中天楼"名称的由来，似乎就有象天之意。"中天"在天文学上指天体通过子午圈，上中天即是天体运动最高的位置。[①] 其二是中天楼所在的位置在古城中十分显要，为南来北往必经之路，且东西南北街道平直，站在中天楼上，本身就具有强烈的方向指向性。

从中天楼上南望，可见传说中的"城南锦屏"。自唐代以来，有大量诗词歌赋歌颂阆中的锦屏山。如唐吕洞宾《锦屏山二首》："……白鹿闲骑下翠台……不妨却到锦屏来。"宋陆游《南池》："万顷南池事已空。"（杜诗所谓"安知有苍池，万顷浸坤轴"者，今已尽废。）宋李献卿《南楼》："三面江光抱城郭，四围山势锁烟霞。马鞍岭上浑如锦，伞盖门前半是花。"明舒鹏翼《锦屏山》："翠屏千仞枕城南……两峰天设锁烟岚。"清吴密《游巴西杂咏》："阆苑景色秀，江山十二楼。"清金玉麟《中天楼觞月四首》："北望长安双阙迥，玉台遥积翠嵯峨。"

阆中山水出现在古诗词中，以城南锦屏山、城北玉台、城东灵山最为常见，其中锦屏山更被认为是阆中最重要的山。按照南宋王象之所著《舆地纪胜》中的说法，阆中城南的"锦屏"其实并不单指一山，而是"阆州五山峙列如屏"。北宋大臣陈尧叟三兄弟为阆中人，相传曾于锦屏读书，如今塔山上有读书岩，即为当年陈氏三兄弟读书之所。可见锦屏并不单指一山，塔山也属锦屏五山之列。自中天楼南望，可以清晰看到锦屏五山环抱古城。由东向西依次为：塔山、敖峰、黄华山、锦屏山和金耳山。在这些山的背后，又隐约可见飞凤山和印斗山，将这些山紧密相连，宛如一道屏风挡在古城南面。

阆中古城选址于嘉陵江拐弯处，古城倚靠江水，四面环山。在《阆中县志》中有这样的描述："阆之有南岩北岩东岩西岩，犹巴州之有南龛北龛东龛西龛也。"这样的天文

---

① 应金华、樊丙庚主编：《四川历史文化名城》，成都：四川人民出版社，2000年。

地理环境，尤其适合构建一种天然的"地平历"系统。尽管在阆中古城成形之时，地平历应该已经不再是赖以行用的天文方法，不过借助巧妙的选址，仍然可以在一些重要的天文日期清晰地观测日出方位的变化。自中天楼东望，由北向南依次可见盘龙山、大像山、塔山、敖峰和黄华山等。根据实地观测各个山峰的方位角与地平高度角，并与唐代（公元 600 年前后）阆中中天楼的日出日落方位进行比较，可知在夏至、春分、秋分、冬至的日出时刻，太阳升起的位置都有一些相对较为明显的标志点。这样，便很容易通过观测日出方位来判断一年中的节令。

值得一提的是，由于阆中古城四面环山，因此日出时刻并不能简单地用地平时刻来代表，而是要具体结合背景山的高度角来计算日出山峰的方位角。通过理论计算可知，大部分观测点还是吻合良好。尤其是中天楼下的东大街，因为采用了地磁指向，因此与天文指向线之间本身存在－2.5°左右的地磁偏角。不过由于背景上的山也有 2°左右的高度角，因此春秋分时太阳从山峰出现的时间又恰好与东大街的走向近乎一致。无论是天然的巧合抑或人为的安排，这都不能不说是一种完美的天文观测环境，也体现了阆中巧夺天工的选址与布局。从中天楼西望，可以观测到冬至日落、春秋分日落以及夏至日落。西望日落的点并不像东望日出的标志点吻合得那么好，不过借助于阆中独特的地形环境，仍然不难判断出大致的日落位置。西边比较显著的标志点是冬至日落的位置，如今在一座山峰旁边有金银观，《阆中县志》上记载"印斗山在锦屏山后，金耳山在锦屏山左，差后。"从 Google Map 的卫星图像与等高线图上来判断，基本可以判定金银观就是县志上记载的金耳山。

金耳山的山形奇特，与周围的景观格格不入，显得十分突兀。经过计算，冬至日的日落恰好在金耳山侧。虽然二者的方位角有 4°左右的偏差，并非吻合得十分漂亮，不过考虑到日落时分太阳的视圆面较大、金耳山本身存在数度方位角的半径等因素，其实这样的景象也并不会影响到这一地平历系统的精妙。在冬至日落时分，站在中天楼上向西南方向望去，将可以看到太阳越过锦屏山，在金耳山侧慢慢隐入地平之下，这也不能不说是一种十分玄妙的感受。将这些日出日落的基线标示在卫星图上（图 5），将可以十分直观地看到阆中中天楼地平历系统的构建之法。由于四面环山，各个方向起伏的山峦形成的独特景观仿佛构成了一个钟表的刻度，由于太阳日出日落方位在每个回归年内都会在特定的区间内循环往复变化，这就形成了一套完整的地平历系统。在曾经进行的考古天文学调查中，虽有一些遗址同样具备良好的天文环境，也可能曾经具有类似地平历系统的功能，不过尚未有任何一个遗址有如阆中这样完美的天文地理环境。"山－水－城"三者的完美融合不仅存在于人居环境与景观上，更是巧夺天工地与日出方位巧妙地结合起来，充分体现出中国古代"天人合一"的天文思想，以及"象天法地"的设计原则。

三、观星台与中天楼的位置关系

唐代天文学家袁天罡（一作"袁天纲"）晚年曾在阆中度过，对阆中古城的格局形成或有重要影响。《旧唐书》中记载："袁天纲，益州成都人也。尤工相术。隋大业中，为资官令。"据王象之所记载："蜀郡袁天罡客于本州（阆州），即蟠龙山前筑宅。"曹学佺在《蜀中明胜记》中记道："蟠龙山前，袁天纲尝筑台于此，以占天象。"史书记载袁天罡乃一知名相士，对不少重大事件的预言无不应验。他还精于天文，晚年与唐代著名天文学家李淳风一起在阆中切磋，共同著有《太白会运逆兆通代记图》。袁天罡对阆中的山水城市都曾有所研究，他曾题锦屏山云："此山磨灭，英灵乃绝。"由于阆中古城的格局形成年代基本在晚唐，因此不能排除其独特的"地平历"系统及"象天法地"的思想与袁天罡有紧密联系。在考察与测量的过程中，我们前往了目前位于阆中师范学校音乐楼，据传这里曾是观星台所在地。偶然的是，在音乐楼楼顶向古城方向远眺，恰巧可以看到中天楼与金耳山在一条直线上。在卫星图上的标注也印证了我们的想法，观星台、中天楼与金耳山基本位于一条轴线上，且中天楼大体坐落于观星台与金耳山的中间。在天文上，这条轴线还有另外的含义——倘若以中天楼为观测点的话，这条轴线基本就是冬至日落与夏至日出的方向。由于观星台遗址如今已然不存，我们只能判断其位置大概位于阆中师范学院音乐楼附近。我们大胆猜想，如果当时选址乃是袁天罡有意为之的话，这一轴线或许恰好是阆中古城规划的重要轴线之一。

四、阆中古城南北基线的确定

在中国古代的城市建设过程中，往往离不开天文观测，其中尤以表影测量最为基础。《周礼》中有"惟王建国，辨方正位"的要求，即建立都城首先需要通过圭表测影的方法来确定东西南北基线。在《阆中县志·城池志》中也有注解曰："古人营建之法，揆之日景，验之风雨。是以《诗》有流泉夕阳之咏，《书》有东缠西涧之文。至于前朝后市，左宗庙，右社稷，亦莫不井井有条理。都诚然，郡国何独不然。阆之为治，蟠龙障其后，锦屏列其前。锦屏适当江水停蓄处，而城之正南亦适当江水弯环处……城中飞阁连危亭，处处轩窗对锦屏，以《剑南诗》证之，宋时街道实为正南。可知袁天纲言锦屏不灭、英灵不歇，阆之秀气全萃于锦屏一山，主宾相见，必两情洽浃，乃能一气贯通；地本灵而不足以效其灵，则非措置之乘方，而区画之未善欤！言似迂阔，然古之所谓卜云其吉者，未为无见。"

阆中城的意象格局讲求风水，然而却并未像《阆中县志》所描述的那样恪守传统。现在从卫星图上就可以发现，阆中古城的东西南北四条大街并非严格平行于子午线，也就是说阆中城的南北轴线并非是通过"揆之日景"来得到的。通过地磁偏角的系统进行查询，可知阆中的地磁偏角大约是−2.51°，利用巴塞罗那田野研究中心的 Google Maps Compass Application 系统进行比对，可以得知阆中古城的基线与地磁南北十分吻合，可见当年基线测量是采用罗盘来完成的。

五、结论与更多讨论

通过对阆中古城的初步测量，已经可以确定其"地平历"系统的真实有效。通过本文分析，目前或可得到以下几点结论：

第一，阆中古城的地理格局大约是唐朝以后形成的，或与袁天罡等人不无关系，也因此有可能自建成伊始便充分考虑了与周边山水的位置关系，构建了独特的天文地平历系统。这反映了中国古代天人合一的思想。

第二，相传袁天罡位于蟠龙山脚的观星台，在地理位置上与中天楼、金耳山近似形成一直线，以中天楼作为中心点来观看另外两点，又恰好大约是天文上的冬至日落方位与夏至日出方位。这有可能是袁天罡在选址时有意为之，对于进一步确定观星台的准确位置或许有所帮助。

第三，阆中古城的街道并非利用传统的"揆之日景"的方法来测定南北，而是采用了罗盘来测量，其东西南北走向与地磁南北极重合。在建城史上这并不符合《周礼》等经典著作中的常识。

第四，阆中古城素来以"江山形胜"著称，具有"三面江光抱城郭，四围山势锁烟霞"的"山—水—城"特征。从唐宋时人的诗作中，可以总结出与城市意象紧密相连的山体，包括城南锦屏山（也称马鞍岭、翠屏山）、城北玉台山（也称翠台山）、城东灵山等。而阆中又有中天楼观测冬至日日落方位的天文指向线特征，说明自唐（武后）及宋形成的阆中古城格局，是以冬至日日出方位为基准进行"定中取正"的。

不过，这些山体对于城市中心和轴线的选取、街道和建筑的布局、视廊和景观点的设置存在哪些影响？这些"地理"方面的影响，与前述"天文"方面的影响是否存在逻辑上的统一？袁天罡或其他人对阆中古城的规划格局有着怎样的考量与影响？这些都是值得进一步讨论的问题。阆中古城的规划，是古人"象天法地"思想的又一重要案例。

可以认为，阆中古城是探讨中国古代"城市规划学"的极佳案例。城市作为科技与文明的空间载体，为城市规划学融合天文、地理等传统显学奠定了基础。基于这一认识，对天文、地理、人文交相辉映的古代"阆苑胜境"做进一步价值挖掘，可以为今日阆中城市文化保护和展示提供新的材料。

从阆中古观星台到落下闳观星环境的思考

刘先澄

（阆中市诗词学会）

阆中锦屏山有观星楼，是 1984 年县人民政府建锦屏山公园时，为纪念西汉阆中天文历算学家落下闳及其继承者们而建，并非古人观星的遗迹。然而阆中古代，曾真有观星台存在。

一、阆中古观星台

阆中东风中学教学大楼背后的山头，古称"七星台"，是清代锦屏书院的主山。"七星台"之得名，是因山顶上有古人的观星台，是古代天文历算学家观测日、月、金、木、水、火、土七星地方。清道光《保宁府志》上有"星台晚眺"木刻图[①]，即指此处，为"保宁八景"之一。听老人们说，观星台是嘉庆间川北道黎学锦所建[②]。山顶有双檐亭子，后有三方墙壁环护，亭内有石头桌，还有石墩可以坐。环亭的石壁之上留有缝隙和洞孔，可以从缝缝里观星。

前不久，笔者通过朋友从国家图书馆古籍中，查到清嘉庆年间分巡四川川北道兼盐运使黎学锦所写的《古观星台记》[③]，全文如下：

古观星台记

按唐书，先生姓袁，讳天纲，成都人也。生而颖异，善风鉴，无不其中。尝见窦轨曰："君伏犀贯玉枕，辅角完起，十年且显，立功当在梁益间。"后为益州行台。又李峤母尝以峤问先生，答曰："神气清秀，恐不永耳。"请联榻而卧，候峤鼻息出入，曰："是龟息，必大贵。"寿卒验焉。与简州人李淳风相友善，当高宗时，偕游阆中。今阆中有淳风乡，因其居是而得名。先生侨居蟠龙山南，山有平台，是其观星斗处。旧有亭，今废。台为锦屏书院主山。戊寅春重修并志。

[①] 黎学锦、徐双桂：《中国地方志集成·道光保宁府志》，成都：巴蜀书社，1992 年。

[②] 民国《王氏宗谱》载，清同治、光绪间阆中锦屏书院山长王扩，不仅是"士林中之楷模"，更是天文堪舆、易理经学行家。笔者祖父刘泉祚先生就读锦屏书院，追随其岳父、山长王扩，亦擅长道学堪舆。笔者的外婆，也是王扩的女儿。笔者听母亲多次讲过她小时曾随外祖父王扩上七星台听观星故事。

[③] 黎学锦：《公余记事》，清道光十年（1830）木刻本。

这段二百来字的《记》，透露了不少珍贵的历史信息。

首先，标题观星台前冠有"古"字，正文开门见山说到袁天纲，末尾写"（清嘉庆）戊寅（1818）春重修并志"。说明黎学锦是重修唐代袁天纲所建的"古观星台"。这与道光《保宁府志》中《古迹志》所载完全一致："袁天纲宅在蟠龙山侧。""观星台在蟠龙山，唐袁天纲筑，以占天象。嘉庆二十四年（1819）川北道黎学锦重建。"①

其二，《记》说，从《唐书》中知道，袁天纲"善风鉴，无不其中"。"风鉴"，原意指人的风度和见识；在相学中，则指以风貌品评人物，即"相术"之别称。袁天纲是著名的相术大师。《记》中举两个例子来证明袁天纲看相"无其不中"，即没有看不准的。一个是"相"了窦轨，说："你的前额骨骼隆起通达头顶，又有完起的辅角（双眉角至鬓）配合，十年必成显贵，主要的功业在梁、益之间（今陕甘至四川一带）。"窦轨后来果然授任益州道行台左仆射、益州大都督，曾主政今四川。另一个例子，李峤的五个兄弟都夭折。其母便请袁天纲为李峤看相。袁看后说：神气清秀，但恐怕也活不长。李母大惧，请袁天纲再看卧相。当夜袁与李峤联榻而睡，发现李睡着没有气息声，察看良久，才发现是用耳朵呼吸，便对李母贺道："你放心吧，李峤是龟息，定能大贵长寿。"后来果然应验，李峤三度拜相，活到七十岁。《记》中连举两例说袁天纲看相如神，来证明其"生而颖异"，不是平凡之人，这从侧面说明，袁天纲建在阆中的古观星台绝非等闲，确有重修之必要。

其三，《记》笔锋一转，说起袁天纲与另一不凡之人李淳风"相友善"。这里有三条关于李淳风的重要信息：

1. 李淳风是简州（今四川简阳）人。南宋《舆地纪胜》、明《蜀中名胜记》、清嘉庆《四川通志》、咸丰《简州志》等亦有李淳风为简州人之说。笔者以为，新、旧《唐书》均记载李淳风是岐州雍人，时近而事翔，唐书所记当朝之人，应是有依据的。可能李淳风曾游居简州，如晚年游至阆中定居一样。

2. 袁与李友善。两人是好朋友，"高宗时偕游阆中。"清道光《保宁府志·山川志》载蟠龙山："唐贞观中，望气者言西南千里外有王气，太宗令人入蜀，次阆中，果见山上气葱郁，因凿破石脉，水流如血，今名锯山。"②《古今图书集成》的相同记载说太宗所派入蜀之人，就是袁天纲。袁天纲与李淳风在高宗时偕游，应是在袁天纲步王气入蜀之后了。

3. 李淳风居处叫淳风乡。淳风乡之得名，《记》与府志所载相同。《保宁府志》的《人物志·行谊》载李淳风："岐州人，著《法象》三篇上之（献给皇上），擢太史令。尝游阆州访天纲，其所居地今名淳风乡。"③这说明袁天纲先就在阆中，李淳风来访，才"偕游阆中"。其实明嘉靖《保宁府志》已载有"淳风乡"名④，也许李淳风在阆仙逝后，

---

① 黎学锦、徐双桂：《中国地方志集成·道光保宁府志》，成都：巴蜀书社，1992年。
② 黎学锦、徐双桂：《中国地方志集成·道光保宁府志》，成都：巴蜀书社，1992年。
③ 黎学锦、徐双桂：《中国地方志集成·道光保宁府志》，成都：巴蜀书社，1992年。
④ ［唐］魏徵：《隋书》，北京：中华书局，1997年。

唐代阆中就以"淳风"名其乡里。清嘉庆《四川通志》与道光《保宁府志》以相同的文字记载淳风墓："李淳风墓在县西南五十里，地名五里台，坟高三丈许，碑题唐太史令李淳风之墓。祠址尚存，故地名淳风乡，其里曰仙莹里。"① 这故地，便是今阆中柏桠镇淳风村，在两山形如仙鹤对飞的"仙鹤会"处，有淳风墓和在故址重建的淳风祠。

《记》的第二层意思，通过提起"相友善"的重量级人物李淳风，从另一角度，铺垫印证重修袁天纲古观星台的重要性。

《记》在最后点明主题，记述了袁天纲侨居之处在蟠龙山南，山有平台，即袁天纲观星之处。原有亭已废。

世事沧桑，两百年前黎道台重修的观星台，而今已荡然无痕，连半个世纪之前还有的"七星台"山名，于今恐怕少有人知。去年笔者登上台顶，其已成为阆中师范学校的花圃园林，中间建有音乐教学楼。

然而，史载和记忆难以磨灭。前不久，笔者聆听了中科院国家天文台副研究员黎耕博士所作《阆中古城地平历系统初探》、故宫博物院馆员清华大学博士后徐斌女士所作《中国古代城市规划中的象天法地传统及其对阆中古城的启示》的学术报告。黎耕博士讲到"地平历"概念，使人联想到老人所述，古人在七星台上通过环亭石壁上的缝隙洞孔观星。

黎博士讲，地平历就是选择最佳的位置定位观测，利用山头来为太阳及其他星辰的运动定时位。站在一个观测点观察山头某个点的日出，并由此点的日出制定一个太阳年，称为"地平历"。

2003年，在山西襄汾县陶寺镇的"尧都陶寺遗址"考古发掘中发现，早在公元前21世纪，先民已筑13根夯土柱组成的半圆形"观象台"，其基础半径10.5米，弧长19.5米。原址复制模型后，站在观测点上，透过土柱狭缝观测正东方塔尔山脊线上的日出方位，可以确定季节、节气，指导安排农耕。这个建于我国原始社会末期的观象台，构成了一个地平历观测系统，可将一个太阳年365天分为20个节令，从第二个缝隙看到日出为冬至日，第12个狭缝看到日出为夏至日，第7个狭缝看到日出为春、秋分，以及当地四季冷暖气候变化节点、宗教节日等。这个发现比世界上公认的英国巨石阵观测台（前1680年）还要早近500年。

对照陶寺观象台的环形柱，阆中古观星台的亭子和环亭的石壁是不是也有类似的观日测星功能呢？笔者认为应当是肯定的。七星台上"星台晚眺"亭子的环亭石壁有什么用？挡风？阆中古亭多矣，除观星台外没有一处亭子建环壁挡风。亭子乃远眺观景休憩之处，并无人常住，用不着环壁挡风。在星台"眺"什么？眺望古城的地方多矣，锦屏山、黄华山（魁星楼）、白塔山都有俯观江山城郭的最佳处，何用在远离古城、视角并不算好的东北台地上观赏城景？眺者，观日月星辰也！观测方法，肯定像数千年前的先民一样，要有固定的观测孔道，要有固定的远处山头为参照。"星台晚眺"图及这个图名，和"七星台"古地名，已经可以说明，古人在蟠龙山南七星台处，建立了阆中的地平历

① 黎学锦、徐双桂：《中国地方志集成·道光保宁府志》，成都：巴蜀书社，1992年。

观测点，袁天纲在此筑观星台，已有诸多方志典籍记载为证。笔者认为，七星台上环亭壁，很可能原是土夯或石砌的柱形建筑相接，远观看不清柱间的缝隙，整体如环亭的墙壁。清代精于雕饰，黎学锦重修时，在它顶部盖上檐瓦，装饰成阆中风格的一处古建筑，以列入"保宁八景"。

二、中天楼为中心的阆中天文观测环境

我们的古人，对天文、地理远远比今人重视，远远比今人有观测研究的兴趣。尤其在阆中，历代都有堪舆高人。西汉时期阆中籍的著名天文历算学家、主创《太初历》的世界级科学家落下闳，是最杰出的代表。东汉时的任文公，三国时在"管星街"家楼上观测天象的周群祖孙三代，都是闻名天下的天文星象学家。实际上，汉代以降的天文历算、堪舆数术，都是在落下闳的影响下发展起来的。唐代游居阆中的袁天纲、李淳风，主要是久慕落下闳的盛名，才利用步西南王气的机会，寻访到阆中。由于落下闳的巨大影响和吸引力，更迷恋于落下闳开创的天文研究事业，他们最终定居阆中，死于阆中。从落下闳到袁天纲、李淳风，阆中在汉唐时期，成为全国著名的天文研究中心。

值得思考的是，为什么阆中会出落下闳以及后世那么多天文人才？笔者以为，因为阆中不仅有悠久的人文传统，而且具有最佳的天文研究环境，包括山川形胜、天人合一的自然环境；周山环护、干水成垣的天文地理研究环境，特别是独特的地平历观测环境。

黎耕、徐斌两位博士及其团队曾对阆中古城、文成灵山、桥楼落阳山实地勘测，认为灵山应是远古先民观测天象的佳地，而阆中古城以中天楼为中心点构建的地平历系统最为经典。他们在《阆中古城"地平历"系统的初步测量与构想》一文中说："在古城中心的中天楼上进行观测，发现阆中本身就是一个十分良好的'地平历'系统。"[①]

阆中中天楼始建年代不详，道光《府志》云"在郡治正中，久废。嘉庆十三年（1808）川北道黎学锦、川北镇骆朝贵、知府佛喜保率属重修"[②]。楼在武庙街、西街与双栅子街、北街交叉处，是阆中古城的坐标中心，以应风水学"天心十道"之喻，民间亦称"四牌楼"。

为什么取名中天楼？川北道黎学锦曾写过一篇文情并茂的《丁卯岁重修中天楼启》，说中天楼"当四达之冲衢，距中央而特峙"。这是从地理的角度说位置在吉地中心。又说"西兔东乌，旋转两仪之毂；左龙右虎，昭回七曜之衡。"[③] 这里"昭回"二字很重要，昭回，指"星辰之光的回转"。《诗经·大雅·云汉》："倬彼云汉，昭回于天。"唐杨炯《老人星赋》："昼观云物，夜察昭回。"这"昭回七曜（七星）"一句，就说到中天楼在天文观测中的重要地位了。正如黎、徐两博士在文中所说，中天"似乎就有象天之意。"其

① 黎耕、徐冰：《阆中古城"地平历"系统的初步测量与构想》，待刊稿。
② 黎学锦、徐双桂：《中国地方志集成·道光保宁府志》，成都：巴蜀书社，1992年。
③ 黎学锦：《丁卯岁重修中天楼启》，载《公余记事》，清道光十年（1830）木刻本。

实，"中天"一词又是天文学概念，指天体在周日运动过程中，正经过当地子午圈的时刻。换言之，是天体在最高点、最接近天顶时的位置。阆中中天楼位居"旋转两仪（阴阳）之毂""昭回七曜之衡"的天之顶之处、又是这一片大地之中心，按照中国传统伦理，就富有"中立弘德，天人合一"的文化内涵。所以，黎学锦这样描述中天楼的重大作用："藉神光而默静邪氛，聚灵气而大昌文运。邑分邀隶，聿彰普化之光；琼柱璇题，即是永安之镇。"就是说，中天楼居山环水绕的最佳环境中心，可借天地之光，使邪氛静默，聚结灵气，大昌文运，镇护这块宝地和它的辐射区域得以"永安"。

两位博士在讲座和文中说，"中天楼具有强烈的方向指向性"。"从中天楼上南望，可以清晰看到锦屏五山（塔山、敖峰、黄华山、锦屏山和金耳山）环抱古城。这些山的背后，又隐约可见飞凤山和印斗山，将这些山紧密相连，宛如一道屏风挡在古城南面。东望，由北向南依次可见盘龙山、大像山、塔山、敖峰和黄华山等。根据实地观测各个山峰的方位角与地平高度角，可知在夏至、春分、秋分、冬至的日出时刻，太阳升起的位置都有一些相对较为明显的标志点。这样，便很容易通过观测日出方位来判断一年中的节令。""西望，可以观测到冬至日落、春分秋分日落以及夏至日落位置。经过计算，冬至日的日落恰好在金耳山侧。将这些日出日落的基线标示在卫星图上，将可以十分直观地看到阆中中天楼地平历系统的构建之法。""由于四面环山，各个方向起伏的山峦形成的独特景观仿佛构成了一个钟表的刻度，由于日出日落方位在每个回归年内都会在特定的区间内循环往复变化，这就形成了一套完整的地平历系统"[①]。

两位博士盛赞："在曾经进行的考古天文学调查中，虽有一些遗址同样具备良好的天文环境，也可能曾经具有类似地平历系统的功能，不过尚未有任何一个遗址有如阆中这样完美的天文地理环境。山、水、城三者的完美融合不仅存在于人居环境与景观上，更是巧夺天工地与日出方位巧妙地结合起来，充分体现出中国古代'天人合一'的天文思想，以及'象天法地'的设计原则。"[②]

现存阆中古城为唐宋格局明清风貌，其规划设计形成于唐代，这与在蟠龙山建观星台的袁天纲和他的好友李淳风不无关系。两位博士文中说，史书记载袁天纲乃一知名相士，对不少重大事件的预言无不应验。他还精于天文，晚年与唐代著名天文学家李淳风一起在阆中切磋，共同著有《太白会运逆兆通代记图》。袁天纲对阆中的山水城市都曾有所研究，他曾题锦屏山云："此山磨灭，英灵乃绝。"

更值得我们重视的是，两位博士文中说，在阆中"师范学校音乐楼楼顶（即古观星台遗址位置）向古城方向远眺，恰巧可以看到中天楼与金耳山在一条直线上。在卫星图上的标注也印证了我们的想法。……我们大胆猜想，如果当时选址乃是袁天纲有意为之的话，这一轴线或许恰好是阆中古城规划的重要轴线之一"。"观星台、中天楼与金耳山又恰好出于同一轴线上，此轴线乃是夏至日出与冬至日落的方向。……阆中古城的格局

① 黎耕、徐冰：《阆中古城"地平历"系统的初步测量与构想》，待刊稿。
② 黎耕、徐冰：《阆中古城"地平历"系统的初步测量与构想》，待刊稿。

融合了'天人合一'与'象天法地'的思想，是探讨中国古代天文、风水与城市规划的极佳案例。"①

　　这个发现说明：袁天纲的古天文台对于阆中古城的规划和营建有十分重要的意义。也使我们豁然领悟，在天顶下、地之中、金耳山与观星台构成的轴线中间的中天楼，其建造和取名，或许都是袁天纲、李淳风所为。

三、落下闳"转浑天"的"地中"很可能就是阆中古城

　　阆中古城山川形胜、天人合一的人居环境，独特的地平历观测环境，绝佳的天文研究环境，吸引和培养造就了一代代天文历算研究人才。

　　袁天纲就是最早的发现者和观测利用者吗？

　　笔者以为，他不过是仰慕阆中前贤之名，而刻意来到阆中的卓越追随者和实践者罢了。已知中国古代天文历算研究的最早的先驱和功臣，乃是西汉阆中人落下闳。可以说，是阆中的自然和人文环境，造就了伟大的世界级科学家落下闳，以及后世他的追随者们。

　　汉扬雄在《法言·重黎》中说《太初历》是"落下闳营之"②，《史记》《汉书》说落下闳具体担任"运算转历"，都没有说落下闳在什么地方做这些工作。唐司马贞《史记索隐》引晋陈寿《益部耆旧传》云："闳字长公，明晓天文，隐于落下。武帝征待诏太史，于地中转浑天，改颛顼历作太初历。拜侍中，不受也。"③唐魏徵主编的《隋书·天文志》云："古浑象以二分为一度，周七尺三寸半分，而莫知何代所造。今按虞喜云：'落下闳为武帝于地中转浑天，定时节，作太初历，或其所制也。'"④从这两部典籍可知，晋代的陈寿和虞喜，在论述落下闳创制《太初历》时，都提到了"于地中转浑天"。落下闳是在"地中"利用自制的浑仪，观测天象运算转历得出科学结论，创制了《太初历》。这"地中"在何处？

　　上海交通大学科学史与科学哲学系博导关增建教授，在《中国天文学史上的地中概念》一文中说，有关地中位置的说法很多，其中对天文学有较大影响的是盖天说"北极之下为天地之中"的主张，以及浑天家们主张的洛邑（今河南洛阳）地中说、阳城（今河南登封附近）地中说。⑤落下闳转浑天的地中究竟在哪里，古人莫衷一是。

　　在都城长安？否。按设想，落下闳既是被推荐，应征召到京城长安参加改制历法的，工作地点就应是长安。但是，唐代李淳风否定了这个可能性，他在引述西汉刘向《洪范五行传》所记"夏至影一尺五寸八分"时专门指出："是时汉都长安，而向不言测影处所。若在长安，则非晷影之正也。"这是据《周礼·大司徒》说载："日至之景，尺有五

① 黎耕、徐冰：《阆中古城"地平历"系统的初步测量与构想》，待刊稿。
② 汪荣宝：《法言义疏》，北京：中华书局，1987年。
③ ［唐］司马贞：《史记索隐》，江苏巡抚采进本，《四库全书》本。
④ 《隋书》。
⑤ 关增建：《中国天文学史上的地中概念》，《自然科学史研究》2000年第3期。

寸，谓之地中。"即在夏至日正午时，以八尺立表测得影长为一尺五寸之地，就是地中。长安测得影长多了八分，故李淳风说"非晷影之正也"。关增建教授文中说："在中国历史上，长安从来没有取得过地中的地位"，"落下闳是在远离长安的浑天家心目中的'地中'进行测量的"[1]。

在东都洛阳？否。洛阳为"地中"的说法，是在周灭殷商、为加强在殷地的统治而"周公营洛"之时逐渐形成的，是与治国安邦的政治需要相联系的一种观点。但周武王按照《周礼》日影"尺有五寸"的标准测量后，自己也改变了这一说法。关教授文中转引明嘉靖八年《登封县志》所载，明代学者陈耀文《天中记》有登封士人陈宣的追述："周公之心何心也！恒言洛当天地之中，周公以土圭测之，非中之正也。去洛之东南百里而远，古阳城之地，周公考验之，正地之中处。"[2] 周公本人通过测量否定了洛阳说。史料中也从未见到落下闳与洛阳相关的载记。

在河南阳城？否。今河南登封的告成镇，为阳城故址。古代文献常有"禹都阳城"的说法，考古发掘也证实了春秋战国时期古阳城的存在。阳城为地中的说法，有其一定的文化背景和历史渊源。历代天文律历志中，也有阳城地中说的反映。但是，历史上也有不少质疑地中的存在，更未见有任何资料记载过落下闳到过阳城。

其实，用日影一尺五寸测定"地中"是很难有定论的。按今天人人都已明白的知识，大地是球形，在同一纬度测定日影的长度，应都是相同的。于是"地中"就有无穷个，也就不是"地中"了。笔者以为，虽然当时远没有清晰的地球概念，但作为浑天说代表人物、又用浑仪做过大量测量及数据统计的落下闳，应该明白个中道理。他"于地中转浑天"的"地中"，很有可能是出于观念的追求、强调文化的意义，也是当时战胜盖天说的需要，甚至还有情感的因素。他心目中的"地中"，很可能就是他的家乡阆中，因为阆中古城这一片地方，确实具有最好的观测天文的环境，按当时观念，也确实有合乎"地中"条件之处。我们不妨从以下几个方向设想分析。

其一，对南北朝时著名的科学家、学者、思想家何承天提出的"天顶之下为地中"的新学说，落下闳应是早有见解。天顶之下如何理解？前文已述，阆中古城之地周围环山，山不是那种连绵横亘的山梁，而是相对独立起伏相连的山头，主山蟠龙山雄镇城北，四面砂山云集，呼形朝拥，形成了一个相对闭合的吉地，四周山头像钟表的刻度，山环水绕的中间大坝成了利用仪器观测天象的最理想的环境。正如黎耕、徐斌两位博士所说，"尚未有任何一个遗址有如阆中这样完美的天文地理环境"。这里最能具备作为地中的条件。[3]

其二，落下闳由同乡谯隆向司马迁推荐才进京参加改历，成为司马迁为总负责的一个制历组中的成员。而作为浑天说的代表人物，落下闳却极力反对以司马迁为代表人物

---

① 关增建：《中国天文学史上的地中概念》，《自然科学史研究》2000年第3期。
② 关增建：《中国天文学史上的地中概念》，《自然科学史研究》2000年第3期。
③ 黎耕、徐冰：《阆中古城"地平历"系统的初步测量与构想》，待刊稿。

的盖天说主张。于是汉武帝解散总班子，令各组分别研制。制历必须长期观测、大量统计、周密运算，摸清天体运行规律，绝非短时间可以完成。而长安又不是理想的观天测算之地，与其在不适宜的地方、在观点不同的长官眼皮底下长久不舒服，不如回到最熟悉、天文地理条件最理想的家乡阆中去做。这种想法，他的同事，甚至汉武帝也会理解认同的，何况长安到阆中不算很远，这种可能性很大。

其三，经过六年多的努力，落下闳以长期观测统计、周密演算为依据的新历方案，终于成功地战胜了其他十七个制历组的所有竞争者。汉武帝于元丰七年颁布落下闳主创的新历，改当年为太初元年，新历因名《太初历》。汉武帝拜有功之臣落下闳为"侍中"，他却"不受"。为什么不受？为什么要坚持回家乡阆中？因为他不想做官，他离不开观测研究天文这个终生事业，他的事业也离不开最佳的"地中"环境。

笔者认为，还可以进一步思考：《古今图书集成》[①] 记载的袁天纲奉唐太宗之命步西南王气而至阆中，是一个传说；也许是作为天文历算的业内行家袁天纲，为寻访落下闳运算转历的"地中"，而踏破铁鞋来到阆中这块宝地，终于发现了最佳的天文观测研究环境。从而他才在落下闳测天故地蟠龙山南建观星台，在其旁建宅定居，在观星台测定了连接印斗山的城市规划轴线，确定了城市中心点并建中天楼，从此确立了今天阆中古城的基本格局。因此可以推定，落下闳当年"转浑天"的工作和居住之地，应该就是袁天纲千里寻踪最后定居的地方，就在蟠龙山南台地及阆中古城这一片，而不会是远离这个最佳观星环境的其他什么地方。

综上所述，这些并非凭空想象的分析，说明 200 年前清代黎学锦重修蟠龙山观星楼，并取名"星台晚眺"列入川北名景，是做了一件多么重要的好事！观星楼观天象的功能已经被后世科技取代，已经不重要了；但它的历史价值和人文意义非常重大，它不仅是缅怀前贤功业的纪念性丰碑，更是启迪后人认知本土，认知天地，从而照亮前进航程的灯塔。这样的好事只有盛世明主才能重做。时至今天，阆中地方官员理当比黎学锦更有眼光和气魄，应把古观星台再次重建起来。

随着历史名人落下闳的宣传，人们需要通过名人遗迹来认知名人事迹，升华观感认识。而名人遗迹必须是真实的，重建的也须确有依据，没根据的胡编乱造只会造成难以挽回的负面影响。蟠龙山南坡七星台上的观星台，是历史的真实。它不仅可以让今人认识古代天文知识，更可以追思落下闳的巨大影响，展现袁天纲的智慧功业，纪念清代好官的德操建树，认知这座古城的规划设计乃是经典范例。阆中师范学校的音乐楼可以迁建，让出遗址地盘重建古观星台，并附建展示古今天文观测仪象、仪器的大型"天文观摩体念馆"。即便就是学校的组成部分，也一定会成为中国天文史上的一处纪念地，成为爱国主义科技教育的一处重要基地，当然更是世界古城旅游目的地阆中古城的一处人文厚重的精品景点。笔者认为，这是阆中文教和旅游事业中，意义重大而投入不多、容易办到的当务之急。

---

① 陈梦雷、蒋廷锡：《古今图书集成》，北京：北京图书馆出版社，2001 年。

图书在版编目(CIP)数据

落下闳研究.第一辑/西华师范大学中华档案文献
研究院编. — 成都:巴蜀书社,2023.6
ISBN 978-7-5531-2024-9

Ⅰ.①落… Ⅱ.①西… Ⅲ.①落下闳(约前156—前
87)—人物研究—文集 Ⅳ.①K826.14-53

中国国家版本馆CIP数据核字(2023)第102929号

落下闳研究(第一辑)

LUOXIAHONG YANJIU DIYIJI 西华师范大学中华档案文献研究院 编

责任编辑	谢正强	
出 版	巴蜀书社	
	四川省成都市锦江区三色路238号新华之星A座36楼	
	邮编610023 总编室电话:(028)86361843	
网 址	www.bsbook.com	
发 行	巴蜀书社	
	发行科电话:(028)86361852	
经 销	新华书店	
印 刷	成都新恒川印务有限公司	
	电话:(028)85412411	
照 排	成都完美科技有限责任公司	
版 次	2023年9月第1版	
印 次	2023年9月第1次印刷	
成品尺寸	185mm×260mm	
印 张	13	
字 数	300千	
书 号	ISBN 978-7-5531-2024-9	
定 价	79.00元	